张汉静 主　编
靳　斌 执行主编

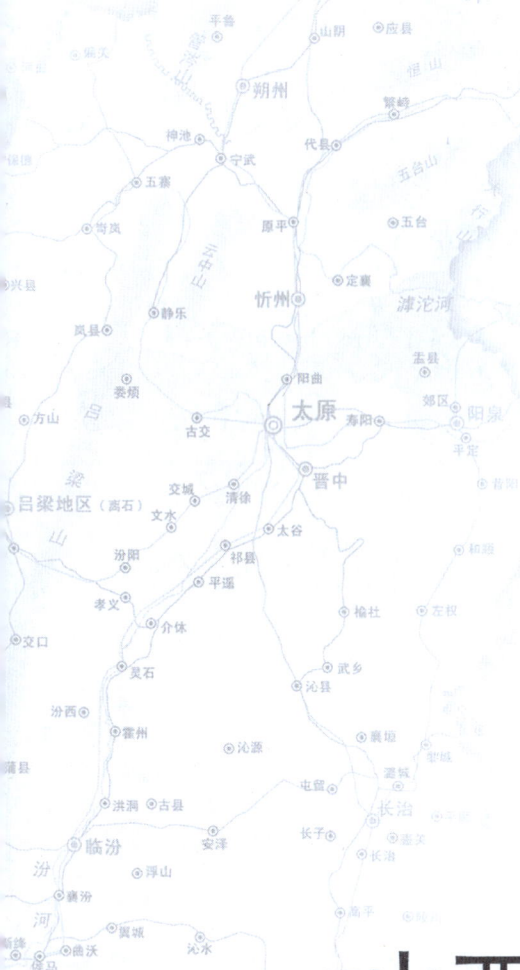

山西文化产业发展
研究报告

山西出版传媒集团
山西经济出版社

图书在版编目(CIP)数据

山西文化产业发展研究报告/张汉静主编.-- 太原：山西经济出版社，2019.12
ISBN 978-7-5577-0517-6

Ⅰ.①山… Ⅱ.①张… Ⅲ.①文化产业－产业发展－研究报告－山西 Ⅳ.①G127.25

中国版本图书馆 CIP 数据核字(2019)第 109560 号

山西文化产业发展研究报告

主　　编	张汉静
出 版 人	张宝东
责任编辑	吴　迪
装帧设计	赵　娜
出 版 者	山西出版传媒集团·山西经济出版社
地　　址	太原市建设南路 21 号
邮　　编	030012
电　　话	0351-4922133　（市场部）
	0351-4922085　（总编室）
E－mail	scb@sxjjcb.com（市场部）
	zbs@sxjjcb.com（总编室）
网　　址	www.sxjjcb.com
经 销 者	山西出版传媒集团·山西经济出版社
承 印 者	山西万佳印业有限公司
开　　本	880mm × 1230mm　1/16
字　　数	300 千字
印　　张	19.25
版　　次	2019 年 12 月　第 1 版
印　　次	2019 年 12 月　第 1 次印刷
书　　号	ISBN 978-7-5577-0517-6
定　　价	78.00 元

目 录

第一章 新闻信息服务发展研究报告 ········· 001

  第一节 新闻信息服务发展现状 ········· 001

    一、新闻服务与报纸信息服务发展现状 ········· 001

    二、广播电视信息服务发展现状 ········· 009

    三、互联网信息服务发展现状 ········· 011

  第二节 新闻信息服务发展问题 ········· 019

    一、新闻出版广电服务发展存在的问题 ········· 019

    二、互联网信息服务发展存在的问题 ········· 020

  第三节 新闻信息服务发展策略 ········· 023

    一、新闻服务与报纸信息服务发展策略 ········· 023

    二、广播电视信息服务发展策略 ········· 024

    三、互联网信息服务发展策略 ········· 025

第二章 内容创作生产发展研究报告 ········· 028

    一、出版服务发展现状 ········· 028

    二、广播影视节目制作发展现状 ········· 030

    三、创作表演服务发展现状 ········· 031

四、数字内容服务发展现状 …………………………………… 034

五、内容保存服务发展现状 …………………………………… 040

六、工艺美术品制造发展现状 ………………………………… 043

七、艺术陶瓷制造发展现状 …………………………………… 052

第三章 创意设计服务发展研究报告 ……………………………… 055

第一节 创意设计服务发展现状 ………………………………… 055

一、广告服务发展现状 ………………………………………… 055

二、设计服务发展现状 ………………………………………… 059

第二节 创意设计服务发展问题 ………………………………… 062

一、广告服务发展问题 ………………………………………… 062

二、设计服务发展问题 ………………………………………… 066

第三节 创意设计服务创新路径 ………………………………… 069

一、广告服务创新路径 ………………………………………… 069

二、设计服务创新路径 ………………………………………… 072

第四章 文化传播渠道发展研究报告 ……………………………… 075

第一节 文化传播渠道发展现状 ………………………………… 075

一、出版物发行基本数据 ……………………………………… 075

二、广播电视节目传输现状 …………………………………… 075

三、广播影视发行放映现状 …………………………………… 080

四、艺术表演发展现状 ………………………………………… 088

五、互联网文化娱乐平台发展现状 …………………………… 090

六、艺术品拍卖及代理发展现状 ……………………………… 092

七、工艺美术品销售发展现状 ………………………………… 092

第二节 文化传播渠道发展问题 ·············· 098

一、出版物发行问题 ·············· 098

二、广播电视节目传输发展问题 ·············· 099

三、广播影视发行放映问题 ·············· 102

四、艺术表演发展问题 ·············· 105

五、互联网文化娱乐平台发展过程中遇到的问题 ·············· 106

六、艺术品拍卖及代理发展问题 ·············· 107

七、工艺美术品销售发展问题 ·············· 107

第三节 文化传播渠道创新路径 ·············· 109

一、出版物发行创新路径 ·············· 109

二、广播电视节目传输创新路径 ·············· 109

三、广播影视发行放映创新路径 ·············· 111

四、艺术表演发展策略 ·············· 120

五、互联网文化娱乐平台未来发展趋势 ·············· 121

六、艺术品拍卖及代理发展创新路径 ·············· 122

七、工艺美术品销售发展创新路径 ·············· 123

第五章 山西省文化投资运营发展研究报告 ·············· 127

第一节 山西省文化投资运营的现状 ·············· 127

一、政府投资主导,进行市场化运营 ·············· 128

二、利用专项基金,支持文化产业项目 ·············· 129

三、紧跟时代潮流,立足自身资源优势,重点发展文化旅游 ·············· 129

四、文化企业总部规模小,但核心业务集中,业务种类丰富 ·············· 132

五、文化产业园区建设成果显著,园区集聚效应明显 ·············· 132

第二节　山西省文化投资运营发展过程中的问题 …………… 135
　一、文化产业基金数量有限，监管力度有待加强 …………… 136
　二、文化产业投资运营起步晚，经验不足、投入产出
　　　周期长 ………………………………………………… 139
　三、文化企业总部分散，企业总部资源占有过多，企业体制
　　　不合理 ………………………………………………… 140
　四、文化产业园区管理规范程度有待提高 …………………… 140
　五、个别非政府园区过于追求经济效益 ……………………… 141

第三节　山西省文化投资运营的未来发展路径 ………………… 141
　一、政府应为文化产业发展营造良好的投融资环境 ………… 141
　二、培养专业化人才，提升企业竞争力 ……………………… 142
　三、建立文化企业总部基地，合理分配企业资源 …………… 144
　四、规范园区管理，提高服务能力 …………………………… 144
　五、利用好文化产业投融资的多种方式 ……………………… 145

第六章　山西省文化休闲娱乐服务行业研究报告 …………… 146

第一节　山西省文化休闲娱乐服务行业发展现状 ……………… 148
　一、娱乐服务领域发展现状分析 ……………………………… 148
　二、景区游览服务发展现状分析 ……………………………… 155
　三、休闲观光游览发展现状分析 ……………………………… 162

第二节　山西省文化休闲娱乐服务行业发展的问题及
　　　　面临的挑战 …………………………………………… 163
　一、市场发展不完善的问题亟待解决 ………………………… 163
　二、行业服务品质亟待提升 …………………………………… 164
　三、技术创新和产业融合亟待完善 …………………………… 165
　四、文化内涵亟待充实提高 …………………………………… 165

五、法律法规亟待发挥保障功能 …………………………… 166

　第三节　山西省文化休闲娱乐服务行业发展的创新
　　　　　路径 ……………………………………………………… 167
　　一、提高服务品质，实现品牌化运营 ……………………… 167
　　二、多业态跨界融合，促进互动共生 ……………………… 167
　　三、以数字科技促进休闲娱乐服务多样性发展 …………… 168
　　四、优化供给结构，适应大众新需求 ……………………… 169
　　五、实现"社会效益"与"经济效益"双效统一 …………… 170

第七章　山西省文化辅助生产和中介服务发展研究报告 ……… 172

　第一节　山西省文化辅助生产和中介服务发展现状 ………… 172
　　一、文化辅助用品制造的发展现状 ………………………… 172
　　二、印刷复制服务的发展现状 ……………………………… 173
　　三、版权服务的发展现状 …………………………………… 175
　　四、会议展览服务的发展现状 ……………………………… 177
　　五、文化经纪代理服务的发展现状 ………………………… 180
　　六、文化设备（用品）出租服务的发展现状 ……………… 182
　　七、文化科研培训服务的发展现状 ………………………… 182

　第二节　山西省文化辅助生产和中介服务发展过程中
　　　　　遇到的问题 …………………………………………… 185
　　一、文化辅助用品制造发展过程中遇到的问题 …………… 185
　　二、印刷复制服务发展过程中遇到的问题 ………………… 186
　　三、版权服务发展过程中遇到的问题 ……………………… 186
　　四、会议展览服务发展过程中遇到的问题 ………………… 187
　　五、文化经纪代理服务发展过程中遇到的问题 …………… 188

六、文化设备(用品)出租服务发展过程中遇到的问题 189

七、文化科研培训服务发展过程中遇到的问题 189

第三节 山西省文化辅助生产和中介服务的未来发展趋势 190

一、文化辅助用品制造的未来发展趋势 190

二、印刷复制服务的未来发展趋势 190

三、版权服务的未来发展趋势 192

四、会议展览服务的未来发展趋势 192

五、文化经纪代理服务的未来发展趋势 193

六、文化设备(用品)出租服务的未来发展趋势 194

七、文化科研培训服务的未来发展趋势 194

第八章 山西省文化装备生产行业研究报告 196

第一节 文化装备生产行业现状分析 196

一、从区域发展状况来看,文化装备生产行业在各区域整体发展状况落后,与其他行业发展水平差距大 196

二、从行业发展状况来看,行业企业数量差异大,整体发展水平低;行业结构有待优化,竞争力急需提升 198

三、从行业企业规模状况来看,行业规模结构不合理,规模普遍较小,行业发展缺乏引领 202

第二节 山西省文化装备生产行业存在的问题 204

一、整体环境 204

二、行业本身 205

三、行业企业:缺乏竞争力和专业人才 207

第三节 山西省文化装备生产行业的未来发展趋势 209

一、立足市场需求，调整供给结构 ………………………………… 209

　　二、丰富产品类型，产品与服务相结合 …………………………… 210

　　三、发挥政府作用，打造龙头企业，创建山西品牌 ……………… 210

　　四、发挥社会机构力量，建立行业规范 …………………………… 211

　　五、建立生产基地和产业集群，进行规模化生产 ………………… 211

　结　语 ……………………………………………………………………… 212

第九章　山西省文化消费终端生产发展研究报告 ………………… 213

　第一节　山西省文化消费终端生产服务发展现状 ……………………… 213

　　一、各个业态发展齐全 ……………………………………………… 216

　　二、经营活动以销售为主 …………………………………………… 216

　　三、规模以上企业数量少 …………………………………………… 216

　　四、地域分布相对分散 ……………………………………………… 217

　第二节　山西省消费终端生产行业问题探究 …………………………… 217

　　一、山西省文化消费终端生产行业整体竞争力弱 ………………… 217

　　二、山西省文化消费终端生产行业发展环境较差 ………………… 219

　第三节　山西省文化消费终端生产创新路径 …………………………… 221

　　一、山西省文化消费终端生产行业的政策规制 …………………… 221

　　二、山西省文化消费终端生产行业的发展重点 …………………… 223

　　三、山西省文化消费终端生产行业的集聚路径 …………………… 224

第十章　山西省文化产业园区研究报告 ……………………………… 225

　第一节　山西文化产业园区发展现状 …………………………………… 225

　　一、情况概述 ………………………………………………………… 225

二、发展特点 …………………………………………………… 227
　　三、政策环境 …………………………………………………… 235

第二节　山西文化产业园区发展的现存问题 ……………………… 238
　　一、山西文化产业园区开发问题 ……………………………… 238
　　二、山西文化产业园区建设问题 ……………………………… 239

第三节　山西文化产业园区发展的创新路径 ……………………… 240
　　一、挖掘核心竞争力，培育核心竞争优势 …………………… 240
　　二、弘扬优秀传统文化，贯彻双效统一 ……………………… 241
　　三、创新生态建设，实现绿色发展 …………………………… 243
　　四、发展国际视野，促进文化交流 …………………………… 244
　　五、注重人才培养，促进产学研紧密合作 …………………… 245
　　六、文化与科技双轮驱动，提升产业科技效应 ……………… 246
　　七、把握政策红利，推动园区蓬勃发展 ……………………… 247
　　八、搭建符合园区特色的投融资平台 ………………………… 249

第十一章　山西省红色文化产业发展研究报告 …………………… 251

第一节　山西省红色文化产业发展现状 …………………………… 251
　　一、红色文化资源基本情况 …………………………………… 251
　　二、红色文化产业发展基本情况 ……………………………… 253

第二节　山西省红色文化产业发展路径 …………………………… 257
　　一、发挥旅游载体作用，带动红色文化产业发展 …………… 257
　　二、着力改善红色文化产业基础设施 ………………………… 260
　　三、推进多种文化资源的融合，促进文化资源有效转化 …… 262
　　四、加强红色文化产业传播营销 ……………………………… 264
　　五、建立健全红色文化产业保障机制 ………………………… 265

第十二章 山西省文化产业政策研究报告 ········ 266

第一节 2014—2018 年山西文化产业政策供给概况 ········ 267

一、政策主体由多部门联动组成,趋向综合性发展 ········ 267

二、政策类型中指导意见类、规范管理类成为主导 ········ 268

三、政策对象聚焦关注新技术、新业态、新产业 ········ 268

四、政策方式以行政手段为主,法律与经济手段为辅 ········ 269

五、政策层级以省级层面政策为主,地方结合自身制定
相关政策 ········ 270

六、政策贯彻落实中央文件,初步构建起科学完善体系 ········ 270

第二节 2014—2018 年山西文化产业文化政策供
给的特点 ········ 272

一、文物保护政策频出,历史名城立法保护 ········ 272

二、创新公共文化服务政策,推动"送戏下乡" ········ 274

三、推出文博创意产业政策用以活化文物 ········ 275

四、数字创意产业列入文化强省政策战略 ········ 276

五、加快促进文化消费系列政策密集出台 ········ 277

六、系列政策激发文化体制机制改革活力 ········ 278

第三节 山西文化产业发展政策未来建议 ········ 279

一、省级层面文化产业发展总体政策 ········ 279

二、文化金融政策 ········ 282

三、新闻出版广电发展扶持政策 ········ 284

四、资金扶持和鼓励政策 ········ 287

五、人才政策 ········ 289

六、特色产业政策 ········ 292

后记 ········ 295

第一章　新闻信息服务发展研究报告

第一节　新闻信息服务发展现状

一、新闻服务与报纸信息服务发展现状

"十三五"以来，山西省新闻服务与报纸信息服务取得了快速发展。截至2016年底，共有以山西日报报业集团为龙头的新闻出版业大型集团组织9家，以及非时政类报刊改革中组建成立的5大报刊传媒集团。报纸出版单位77家，报纸总印数达到201619万份。共有《山西日报》《山西政协报》《三晋都市报》《人民代表报》《山西晚报》《山西青年报》以及各市党报等综合报纸23种，《山西农民报》《山西法制报》《山西科技报》《山西经济日报》《英语周报》《语文报》《小学生拼音报》等专业报纸37种。除以上60种综合报纸、专业报纸之外，另有高校校报17种。在2017年第三届全国"百强报刊"评选中，《山西日报》《语文报》被评为"百强报纸"。

近年来，山西报纸信息服务得到长足发展。[①]

（一）综合类报纸充分发挥舆论主阵地作用，注重融媒体的发展

以《山西日报》为代表的各级党报，坚定政治方向，勇于新闻担当，充分发挥舆论主阵地作用，切实履行党报肩负的职责和使命。

根据省委"两论立报"工作方针，2016年以来，山西日报编委会不断加

[①] http://www.sxrt.gov.cn/otherxx.aspx?id=147-251-34196-1-251.jsp，山西省新闻出版广电局新闻报刊处2017年山西省"十强报刊"巡礼。

深对"如何坚持'两论立报'、营造主流舆论强势"的思考。在办报实践中,自觉统筹运用理论和舆论两种资源,把理论上的正本清源与舆论上的有效引导有机结合起来,切实强化理论当家、舆论持家、"两论"兴家的责任和担当。

表1-1 2014—2016年出版机构基本情况

指标	2014年	2015年	2016年
图书出版社			
机构数(个)	8	8	8
从业人员(人)	646	672	673
图书出版			
种数(种)	3458	3812	3513
新出版(种)	1866	2281	2264
总印数(万册)	12866	12441	9860
总印张数(千印张)	1231323	1266909	980272

同时牢记职责使命,不断加强和改进理论宣传,以山西日报理论评论部为核心,吸纳专长人才,组建了一支理论评论采写队伍,专攻重大题材。2016年,山西日报正式创刊《理论周刊》,成为继北京日报之后第二家创办《理论周刊》的省级党报。创办以来,连续刊发多篇有影响力的理论文章,为全省干部群众团结奋斗提供了强大的思想引领力。

各级党报充分发挥媒体融合优势,不断强化渠道拓展。山西日报坚持以先进技术为支撑,内容建设为根本,机制创新为动力,重点项目为抓手,队伍建设为基础,加快推动传统媒体和新兴媒体深度融合。经过不懈努力,目前山西日报媒体融合已经初见成效。7月1日人民网发布的《2017全国党报融合传播指数报告》显示,在全国367家党报媒体排名中,山西日报融合传播力位居全国第16名。

在市级党报中,《长治日报》实现新媒体与纸媒融合发展的现代传播体系，不断提升媒体信息的传播力。2016年7月，长治日报社在借鉴学习全国各地报社改革经验的基础上，结合自身发展特点，投资建设了全媒体中央控制室，搭建了信息采集终端、移动采编平台和多终端发布系统。实现了在中央控制室统一策划报道选题，统一指挥调度采访，稿件一次采集、多次生成、多元发布、循环传播的全媒体运作，形成了平面媒体、网络媒体、移动媒体全覆盖的多媒体传播格局。作为当地主流媒体，传播力、公信力、影响力均得到了大幅提升。

长治日报社建立全媒体中央控制室以来，通过一系列重大新闻报道，积极探索建立适应媒体融合发展的采编流程，逐步改变了以往"先报后网"的传统发稿方式。天气变化、交通管制、突发事件……一些事关百姓日常生活的民生报道，在经过逐级审稿把关后，及时通过i长治网、上党晚报官方微博、长治日报或上党晚报官方微信账号等及时发布出来。不仅提高了传播效率，而且为居民日常生活提供了接地气的服务。

《临汾日报》为了推动传统媒体与新媒体融合发展，报社把此项工作作为2017年报业发展综合改革的一项重要内容，成立了新媒体中心。加大了报网融合的力度和速度。新媒体中心以临汾新闻网为依托，融合报社内部资源，综合多种传播手段，旨在实现传统媒体与新兴媒体在内容、渠道、平台、经营、管理等各方面优势互补、共同发展。整合日报、周刊、晚报采访资源，打通媒体融合管道，实现信息共享，使新闻传播逐步由过去的"先采后编、先报后网、各自为政、全而未融"的局面转变为"先网后报、实时播报、报网联动、梯次推进"的现代化立体传播体系。新媒体中心格局为"一网两微一端"，即1个新闻网、1个微博、1个微信平台、1个客户端。目前，报社已实现了两个融合：一是内容的融合，所有临汾日报、周刊、晚报的稿件都可以在临汾新闻网、手机微信上查阅。二是人员的融合，临汾日报所有的记者都兼任新媒体中心的记者，记者采写的稿件经新媒体中心主任审核后可优先在新媒体刊发。为了进一步落实中央《关于推动传统媒体与新兴媒体融合发展的指导意见》和习近平总书记推动媒体融合发展的重要讲话精神，向市政府申请更新设备经费316万元。目前已经财政局招投标，预计年底即可开始改造。基础设施的改善，将会极大地推动临汾日报媒体融合的力度,促进全媒体传播力的进一步加强。

(二)专业类报纸立足行业,服务社会

《山西法制报》创刊以来,始终坚持正确舆论导向和办报宗旨,坚持社会效益第一,注重内容建设和办报品质。中宣部、司法部联合授予其2006—2010年全国法制宣传教育先进单位的荣誉称号。近年来,《山西法制报》不断加大对基层政法部门的报道力度,将基层好的经验、典型做法及时发现、发掘出来。从2010年起,连续多年成功开展由省委政法委主办、《山西法制报》具体承办的大型基层采访活动,取得良好的社会效果。从2010年的"三晋政法基层行"采访活动开始,每年一个主题,连续举办了"全省加强和创新社会管理成果宣传"采访活动、"全省政法部门服务保障重点工程项目"采访活动、"平安山西2013集中宣传"采访活动、"争创一流、聚焦一线"采访活动等。在普法宣传和推进法治山西建设中,不遗余力,发挥出自己应有的正能量,积累着不平凡的业绩。

为了把崇尚法治、公平正义的精神融入法治山西建设中,聚集更多的法治建设正能量,《山西法制报》从2017年年初开始,始终关注政法系统的重大事件与典型经验,充分展现广大基层摸索总结的先进典型经验,以及迸发出的法治文化建设热潮,以此积极推动全社会参与法治实践。前半年,主要对全国及我省两会、中央及全省政法工作会议进行全面报道及解读,全国两会期间,头版开设"两会部长说事""两会短新闻""两会议政录"等栏目,加大了依法治国的信息量和传播量。

《科学导报》创刊于1984年11月30日,"紧紧围绕普及科学知识、竭尽全力服务全民科学素养提升"的办报宗旨,模范贯彻执行党和国家的各项方针、政策,严格遵守国家法律、法规。围绕《全民科学素质行动计划纲要》确定的四大人群,积极普及科学实用新知识,引导科学文明新生活,受到读者的欢迎。近年来,先后组织开展"科学发展看山西""百岁老人系列报道""山西名医访谈""年度科技人物评选"等一系列群众性科普宣传活动。先后被评为全国优秀科普报纸、中国最具传播力媒介策划机构、全国科技报服务新农村建设先进单位、山西省十大优秀科技传播平台。"让科学点亮生活"系列活动获得中国最佳策划案例奖;刊发的新闻作品,先后有210多篇获得全国科技报优秀作品奖、山西新闻奖、山西科技新闻奖等十多个新闻奖项;报社采编人员撰写的业务研究论文先后获得60多项学术论文奖。

随着科技与社会经济的不断发展,我国科技传播发展呈现出新的趋势。特别是我省成为全国首个全省域、全方位、系统性的国家资源型经济转型综合配套改革试验区,标志着山西转型综改赫然上升到国家战略高度。我省相应出台一系列举措,全面推进转型综改战略实施。在这样的新形势下,《科学导报》作为山西转型综改试验区最主要的科技传媒之一,加大科技传播力度,鼎力服务于全省转型综改、创新驱动,不仅是题中应有之义,更是义不容辞的责任。因此,《科学导报》于2013年10月开始进行战略性改版,从2014年1月起正式出版对开8版的改版新报纸。改版近4年来,在加强舆论引导能力、加大科技传播能力和市场竞争能力上取得了较大的成果,成为我省科学传播专业品牌报纸。

《同煤日报》作为大同煤矿集团党委机关报,始终坚持党性原则,始终保持清醒头脑,保持政治定力,坚决听党话、自觉跟党走。牢牢坚持马克思主义新闻观,自觉用马克思主义基本观点和方法指导新闻实践。坚持体现企业特色,有"煤"味,有品位。格调高雅,坚持开门办报,依靠广大通讯员,动员群众广泛参与办报。《同煤日报》成为矿工家属生活中不可缺少的精神食粮。不断增强新闻报道的针对性、时效性和报纸的亲和力、吸引力、感染力。《同煤日报》创办于1950年,忠实记录了大同煤矿乃至全省煤炭工业的沧桑巨变,已经成为广大矿工了解社会、丰富文化生活的精神食粮;已经成为传承企业文化的一个主要阵地,成为本企业本区域家喻户晓、颇有影响力的企业报纸;并连续被评为山西省一级报纸,成为山西省企业报纸的典范。

(三)教辅类报纸形成品牌影响力

《英语周报》创刊于1983年4月,是一份面向全国大中小学师生的英语教育教学辅导类报纸。是目前国内外语传媒中唯一被认定的"中国驰名商标"。2015年9月《英语周报》被国家新闻出版广电总局评为全国"百强报刊";2015年7月被认定为"全国数字出版转型示范单位",积极探索报网融合发展新模式。《英语周报》从2000年开始,连续13年被评为"山西省一级报纸"。还曾先后荣获全国文化体制改革工作先进单位、山西省文化产业示范基地、山西十大文化品牌、山西省新闻出版行业文明单位、全国少儿报刊金奖、读者最喜爱的英语报刊、新中国成立六十周年"影响中国贡献品牌大奖"、"影响中国十大行业媒体"等一系列荣誉称号。

《英语周报》将"坚持以人为本、全面实施素质教育"作为教育改革发展的战略主题,积极倡导为未成年人思想道德建设服务,将素质教育的要求融入编辑实践中,全心全意致力于为基础英语教育发展提供优质资源和全程服务,形成了"以报纸为媒介,全方位立体式服务英语教育发展"的出版格局。在数字化转型的浪潮中,《英语周报》将"视读者为用户,让服务更增值"作为数字化发展指导思路。借助新媒体技术平台,在内容生产上向"一次采集、多次发布、多层次生成、多媒体传播"的全媒体生产模式转型。目前报社的互联网数字产品有"三网两微一端"(三个网站:英语周报官网、英语教师网、英语学习网;两微:官方微博、官方微信;一个客户端:"掌上周报"——悦作业 App)。"掌上周报"——悦作业 App 是以打造融媒体形式的《英语周报》为目标,依托优质内容,融合数字技术,从传统纸质媒体的单一性阅读转变为含听、说、读、写、练等多维度立体化的知识集成,极大丰富和充实了传统纸质媒体。目前悦作业 App 注册用户达 350 万,通过智能评测积累数据,建立大数据库,精准服务《英语周报》读者,提高学生英语成绩,满足英语教学需求。

2015 年 4 月 20 日,英语周报社与科大讯飞有限公司共同出资成立的"飞英数媒"教育科技有限公司,参照上市公司的绩效管理体制及股权激励机制,建立起顺畅高效、适应市场竞争和一体化发展的公司内部运行机制,有效地激发了报网融合发展的活力和创造力。

《小学生拼音报》创刊于 1960 年,是新中国最早创办的语言文字类专业报纸之一。在各种评比中屡获荣誉,连续十二年被中共山西省委宣传部、山西省新闻出版广电局评为"一级报纸";蝉联六届"中国优秀少儿报刊金奖";六次被国家新闻出版广电总局评定为全国优秀少儿报刊,面向全国少年儿童公开推荐;两次被国家新闻出版广电总局评为全国"零差错"教辅报;两次被国家语委评为"全国语言文字工作先进单位";被中国少儿报刊工作者协会授予"少儿报刊领导者"的殊荣。2015年,《小学生拼音报》被国家新闻出版广电总局评定为全国"百强报刊",并被教育部审定通过的九年义务教育人教版《教师教学用书》向全国小学生公开推荐。《小学生拼音报》是一份专注于打造拼音特色、致力于"双推"事业、全力打造过硬编校质量的报纸。遵循"为孩子一生的成长负责,教给孩子一生有用的东西"的品牌理念,《小学生拼音报》进一步研究报纸特色和定位,在做好内容、做优品牌的同时,探索品牌建设的管理体制和激励机制,打造优秀报刊品牌。

《语文报》创办于1981年,伴随着我国改革开放的深入发展,它不仅奇迹般地确立了自身层级鲜明的品牌体系、独具特色的品牌价值和广泛持久的品牌影响,而且积极参与并有力推动了中国语文教育改革以及语文出版走向现代化的进程。30多年来,《语文报》凭借着高标准的编校质量和良好的社会声誉,赢得了数以千万计读者的喜爱和众多专家学者的肯定,成为我国母语教育中不可或缺的主流媒体和知名优秀少儿报刊品牌,为我国文化产业的改革发展和语文教育出版事业做出了突出贡献。

30多年来,《语文报》始终以"辅导广大青少年学好祖国的语言文字、弘扬中华民族的优秀文化、提高全民族文化素质"的大语文观作为办报宗旨,坚持"高质量、高品位加可读性、实用性"的编辑方针。既尊重语文学科的基本特点,熔工具性与人文性于一炉,又提倡让学生在丰富多彩的语境中和机动灵活的生活实践中学习语文。"语文报杯"全国中小学生作文大赛是语文报社的重大活动之一,大赛系《语文报》《语文教学通讯》、团中央和中国语文报刊协会等单位联合举办,每年举办一次,目前已成功举办了十九届。作为一项品牌赛事,该活动已经受到全国各地中小学生的强烈关注和积极支持,全国累计有上千万中小学生参加了此项大赛。该赛事的获奖奖项已成为国内一批著名高校自主招生的重要参考依据之一。

报社从2016年开始推出的首届"全国中小学生经典阅读行动",参与师生近30万人。"语文报杯"全国中青年语文教师课堂教学大赛由中国教育学会中学语文教学专业委员会和语文报社共同主办。大赛每两年举办一届,1996年至今已成功举办了十一届。历届大赛的参赛选手已普遍成为全国中学语文学科的带头人。此项大赛已成为全国中语界规格最高、规模最大、影响最广的品牌赛事。报社还与中国妇女发展基金会联合主办了全国中学生"敬母、爱母、助母总动员"大型有奖征文活动,与北京鲁迅博物馆联合举办了"走向鲁迅"大型有奖征文活动。每年组织的常规活动有"1+1"全国小学生读写大赛、寒暑假读报有奖知识竞赛,等等。

随着融媒体时代的到来,语文报社率先垂范,成为全国首批数字出版转型示范单位。数字化平台、网站、手机报、微信矩阵、自媒体、App 客户端与报纸互动融合。2011 年 8 月,报社与中国移动山西分公司合作,共同开发了国内首个教育辅导类手机报——《语文报·手机版》,并设计完成了 4 个 App 手机在线学习产品。语文报社官网——中华语文网是语文教育第一门户网站,目前拥有用户 41 万。作为国家级新闻出版业发展项目,中华语文网致力于打造一个全新的汉语远程网络教育综合平台,其主体包括语文教育网、汉语教育网、国学网三大子网。网站为大、中、小学生和语文教育工作者提供了学习互动平台,为社会各界人士、海外学生提供了汉语交流平台。报社数字化转型的重要项目——"中小学阅读写作数字出版平台"入选中央文化产业发展入库项目。该平台项目是语文报社数字出版转型的重点项目,包括作文批改平台、在线阅读平台、作文社交平台三大子平台;2016 年,"中华优秀传统文化教育全媒体平台"项目又获得山西省文化产业发展专项资金支持。

《语文报》创建了新媒体矩阵,目前共有微信公众号 23 个,自媒体 2 个。报社的重大活动在微信平台实现了即时公布和查询功能,为用户提供了最快捷便利的服务。在用户的积极参与下,微信关注人数呈几何级增长,订阅量达 28 万人。微信注册的微店和淘宝网天猫"语文报社旗舰店"成绩喜人,给报社带来了丰厚的利润。

《语文报》商标被国家工商总局认定为我国媒体界第一件"中国驰名商标";2010、2016 和 2017 年《语文报》三次成为国家新闻出版广电总局向全国推荐的优秀少儿报刊;《语文报》主要品种多次荣获全国少儿报刊奖的最高奖——金奖;连续 12 年被评为山西省一级报纸;语文报社先后入选中国最具品牌价值专业媒体十强、全国首批数字出版转型示范单位、山西十大文化品牌、山西省文化产业示范基地、山西省新闻出版行业文明单位、山西省版权示范单位。

二、广播电视信息服务发展现状

(一)山西省广播信息服务发展现状

2017年,全省公共广播节目套数119套,全年公共广播节目制作时间为210425小时(表1-2),播出时间(含转播中央台节目、购买交换节目)为474972小时。广播节目综合人口覆盖率达到98.75%,其中农村人口覆盖率97.91%,综合人口覆盖率高于全国平均水平。

表1-2 山西省2017年广播节目制作情况

全年制作广播节目时间	新闻资讯类	专题服务类	综艺类	广播剧类	广告类	其他类
210425	40688	69585	45182	9047	23418	22505

1.广播频道种类齐全,广播节目丰富多样

山西省广播频道种类齐全,有新闻综合广播、交通广播、健康之声、音乐广播、经济广播、农村广播等各种专题频道,并且各专题频道也由丰富的广播节目构成,满足了听众多样化的收听需求。

山西广播电视台综合广播是山西覆盖最大的一套广播频率,在全省有13座中、短波发射台、4个调频发射台承担着节目信号的覆盖任务,发射总功率约449千瓦。

山西广播电台共有节目111套,截至2016年,全年制作节目时间高达194531小时,日均播音时间为1139小时。在众多广播节目中,综艺类、新闻类、专题类是山西广播电视台综合广播的主要类型构成,其中,综艺类节目与新闻类节目是主体,但其他类型的广播节目也增加了山西广播电视台综合广播的黏性。山西广播电视台综合广播通过精心打造核心品牌节目以及围绕重大主题策划的宣传活动,使得节目质量稳步提升,收听率直线攀升,频率影响力不断扩大。

表1-3 2014—2016年山西省广播节目情况

	2014年	2015年	2016年
广播节目套数(套)	112	111	111
广播人口覆盖率(%)	98.04	98.47	98.61
全年制作节目时间(小时)	180308	196004	194531
日均播音时间(小时)	1109	1132	1139

2.媒介融合趋势明显

在移动互联网时代,传统广播活动借助新媒体融合传播,创新出彩,扩大平台影响力,增强受众黏合度成为发展的指向标。山西省广播节目也在与互联网、移动新媒体平台结合,推出新的节目形式与内容。例如山西经济广播2018年世界读书日举办的"全民接力10小时不间断阅读"活动,与以往的广播活动不同,这次活动从报名伊始就将H5、微博、微信、视频直播、喜马拉雅电台直播等新媒体资源充分利用,力求做到新媒体全覆盖,把广播媒体的影响力变为多媒体共同的影响力。此次活动在实践中探索媒体融合发展的路径,探索传统广播电台如何举办创新化活动,并最大限度扩大传播效果,力图让山西广播行业在激烈的媒体竞争中占据一席之地。

3.紧扣时代主题,满足听众需求

山西广播作品全面贯彻落实习近平总书记在全国文艺工作座谈会和在文联十大、作协九大开幕式上的重要讲话精神,紧紧围绕山西深厚文化资源,坚守社会主义核心价值观,努力打造弘扬中华优秀传统文化的原创节目,办有价值追求、有文化品格、有实际影响力的广播节目。

山西农村广播对农类热线帮办节目《有事您说话》以贴心、实用、服务性强为宗旨,涉及政策、法律、消费维权等方方面面农民听众关注的问题,为听众跑腿帮忙办结问题上万件,被听众称为贴心的广播节目。

(二)山西省电视信息服务发展现状

截至2017年,我省共有广播电视台117家(省级1家,市级11家,县级

105家），电视频道114套，电视节目制作时间103483小时。特别是整合后的山西广播电视台在改革中发展，在发展中壮大，拥有山西卫视等7个电视频道，3个数字付费频道，2个外宣电视频道。其中全力打造的山西卫视，通过中星6B卫星覆盖全国及周边国家和地区，有效覆盖人口达5亿多，地面电视频道覆盖全省11个地市，是全省公众获取信息的主要渠道，成为在省内最具实力、在国内有一定影响力的广电"航母"。

山西广播电视节目立足山西本土特色，扎根优秀传统文化，形成了浓郁独特的文化气质。民歌节目《歌从黄河来》2016年荣获第24届电视文艺"星光奖"电视综艺节目大奖。作为全国首档民歌风情音乐类节目，《歌从黄河来》以"发自民族心灵的声音"为主题，传承民歌血脉、寻找文化足迹、展示民歌风情，力争打造中国电视民歌旗舰品牌。

老牌戏曲节目《走进大戏台》，根据国家振兴传统戏曲文化的政策，不断提升节目品质，成为传播戏曲文化的品牌栏目，两度摘得电视文艺"星光奖"电视戏曲节目大奖，并被国家新闻出版广电总局表彰为"2015年度广播电视创新创优节目"。

在山西全省勠力推进经济结构转型，破解"一煤独大"，大力发展文化旅游产业的背景下，山西广播电视台在党和政府最关心的问题上设置话题，创新推出了旅游竞演节目《人说山西好风光》。节目一经推出，立即引起社会各界和各大媒体的广泛关注和热烈互动。几十家主流媒体和自媒体主动关注节目相关话题。节目播出以来，相关的微信、微博总阅读量高达1.5亿次，视频点击量超过3000万次。与竞演节目配套的网络投票活动，累计参与人数达到800多万，超过山西全省人口的20%。作为一档以宣传本省旅游发展为目的的非娱乐类节目，《人说山西好风光》引发了广大群众参与热潮，在业界引起极大关注。《山西民歌音乐动画》等6部动画片入选"中国民间故事动漫工程"。

三、互联网信息服务发展现状

随着互联网、云计算、大数据、人工智能、物联网等新兴技术的繁荣发展，人们的生产、传播、生活和消费方式都在发生深刻的变革。互联网信息服务业为文化产业提供更多元、多样的传播、搜索方式,甚至发挥互联网的"关联性"和"融合性",渗透到文化领域并深度结合,形成新型业态,是推动传统产业转型升级必不可少的途径。

(一)互联网信息服务整体发展现状

1.政策助力互联网行业发展

行业发展需要政策的支持作为保障。从国家层面,国家为促进文化产业健康可持续发展,不断出台相关政策法规为其保驾护航。2015年李克强总理在两会的政府工作报告中提出要制定"互联网+"行动计划,推动移动互联网、云计算、大数据、物联网等与现代制造业结合,促进电子商务、工业互联网与互联网金融健康发展,引导互联网企业扩展国家市场①。"互联网+"行动计划出台后,促进了各行各业协同发展,不仅激发传统行业活力,更新换代,还进一步开发了互联网信息、软件、传输技术服务业等新兴产业。

为响应国家相关政策,山西省坚持企业是主体、文化是内涵、科技是手段、市场是导向、政府建平台的原则,结合省内企业的实际情况,积极推进文化与科技融合,出台文化产业相关政策,提供良好的发展环境,为文化产业发展注入新动力及保障。2016年山西省政府印发《山西省"十三五"文化强省规划》,提出大力推进文化与旅游、金融、科技、互联网等相关产业深度融合,激发全民文化创造力。随后相继出台《山西省深入实施"互联网+流通"行动计划方案》《山西省支持科技创新的若干政策》《关于山西省大数据发展规划(2017—2020年)通知》《山西省互联网发展报告(2017)》等。除此之外,信息传输网络基础建设也在进一步扩大,早在2013年出台第一部《山西省信息化促进条例》,鼓励采用信息技术培育发展文化、旅游产业。并且为保障建设通信设施出台《山西省通信设施建设与保护条例》。为推动山西信息化和"互联网+"发展,提出"宽带山西"理念,并逐步落实专项行动,先后印发了《山西省贯彻"宽带中国"战略工作方案的通知》《关于加快高速宽带网络建设推进网络提速降费的实施意见》等文件,为支持作为资源型

---

① "互联网+"行动计划.百度百科.https://baike.baidu.com/item/%E2%80%9C%E4%BA%92%E8%81%94%E7%BD%91+%E2%80%9D%E8%A1%8C%E5%8A%A8%E8%AE%A1%E5%88%92.

城市的山西省的传统行业转型升级提供优良条件,以高新技术、互联网技术为支撑,激发文化产业,逐步打造数字文化经济,转化文化科技成果。

2.互联网覆盖率持续上升

互联网信息服务的发展前提和基础是互联网基础建设,2013年8月17日,国务院发布了"宽带中国"战略实施方案,加快信息网络宽带化升级,推进城镇光纤入户,实现行政村宽带普遍服务。山西省响应国家的号召,下发《山西省贯彻"宽带中国"战略工作方案的通知》《"宽带山西"2016专项行动实施方案》,持续推进"宽带山西"建设,进一步落实加快宽带网络建设、推进网络提速降费工作,加快网络信息高速公路建设,打通网络"最后一公里"。随着三年的战略实施,2016年山西11个市全部达到了光网城市评级标准,全省119个县、市、区全面实现光纤网络覆盖,全省城市地区电信企业光端口总和与家庭总数比值达到23.35%,光端口总和与宽带接入端口总数比值达到了86.02%,2017年光纤接入用户数为811.5万户,增长率达28.28%,绝对值排全国的第13位,可以说山西省网络建设取得了阶段性的成果,步入了"全光网"时代。[①]

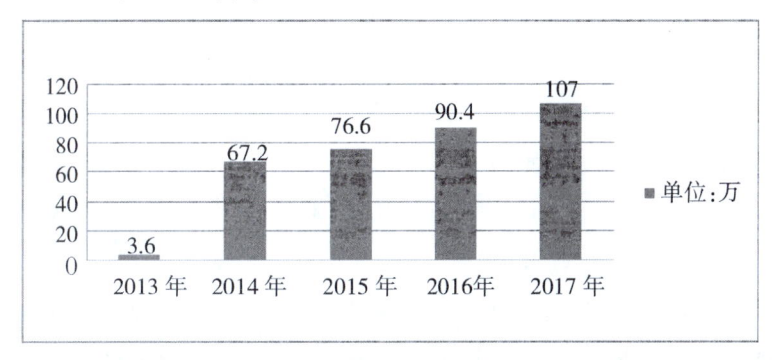

图1-4 2013—2017年长途光缆线路总长度

根据2017年山西省互联网发展报告数据显示,2017年山西省光缆总长度达到了107万公里,居全国18位。其中接入网光缆、本地网中继光缆和长途光缆线路分别为59.3万、44.4万和3.3万公里。从2013年到2017年,长

[①] 中共山西省委宣传部,山西省统计局.2017山西文化产业发展概论[M].北京:中国统计出版社,2018.10(1):175–176.

途光缆线路总长度急速增长,2017年突破百万大关,以每年平均15%左右的速度增长。随着光网网络的全覆盖,省内居民下载和上传速度也有质的提升,用户在使用宽带上有更快的速度体验,同时资费也相应地下降。在基础建设完成后,在保障居民用得上基础上,又保障了居民用得起、用得好。

表1-4 2013-2017年互联网基础设施建设[①]

	互联网省际出口宽带	固定互联网宽带接入端口	固定互联网宽带接入用户数	移动通信基站	4G基站	WLAN公共运营接入点(AP)	互联网普及率
2016年	8560G	1583万	747.2万	16.3万	6.9万	35.7万	55.5%
2017年	12207G	1840万	872.9万	18.5万	8.9万	33.2万	57.9%

由表格数据可以看出,2017年固定互联网宽带用户比2016年累计新增125.7万户,总数达到了872.9万户,在全国省份城市排16位,互联网省际出口宽带增长了3647G,固定宽带接入端口257万个,移动通信基站新建2.2万个,4G基站新建2万个。从两年数据来看,山西省正在集中发力推进网络建设,加快互联网普及率和覆盖率,进行多项网络扶贫项目,取得了一定的成效。基础设施的加快建设促进了全省互联网普及率,特别是解决了边远农村的网络使用困难问题,缩小城镇及农村网络建设差距,2017年11个市新建3080个行政村的宽带网络,升级改造了111个行政村的网络,2018年年底山西省有29418个行政村通达光纤网络,接入率超过97%。

3.网络信息安全基石夯实

山西省在网络建设过程中十分重视网络信息安全,积极开展网络环境净化和信息安全管理工作,深入开展网络安全防护,保障企业和居民网络安全和网络信息隐私。2016年山西省被感染和受攻击后成为木马病毒或者僵尸程序受控主机的IP总数为447648个,同比减少了1.1%,而木马或僵尸程序控制服务器IP总数为1064个,同比增加8.9%[②]。2017年被感染和受攻击

[①] 数据来源:公开数据整理。
[②] 山西省互联网协会.2016年山西省互联网发展报告 [EB/OL].(2017-08-04)[2019-1-13],http://www.issx.org.cn/qt/articleDetail.html?id=596&bz=tjxx。

后成为木马病毒或者僵尸程序受控主机的 IP 总数为 337776 个，同比减少 24.5%，木马或僵尸程序控制服务器 IP 总数为 1856 个，同比增加 74.4%[①]。而 2017 年山西省范围内被篡改网站数量为 62 个，相对于 2016 年的 112 个，同比减少了 44.6%。对比两年数据可得，山西省网络安全建设有所提高，打击网络病毒程序成绩显著，有效地保障了省内用户网络使用安全。

同时山西省政府和山西省通信管理局都高度重视网络安全问题，相继下发相关通知督促有关机构和领域人员保证网络与信息安全。山西省通信管理局提出五大措施：强化网络安全意识，大力强化互联网网站基础管理，普及网络安全宣传，开展网络安全检查及技术检测和深入开展网络安全防护。《山西省大数据发展规划（2017—2020 年）》中强调要防范安全风险，加强网络基础设施安全防护、加强信息数据资源安全保护、加强敏感信息保护等，保护网络信息在使用和传播过程中的安全，建设绿色山西网络，夯实山西网络信息安全基础。

(二)互联网信息服务细分类别发展现状

1.互联网搜索服务发展现状

互联网搜索服务是指互联网中的特殊站点，专门用来帮助人们查找储存在其他站点上的信息。互联网搜索服务与网络站点建设数量、网站建设类型、网络搜索准确率等多方面息息相关。

(1)加快了网站建设速度

互联网搜索服务是用户获取信息的重要途径，其发展基础更多是在于网站数量的建设，扩大网站数量的同时，充实网站类型及其服务信息，能最大限度上满足用户对信息的需求。2017 年中国网站数量为 533 个，同比增长 14.1%，山西省备案的互联网网站总数达 77369 个，相对于 2016 年的 58167 个，增加了 19202 个，同比增长 33%，仅占全国的 1%。其中以山西省为接入地的网站为 4025 个，接入地在外省的网站数量占了 94.8%。从 2011 年到 2017 年山西省备案网站数量来看，山西省网站建设数量正在趋于稳

[①] 山西省互联网协会. 山西省互联网发展报告（2017 年）.6. 网络与信息安全保障[EB/OL]，(2018-08-29)[2019-1-13]，http://www.issx.org.cn/qt/articleDetail.html?id=667&bz=tjxx.

步上升，体量逐年增加，说明山西省为满足人们日益增长的多元化的信息需求，正在加快速度增加网站数量，极力追赶国家标准，拉近与中部城市的差距，有利于下一步"互联网+"战略实施。

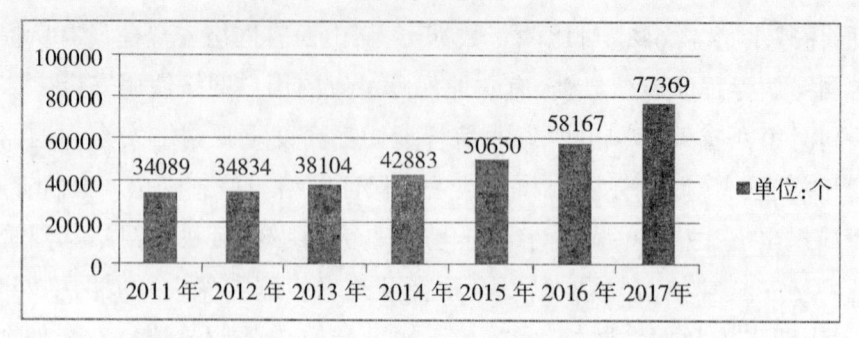

图 1-5　2011—2017 年山西省备案的网站数量①

从网站域名数量来看，2017 年国内域名总数达到 3848 万个，".CN"域名总数为 2085 万个。山西省注册域名数量达到 24.4 万个，同比增长 2.3%，占全国的 0.6%，其中"CN"域名数量 10.8 万个，占全国的 0.5%。虽然占全国的比例不高，但是从近些年的数据来看，全省域名总数和".CN"域名数量整体上都呈稳步上升趋势，未来发展空间较大。

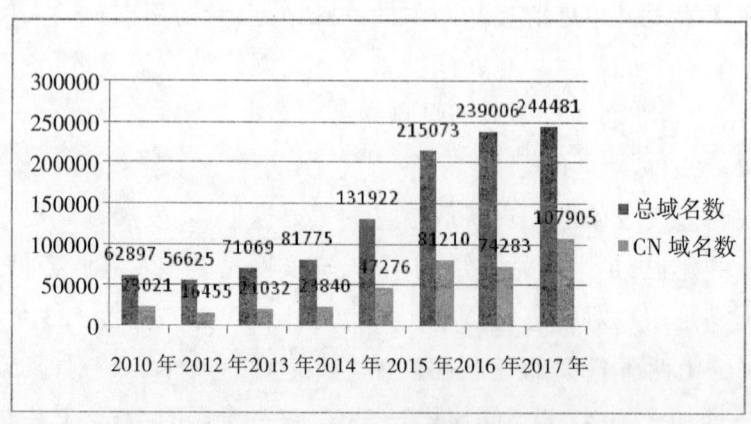

图 1-6　2010—2017 年山西省域名数量②

---

① 山西省互联网协会. 山西省互联网发展报告（2017 年）.1. 互联网基础数据[EB/OL]，(2018-08-23)[2019-1-13], http://www.issx.org.cn/qt/articleDetail.html?id=667&bz=tjxx.

② 山西省互联网协会. 山西省互联网发展报告（2017）.1. 互联网基础数据[EB/OL]，(2018-08-23)[2019-1-16], http://www.issx.org.cn/qt/articleDetail.html?id=662&bz=tjxx.

(2)网上体验性能有所提高

2017年固定宽带全年用户网络下载的忙闲时加权平均可用下载速率为15.65Mb/s,比2016年提高4.21Mb/s;固定宽带用户网页浏览全年的忙闲时加权平均首屏呈现时间为1.12秒,比上年节省0.03秒;固定宽带用户网络视频全年的忙闲时加权平均视频下载速率为11.76Mb/s,相对于2016年的8.97Mb/s,加快了2.79Mb/s。省会城市太原的固定宽带全年用户网络下载的忙闲时加权平均可用下载速率为19.22Mb/s,高于山西省与全国的平均水平,相对于2016年有所提高。

虽然山西省的网络速率略低于全国平均水平,但对比两年数据,山西省正在通过网络设施的建设加快转换和提升网络速率,从而提升居民的网络页面浏览体验快感,缩短网络搜索时间。

2.互联网其他信息服务发展现状

互联网其他信息服务主要包括网上新闻、网上软件下载、网上音乐、网上视频、网上图片、网上动漫、网上文学、网上电子邮件、网上新媒体、网上信息发布、网站导航和其他互联网信息服务。

(1)互联网信息准确率处于较高水平

互联网信息准确率是对一个城市网络发展程度的体现,也影响着居民的网络体验感和满意度。2017年随着网站基数的扩大,山西省网站主体的信息准确率达93.1%,并且超过了考核指标3%,接入信息准确率为71%,拨通率为89.4%以上,山西省网络信息准确率达到了90%,处于较高水平,保障了居民日常搜索文化和对娱乐内容的需求。同时网民基数有所上升,互联网普及率也呈上升趋势。

(2)各类网络文化层出不穷

互联网其他信息服务更多与网上所呈现的内容有关,不同的网站页面提供的信息不同,吸引的流量也不同。从各类网站用户规模来看,2016年排名前三的为新媒体、电子商务和教育,2017年排名前三的依然是这三类网站。虽然新媒体用户规模有所下降,但是电子商务和教育分别增加了177.2万和185万,可见居民利用网络搜索内容能力在不断提升。2017年新媒体网站中排名前五的网站分别是山西新闻网、新华网山西、太原新闻网、新军事网和晋城在线,总体来看居民更倾向于利用网络观看新闻资讯。娱乐类网站的用户规模达到了416.6万人,省内居民更喜欢浏览中文幽默王、58小说网、故事大全网、新笔趣阁、悠悠鸟影视,通过这些网站观看文学和影视来丰富日常娱乐。

表1-5 2016—2017年各类网站用户规模①

	新媒体	电子商务	教育
2016年	1324.7万	898.9万	753.6万
2017年	1162.9万	1076.1万	938.6万

从移动互联网App应用来看,2017年山西省内所提供的App总量达4818个,比2016年增加672个,应用类别呈现多样化,如影音、文学、社交、电子商务、生活服务、游戏、工具、金融等。在各类应用App中下载量最多的是影音播放、社交通讯和金融,分别为49711.7万次、2739.2万次和2062.4万次。影视播放类App中下载量排名前五的分别为西瓜视频、头条视频、深港DJ、深港DJ音乐盒和猫咪播放器。

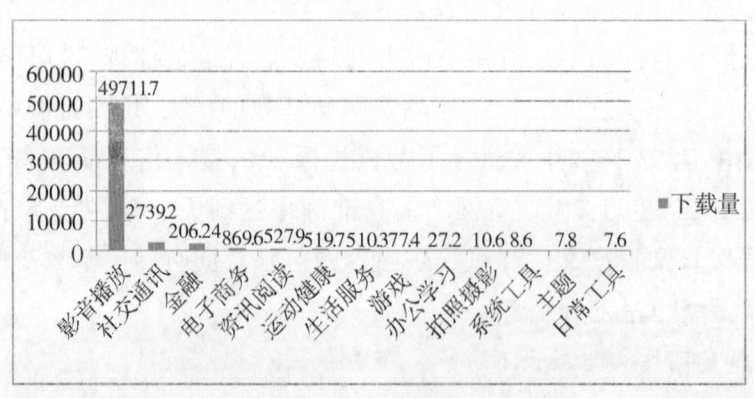

图1-7 2017年山西省提供的App各类应用类别下载量②

---

① 数据来源:山西省互联网协会公开数据整理。
② 山西省互联网协会.山西省互联网发展报告(2017).2.互联网应用业务发展分析[EB/OL],(2018-08-23)[2019-1-16],http://www.issx.org.cn/qt/articleDetail.html?id=663&bz=tjxx。

第二节 新闻信息服务发展问题

一、新闻出版广电服务发展问题

我省新闻出版广电服务同先进省份比,在媒体融合、产业转型、产业集聚等方面还处于落后状态。主要表现为:

(一)媒体融合发展推进缓慢

一是内容传播融合未全面展开。我省媒体多数还没有实现与自办新兴媒体在内容和生产上共同策划、分别实施、统一制作、互为补充、融合呈现。难以将受众转变为用户,不能提供精准内容服务。

二是渠道平台融合未取得突破。我省广电网络全省一张网整合至今没有真正完成,是全国极少数没有实现一张网的省份。由于整合滞后,全省域的有线网络数字化、宽带化、交互化、智能化难以实现,有线网络与新兴媒体在渠道和平台方面的融合难以突破。我省 IPTV 视频服务、特许运营网络平台建设也比较落后,不能面向多个播出系统、多种传播渠道、多类用户终端分发内容。

三是经营管理融合机制未真正建立。我省传统媒体经营性业务与新兴媒体的融合运营还没有实质性进展,企业化运营模式仍未建立,经营体制机制改革滞后。管理部门在规范新媒体节目服务准入、内容管理融合、促进体制融合等方面存在许多不适应问题。

(二)产业转型升级比较滞后

信息技术的迅猛发展、大数据产业的快速崛起、"互联网+"行动的蓬勃兴起,推动新闻出版产业数字化转型持续加速,推动影视产业网络化模式持续革新,新闻出版广电产业正处于大变革、大转型、大升级的历史转折点。2016 年,全国数字出版产业整体收入规模 5700 亿元,我省的数字内容产业规模只有 19 亿元,数字化网络化转型势在必行。

(三)产业集聚效应不强

国家新闻出版广电总局推出一系列政策措施,推动出版创意、数字出版、绿色印刷、版权贸易、动漫游戏、数字影视等新兴产业发展。近年来，经认定的国家级新闻出版广电产业基地已达31家，全国15个省市都建有基地。我省国家级基地建设推进缓慢，没有形成数字产业集群，数字经济发展缓慢。

综合分析产生上述问题的原因，主要有以下四个方面：

一是创新意识不强。从管理部门到业务单位危机感、紧迫感不够强，融合传播、融合发展一体化理念没有真正树立起来，发展大数据产业和数字经济意识也不强，工作重心仍停留在传统业务上。

二是改革不够深入。企事业单位自主改革意识不够强，改革的倒逼机制还没有建立。国有资产管理体制不健全，国有出版广电企业还没有建立起真正的现代企业制度，没有完成一家企业上市，对国有文化企事业的考核奖惩制度还不够完善。

三是政策统筹不够。我省新闻出版广电领域有企业近7000家，除省属骨干文化企业外，大部分为民营企业、小微企业，普遍生存发展艰难。虽然近年来我省在文化产业资金和项目扶持方面的力度不断加大，但在奖励、土地、税收、投融资等方面的政策"组合拳"还没有真正形成。数字内容产业处于发展起步阶段，相比于传统产业，更需要得到支持扶持。

四是领军人才匮乏。新闻出版广播影视是知识密集、创意密集型行业，人才至关重要，骨干人才和名家大师至关重要。我省在吸引人才、引进人才方面与沿海省市相比处于劣势地位。

二、互联网信息服务发展存在的问题

山西省互联网信息服务的整体状态呈现繁荣和持续扩大的趋势，但是在发展过程中仍然有许多方面需要改善和提高。虽然网络基础设施不断建设，网络覆盖率也逐步扩大，缩小城镇农村的差距，网络用户规模与日俱增，但是与周边省份城市相比，与国家平均水平比较，山西省互联网信息服务业处于劣势位置，整体体量较小。2016年山西省规模以上的互联网信息服务企业营业利润为–127.3万元，呈负增长状态，山西省互联网信息服务业整体情况不容乐观。通过对近两年的数据整理，分析互联网信息服务现状，发现三个显著问题：网站建设和互联网速率水平不高；提供网站及App

类型单一;内容低劣和网络信息安全仍然需要进一步的提高。

(一)网站建设及互联网速率水平不高

首先对比中部六省网站数,山西省2015年网站数量为49713个,2016年增长到53249个,仅占全国的1.1%,且下降了0.1%,排在六省中的倒数第二。其他省份的增长趋势都赶超山西,排在首位的是河南省,分别为166217个和200370个,比山西省分别多116504个和147121个,是山西省的3倍左右。山西省与首位省份河南省距离相差太大,山西省网站建设较为薄弱。中部六省的域名数量表明,山西省2015年和2016年都位于中部六省的末位,仅占全国的0.69%和0.57%,占比不足百分之一,虽总数量上升了23933个,占比却下降了0.12%。".CN"域名数量也处于最后位置,2016年下降了0.2%。

其次山西省缺少互联网骨干直连点,骨干网络互联直通水平不高。而国家级互联网骨干直联点主要用于汇聚和疏通区域乃至全国互联网间通信流量。山西省内互联网间通信平均延时66.96毫秒,固定宽带用户网页平均首屏呈现时间为1.12秒,跨网访问平均丢包率为1.17%。总体来说,省内跨网访问时延长,丢包率高,导致访问质量低,用户感知差,很大程度上限制了互联网信息服务发展。

(二)各类网站及应用App内容和类型供需不均衡

山西省互联网的发展逐渐走向成熟阶段,用户已经具备一定的上网获取信息的能力,而当下的网站及应用App的内容和类型并不能满足用户日益增加的需求。2017年山西省备案的各类网站用户规模数据表明,排在首位的是新媒体,即新闻类资讯浏览占大部分,而娱乐类网站排在末位,中间数据相差了2倍。并且2017年山西网民访问各类网站最多的是即时通信、娱乐和新媒体类。由此分析出,大多数网站应该都是以文本信息为主要服务内容,显性知识为主,提供信息源查询和浏览,文学、视频、图片等信息较少,知识性信息居多,而娱乐休闲类信息较少。

从App应用角度分析,山西省提供的App应用类别中最多的是电子商务,为1607个,而App下载量最大的、达到了49711.7万次的影音播放数量仅43个。这种现象表明提供的App应用种类与居民喜爱的或者所需的App呈相反态势,造成了资源开发浪费。由于山西省大力支持发展电子商务业务,因此造成了此类App及网站的数量较多,但是盲目地开发,而不是从居民所需角度出发,从网站内容丰富度和信息有效度方面下功夫,仅仅是不断提供人们不需要的产品,造成了供大于求的市场现象。另外,提供App和下载量最多的城市都是太原市,而且97%的App和下载量都在太原市,其他城市少之又少,互联网信息服务发展不均衡,存在较大的地区差异,一地独大的态势无法完全带动全省的互联网信息服务产业发展。

（三）网络信息安全较为薄弱

由于互联网新闻具有及时性、传播快、多样性和互动性等特点,可以突破时间、空间界限将信息进行全方位、立体式、及时性传播,并且随着互联网的快速增长,网民数量的扩大,互联网已经成为信息和舆论传播的主要途径,人们对互联网的依赖性也越来越高,因此互联网的信息安全是首要问题。

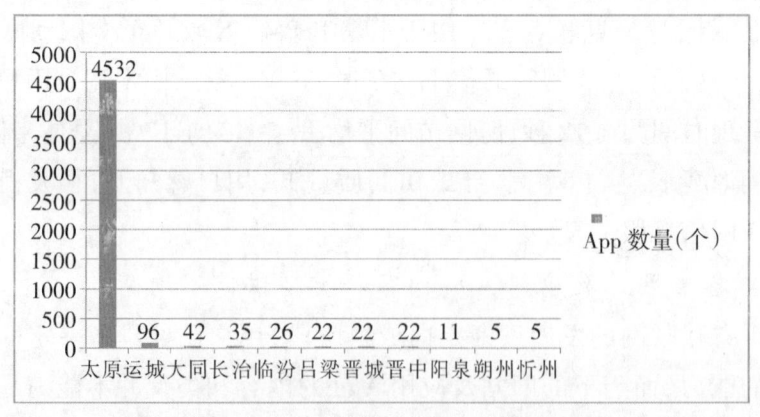

图1-8　2017年山西省各地市App数量[①]

山西省虽然出台了不少政策保障网络的健康运行和发展,但是面对日益扩大的互联网规模,由于山西省整体信息产业起步较晚,尚未形成规模较大的国内龙头网络信息安全企业,山西省2016年和2017年这两年被感染和受攻击后成为木马病毒或者僵尸程序受控主机的IP总数,被篡改网站数量和被植入后门网站数量有所改善,但是下降率较低,受到攻击的总数基数仍然很大,虽有一定的成效,但效果却不大。网络存在的隐患很大,仅

[①] 山西省互联网协会. 山西省互联网发展报告（2017）.2. 互联网应用业务发展分析[EB/OL]. (2018-08-23)[2019-1-16], http://www.issx.org.cn/qt/articleDetail.html?id=663&bz=tjxx.

仅是在政策上号召明显不足，更多的应该在技术上改善和提高。

山西省针对数据所有权、隐私权等相关法律法规和信息安全、开放共享等规范标准缺乏，技术安全防范和管理能力不够，尚未建立起兼顾安全与发展的数据开放、管理和信息安全保障体系。

第三节　新闻信息服务发展策略

一、新闻服务与报纸信息服务发展策略

（一）加强品牌塑造，深化内容创新

进一步加强和充分发挥我省优秀报纸的品牌效应和示范引领作用，提升其行业知名度、社会影响力和市场占有率，促进全省报刊进一步强化质量意识和精品意识，大力营造健康向上的文化生态，推动全省报刊业的繁荣兴盛。结合"全国百强报刊""百种全国少年儿童喜爱的报刊"和全国精品文学期刊推荐活动，推出本省优秀报刊进行表彰奖励。

报纸媒体要加强权威性与公信力，做好深度报道，以应对网络新闻的竞争。通过深度挖掘新闻事件、拓展延伸新闻背景为读者提供新闻背后的新闻，增强对读者的吸引力。不断进行内容、传播方式的变革与创新，适应互联网时代读者的阅读兴趣与习惯。

认真落实中央、省委关于繁荣发展社会主义文艺的指示和实施意见，落实《山西省进一步支持服务业发展的若干措施》等，支持文化精品创作，积极鼓励和引导我省报纸改革创新。

（二）深化报网融合，提升信息传播力

从机制上保障实现新媒体与纸媒融合发展的传播体系，加大报网融合的力度和速度，不断提升报纸的传播力和影响力。融合报社内部资源，综合多种传播手段，实现传统媒体与新兴媒体在内容、渠道、平台、经营、管理等各方面优势互补、共同发展。整合子报采访资源，打通媒体融合管道，实现信息共享，使新闻传播逐步由过去的"先采后编、先报后网、各自为政、全而

未融"的局面转变为"先网后报、实时播报、报网联动、梯次推进"的现代化立体传播体系。实现内容的融合以及人员的融合。

（三）加快产业发展

在做好报纸媒体主业的基础之上，要不断拓展新兴业态和产业模式。报纸作为传统主流媒体，拥有强大的资源连接优势，要善于利用和发挥这一优势，大力拓展多元文化产业，尤其是与传媒相关的文化产业。通过园区、金融等杠杆与手段，积极探索资本、技术、人才创新发展模式，构建新型产业结构。在遵循市场经济规律，充分发挥市场配置资源的决定性作用的前提下，更好地发挥政府作用。促进报纸媒体资源向新兴产业、优势企业集聚，调整产业结构，优化产业布局，加快构建现代产业体系。

二、广播电视信息服务发展策略

1.加强顶层设计，深化体制改革

党的十九大为包括整个广电体制改革在内的文化体制改革提供了指引。作为广电事业产业发展亟须突破的地区，山西省广播电视业现阶段的主要任务之一是优先做强事业主体，优化广电主流媒体公共服务职能，夯实广电媒体新闻舆论主力军主阵地的基础，强化政策保障，事业职能与市场运营分离，基本公共服务事项政府财政兜底，产业经营采取企业体制，强化领导班子的责任担当，打破僵化的用人与分配机制，引入市场机制，激发内在活力，增强可持续发展能力，实现广电事业产业两加强两促进。

同时在资源配置、市场主体培育、重大项目带动、金融支撑等领域以及人才队伍建设、监管治理体系等方面，政府和行业管理部门要大力发挥引领作用。

2.增强内容核心竞争力，开拓发展新渠道

要突出社会价值取向。积极推进电台电视台社会效益综合评价机制建设，把政治导向、价值取向、艺术水准、审美情趣、群众口碑等作为评价的主要标准，着力解决片面强调收视率、收听率、上座率、点击率、排行榜、发行量等问题，努力实现社会效益和经济效益、社会价值和市场价值相统一。

提高内容质量，也要扎根于中国优秀的传统文化，传承中华文化基因。

实施优秀传统文化、红色文化广播电视传播和动漫创作工程,重点打造原创广播电视作品(广播剧、专题片、纪录片、动画片)。

积极参与国家中华优秀传统文化传承发展工程建设,努力争取中华经典诵读工程、中华民族音乐传承出版工程、中国经典民间故事动漫创作工程、中华文化电视传播工程、中华文化新媒体传播工程等项目。

3.加快利用新技术步伐,促进广播电视产业升级转型

推动传统媒体和新兴媒体融合发展,要坚持传统媒体和新兴媒体优势互补、一体发展,坚持先进技术为支撑、内容建设为根本,推动传统媒体和新兴媒体在内容、渠道、平台、经营、管理等方面的深度融合,着力打造一批形态多样、手段先进、具有竞争力的新型主流媒体,建成拥有强大实力和传播力、公信力、影响力的新型媒体集团,形成立体多样、融合发展的现代传播体系。

4.拓展商业模式,进行多元化产业开发

降低对广告收入的依赖,这是广播电视行业长久良性发展的基础。创新广告经营策略,不仅仅局限于广播媒体广告,还要打破思维定式,扩大广告平台,整合传统媒体与新媒体平台的资源,为广告主打造立体的广告服务。开展投资和经营活动,通过子公司开展各类经营活动,与传媒相关行业投资合作,进入开发游戏、音乐、出版、旅游等朝阳产业。定位增值服务,扩大自己的盈利渠道,以媒体资源整合和再利用为渠道,把自身的粉丝资源转化为经济效益。

三、互联网信息服务发展策略

(一)优化升级网络技术水平

通信网络基础设施是信息化建设的基础,加强和完善通信网络基础设施建设,利用科技手段升级优化与网络相关联的工作,从而实现信息化社会。目前山西省的网络基础建设正在逐步扩大,精准山西省各地区的网络扶贫,大力推进4G基站建设,推进互联网宽带覆盖率,宽带用户普及水平大幅度提高。2017年完成了1074个行政村的光纤网络建设任务,第三批试点项目3191个行政村工程全面启动,基础网络支撑能力增强。

山西省基础网络建设已经取得一定的阶段性成效,现阶段应该是在持续发力建设基础设施的基础上,着力对网络设施更新换代,优化和升级旧设备和版本。首先应该做好通信网络发展规划工作,明确全省各地区城市、县镇、农村需新建网络设施区域,做到点多面广,实现全覆盖网络关系网。要做好全面调查和普查,明确各部门的责任,保障工程质量。相关网络技术公司要保障网络质量,研究新型稳定的设备和材料,不断更新设备版本,提高网络传输速率,推进网络持续优化升级。最后要加大"万物互联"工程步伐,当代全球信息传输网络已经步入了动力转换阶段,智能化的基础设施建设,驱动5G时代快车,重构网络计算新系统,激发人工智能的创新变革,拓宽工业互联网发展格局,重塑职能终端发展新模式,要借此激发山西省文化资源转化成数字资源,打造数字经济新动能和"智慧城市"新形态。

(二)内容引领网络文化前进

2018年中国文化产业年度报告表明,文化传输服务业中增长最快的是网络娱乐服务,2017年上半年用户规模增长率在4%以上的是网络音乐、视频、游戏、文学。泛娱乐产业的快速发展,消除了传统文娱产品界限,并且同一个内容IP可以呈现出不同形式的产品,迭代融合。泛娱乐产业将是未来经济的新动能。

山西省需在加强网站数量建设的同时,丰富网站的内容形式和种类。从市场需求出发,满足人民的喜好,拓宽传输的渠道,提供多元化的文娱产品。2017年山西省互联网发展报告显示,在PC端网民互联网应用中排名第一的是即时通信,娱乐类网站访问规模迅速提高,且视频类网站的网民占比高于全国平均水平。但即时通信、娱乐(包括游戏、音乐、)和新媒体都低于全国平均水平。从人们需求角度看,下载量最高的是影音播放类应用,而提供最多的是电子商务应用。

因此山西省的互联网信息服务供给市场不均衡,供给侧改革刻不容缓。供给侧改革是为了剔除造成资源性浪费、闲置无用的产品,开发出适应当下市场环境,具有可持续发展及竞争力的产品。第一,针对网站种类备案数目进行明确。每年按一定的标准划分网站建设类型,平均各种类网站开发。第二,鼓励互联网技术公司创新。泛娱乐时代,IP是一个产品的核心,围绕一个IP可实现多种产品的转换。互联网公司在进行一项产品开发时,应从核心IP出发,不断拓宽产品种类,实现产品间的关联性,相互融合相互促进,形成产品矩阵。第三,保障网络内容精品化。内容为王的时代,内容是吸引流量、留住日活度的重要指标。精品、创新、有趣、及时的产品和信息会激发更多活力,扩大用户规模。各大网站平台应该由单一化业务转换到垂直性的业务布局,融合包括文学、漫画影视、游戏及其衍生产品的泛娱乐内容,形成多元化的网络生态。

(三)完善网络信息治理体系

互联网的全面推进、广泛渗透、跨界融合使网络信息安全成为当下面临的最大问题。互联网业务的范围持续扩张,延伸到传统行业领域,原先的传统互联网治理条例已经不再适合新态势、新格局的互联网产业。网络平台治理、开发式数据和监管、个人信息保护、网络安全是当前网络信息安全治理的重要解决方向。

加快制定适应新形态互联网业务的法律法规。"互联网+"计划促进互联网与传统业态的融合发展,要解决新业态和旧制度之间的冲突,理顺矛盾冲突,重新构建创新性包容性的网络治理制度,推进旧业态向新业态的顺利过渡,加大对其转型升级的支持力度。构建多元化网络质量体系。首先要明确网络治理空间的主体,传统的政府部门包括执法、信息、文化、安全、宣传等,要负责对网络空间环境的维护,打击网络犯罪和基础设施维护,对互联网行业起协调作用。另外要专门设立针对网络空间的专业性机构,如互联网监控中心、网络安全运行中心等,主要起监管维护行业秩序作用。两者之间应加强部门协作,政府发挥其引导作用,电信类监管机构广泛参与辅助配合。另外要加大对网络信息安全龙头企业的培养,发挥其行业引领作用,带动整个行业自治的改革,形成共同遵守的行业法规。最后不可忽视的是社会力量的参与。网络个体是互联网的重要组成部分,增强个体的话语权和参与能力,激发个体参与热情,培养自主管理意识,形成网络安全自治体系。

第二章　内容创作生产发展研究报告

一、出版服务发展现状

2016年,我省共有大型新闻出版集团组织9家,包括山西日报报业集团、山西出版传媒集团两大龙头集团,山西日报传媒集团、山西新华书店集团以及非时政类报刊改革中组建成立的5大报刊传媒集团。图书出版社8家,音像(电子)出版社3家,报纸出版单位77家,期刊出版单位200家,获得互联网出版资质单位22家。

2016年,全省出版、印刷和发行服务总产出150.69亿元,下降20.54%;增加值35.55亿元,增长4.54%;资产总额为191.50亿元,增长2.37%;所有者权益(净资产)为83.01亿元,增长1.88%;营业收入148.29亿元,下降20.88%;营业利润6.69亿元,增长40.54%;利润总额9.44亿元,增长43.93%;纳税总额为4.57亿元,下降25.28%。

我省新闻出版业伴随着改革开放的步伐,以组建山西出版传媒集团为标志,实现了新闻出版机构从事业到企业的转变,焕发出新的生机。改革造就繁荣而活跃的出版物市场,图书、报纸、杂志、音像制品等出版物的种类空前丰富、品质不断跃升。

1978—2017年,全省图书出版由290种增加到3517种,增加3227种;总印数由6422万册增加到10899万册,增加4477万册。2016年,《中国家规》荣获全国"五个一工程"奖,2种图书2种电子音像作品获第六届"中华优秀出版物奖",15种图书入选全国重点图书出版项目,110种图书、18种电子音像作品获山西出版政府奖。2017年,《中国共产党经济思想史》《中国家规》《为英雄正名》等20种图书入选国家出版基金资助项目,获中华优秀出版物奖;《三体·死神永生》获世界级科幻奖"轨迹奖";传承和发展山西优秀传统文化的大型丛书《山西文华》编纂出版工程扎实推进,经过两年多的编纂,已出版著述、史料、图录33种164册。二是坚持提质增效,期刊报纸齐头并进。1978年,我省只有14种报纸,2016年达到60种(表2-1)。2017年总印数由17869万份增加到201110万份,增加183241万份;1978年,全省有16种期刊,2017年达到201种,总印数由598万册增加到2217万册,增加1619万册。在第三届全国"百强报刊"评选中,《山西日报》《语文报》被评为"百强报

表2-1　山西省2014—2016年出版机构基本情况

指标	2014年	2015年	2016年
图书出版社			
机构数(个)	8	8	8
从业人员(人)	646	672	673
图书出版			
种数(种)	3458	3812	3513
新出版(种)	1866	2281	2264
总印数(万册)	12866	12441	9860
总印张数(千印张)	1231323	1266909	980272
期刊出版			
种数(种)	200	200	201
每期平均印数(万册)	152	140	128
总印数(万册)	2930	2573	2421
总印张数(千印张)	193191	161261	150409
报纸出版			
种数(种)	60	60	60
每期平均印数(万册)	2480	2387	2413
总印数(万份)	216020	203549	201619
总印张数(千印张)	2531441	2207225	2015550

纸",《编辑之友》被评为"百强社科期刊",《燃料化学学报》被评为"百强科技期刊"。《山西日报》《语文报》《经济问题》《煤炭转化》等知名报刊荣获全省"十强报刊"称号,作为文化品牌引领全省报刊行业发展。

新闻出版公共服务能力不断提高。2016、2017年连续两年将全民阅读列入我省政府工作报告和群众性精神文明创建活动测评内容;2016年,组织开展"人间四月读书天朗诵音乐会""书香漫晋·儿童季""少儿报刊阅读季"等各类阅读活动,推荐图书300余种。2017年,开展全民阅读系列活动1000余场,推荐阅读优秀晋版图书416种;广泛组织开展"书香三晋"读书节、"最美读书人"评选、"我的书屋我的梦"阅读征文等活动;精心打造"书香三晋""十大读书人物""红色的魅力""书香矿区""乡村阅读中心"等一批公共文化品牌,在全省城乡引领形成了"多读书、读好书"的良好风尚。有效实施农家书屋等一批惠民文化工程。全省行政村农家书屋实现全覆盖,2017年农家书屋补充出版物147万册,农村群众读书看报难问题得到初步解决。

二、广播影视节目制作发展现状

2017年,全省共备案电影54部,创作完成24部,备案电视剧16部,创作完成2部,影视创作数量稳步增长。其中,电影《七儿娘》入围第31届金鸡奖最佳中小成本故事片提名,戏曲电影《山村母亲》入围第31届金鸡奖最佳戏曲片提名。电视剧《于成龙》作为央视开年剧于2017年1月3日在央视一套首播,1月29日于央视八套刷新多项主流剧播出纪录。《人民日报》在年末梳理2017年中国优秀电视剧时专门为其点赞:"导演的功力与艺术自信,实力派演员的出色演技,加上先胜一筹的剧本基础,使该剧成为高水平的历史正剧。"而在2018年元旦安徽卫视《国剧盛典》上致敬的10部剧中,《于成龙》再次上榜。此外,电视剧《铁血将军》于2017年5月在央视八套黄金档播出,口碑良好。

山西广播电视总台通过制播分离改革,全方位推进独立制片人制和总监负责制,实行矩阵式调控和扁平化的运行,提高了内部活力和竞争力。各市县广播电视台也在进行制播分离制的改革。众多影视制作公司参与电视台、广播电台的节目制作。同时,大量影视公司除了从事影视剧创作及拍摄之外,也从事企业专题片、纪录片、音乐电视、音乐歌曲策划及制作。

三、创作表演服务发展现状

(一)文艺创作与表演

从山西省文艺创作与表演服务发展的整体状况来看,文艺创作与表演服务行业稳步发展,演出收入、国内演出场次、国内观演人次、艺术表演团体数等数据显示都比较乐观。2017年,全省665个艺术表演团体,共演出10.2万场次,观众5692万多人次,演出收入3.7亿元,比2016年增长19.4%。文艺创作演出方面也屡创佳品,有大型音乐舞蹈史诗《为有牺牲多壮志——右玉和它的县委书记们》、晋剧《日升昌票号》、上党梆子《太行娘亲》、蒲剧《老鹳窝》、话剧《热泉》等一批优秀剧目,音乐剧《火花》更是入选国家舞台艺术精品创作扶持工程"十大重点扶持剧目"。①

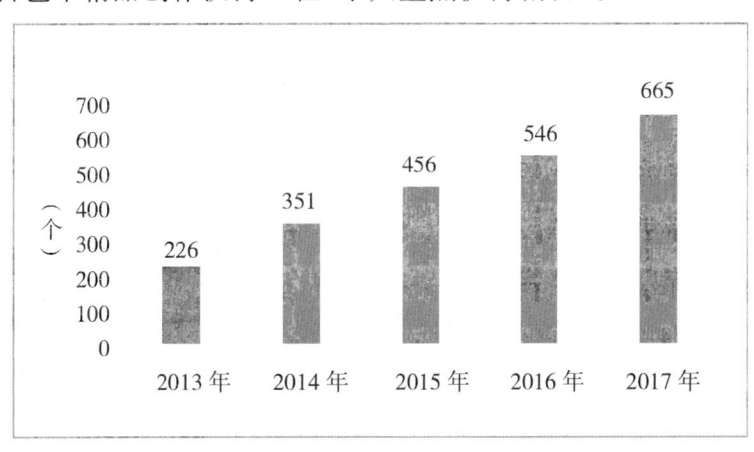

图 2-1　2013-2017 年艺术表演团体数

---

① 数据来源:山西省统计局。

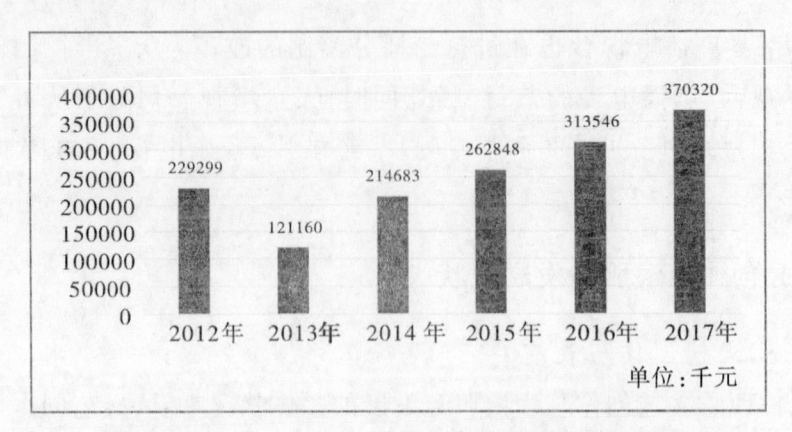

图 2-2　2012-2017 年艺术表演团体演出收入

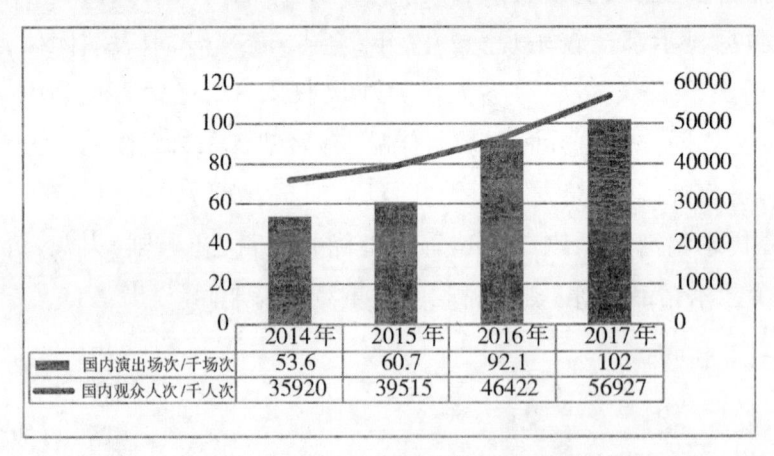

图 2-3　2014—2017 年艺术表演团体演出情况

从行业垂直细分市场发展的整体情况来看,截至 2016 年,全省按剧种分有:话剧、儿童剧、滑稽剧类;歌舞、音乐类;京剧、昆曲类;地方戏曲类;杂技、魔术、马戏类;曲艺类以及综合性艺术类等。截至 2017 年 5 月底,山西演艺集团所属的各院团共演出场次 737 场,是上年同期的 2.67 倍,完成全年演出任务的 83%。山西演艺集团所属的各院团在"两提一创"大讨论活动中,密集地开展了一系列惠民演出活动及巡演活动,如高雅艺术进校园、"周二剧场"等。音乐剧《火花》成为山西省第九部入选文化部精品创作扶持工程的作品;山西省晋剧院"送戏下乡"到榆次、平遥、孝义等地农村,共演出场次 260 场,广受好评;山西省京剧院携儿童剧《齐天大圣大战白骨妖》赴上海连演百场,好评如潮;山西省话剧院开展《生命如歌》全国高校巡演活动30场,得到高校师生的热烈追捧;山西省曲艺团则积极开展"扶贫攻坚曲艺老区行"演出上百场;山西省歌舞剧院赴北京国家大剧院演出民族管弦乐《山西印象》,引起强烈轰动,一票难求;京剧《陈廷敬》则代表山西省参加第八届中国京剧艺术节。①

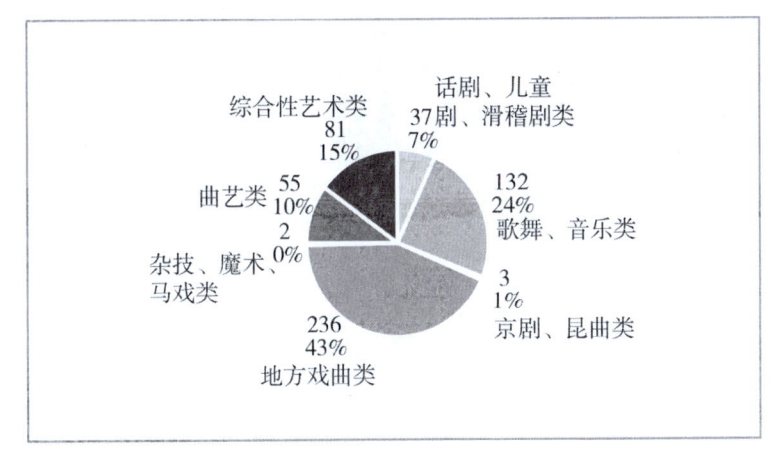

图2-4 2016年艺术表演团体剧种构成

（二）群众文体活动

近年来,山西省群众文体活动服务效能进一步优化,群众的文化需求得到注重与关注,在互联网与科学技术等先进手段的运用下,文化信息资源得到整合,使"政府端菜"与"群众点菜"得到结合。从群众文体活动服务的整体情况来看,山西省群众文化阵地建设发展平稳,出台了省级购买公共演出服务实施方案和实施细则,将政府购买公共文化服务资金列入省、市、县三级财政预算。

2017年,"免费送戏下乡一万场"演出任务圆满完成,是省政府2017年度承诺办理的6件民生实事之一。近200个省市县文艺院团在全省国贫、省贫县演出15349场,省市县各级共落实购买资金9000余万元,购买演出15349场。②

---

① 数据来源:山西省统计局。
② 数据来源:山西省统计局。

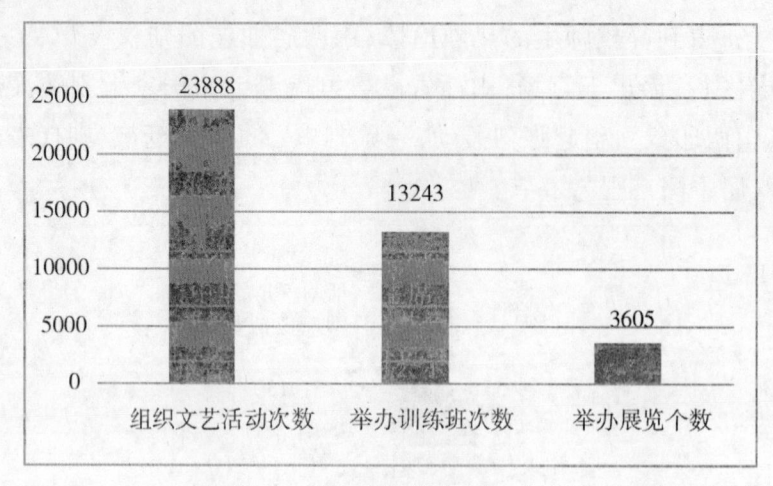

图 2-5　2017 年群众文化机构举办群众文体活动情况(一)

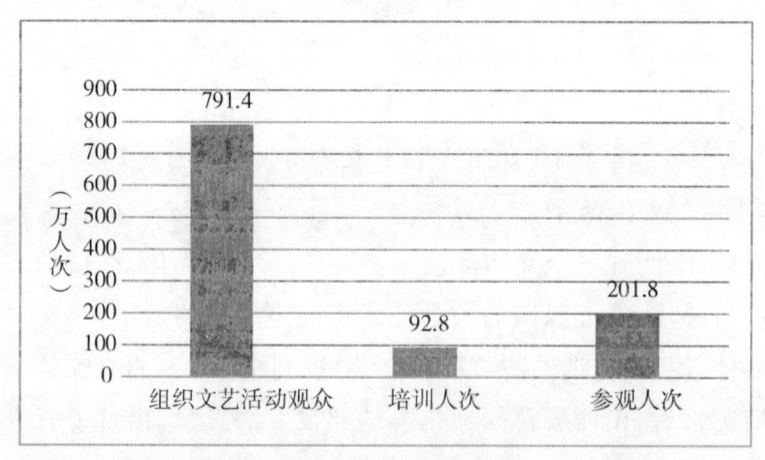

图 2-6　2017 年群众文化机构举办群众文体活动情况(二)

四、数字内容服务发展现状

(一)数字内容服务分类

按照《文化及相关产业分类(2018)》,数字内容服务包括:动漫、游戏数字内容服务,互联网游戏服务,多媒体、游戏动漫和数字出版软件开发,增值电信文化服务,其他文化数字内容服务。

1.动漫产业规模较小,地域特色突出

2017 年,山西省动漫企业数 19 个,从业人员 146 人,资产总计 15377 元,原创漫画作品 37 部,原创动画作品 13 部。

山西动漫行业起步较早,1984年成立的华北广播电视学校设立了全国最早的动画专业。2006年,按照政府引导、市场运作、集群发展、品牌经营的原则,太原高新区出台了《鼓励扶持创意产业发展的暂行办法》和《鼓励扶持动漫游戏产业发展的实施细则》等政策。同年,太原高新区投资2300万元建立山西创意产业园,并在园区内专项招商。目前该园区入驻动漫企业占全省总数的80%。2007年12月,太原市出台《关于鼓励和扶持动漫产业发展的意见》,明确将包括动漫游戏在内的文化创意产业作为现代服务业中的一个新兴产业予以重点扶持,并制定了相应优惠政策,明确由政府财政设立扶持动漫产业发展专项资金,每年安排总额不少于3000万元,用于动漫产业公共技术服务平台建设、动漫原创项目补助、动漫获奖作品奖励等,支持和鼓励动漫游戏产业发展。2008年8月,太原高新区建立了"山西动漫游戏产业发展基地",这是山西省批准挂牌的第一个文化产业基地。2009年,太原市高新区与上海美术电影制片厂展开战略合作,联手共建"动漫谷",为山西的动漫企业提供了又一个全新的展示平台和服务平台。高新区每年安排专项资金,用于对创意产业的鼓励和扶持。

2011年,山西省下发了《山西省人民政府办公厅转发省文化厅关于推动全省动漫产业发展实施意见的通知》,继续扶持以"创意"为核心,以动画、漫画为表现形式,集影视、图书、出版以及服装、玩具、游戏等衍生产品开发于一体的集约型动漫产业,旨在将其培育成为山西省文化产业新的经济增长点。

经过几年的发展,山西省动漫基地已拥有电子数码港、创意产业街、"动漫谷"等多个文化创意产业孵化器,总建筑面积达14万平方米。近几年完成动漫作品200余部,计5万多分钟。在政策扶持推动作用下,山西省的动漫行业进入了快速发展期。

山西动画作品具有浓郁的地方特色,在取材选题、创作等环节融入大量山西文化元素。近年来,《大能人解士美》《小亲圪蛋》《大红公鸡毛毛腿》等一系列地域文化色彩厚重的动画作品荣获国内国际大奖。

2.互联网建设情况良好,推动数字内容服务发展

(1)移动宽带用户数和固定互联网宽带用户数不断增多

如图 2-7 所示，2014—2017 年，我省移动宽带用户（3G／4G 用户）逐年稳步增长。截至 2017 年 12 月，我省移动宽带用户数达 2893.5 万户。同时 4G 移动电话用户占比不断提高，由 2016 年的 83.4% 提升至 89.3%。[①]

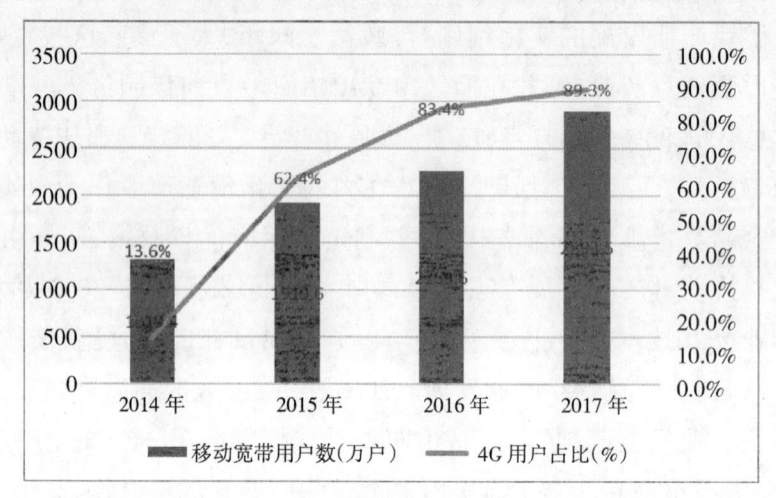

图 2-7　2014—2017 年山西省移动宽带用户发展情况

2017 年，山西通信业持续实施"宽带山西"专项行动，固定互联网宽带用户比 2016 年累计新增 125.7 万户，总数达到 872.9 万户，居全国第 16 位。随着城市光网工程深入推进，全省光纤接入 FTTH/O 宽带用户规模迅速扩大，2017 年 FTTH/O 宽带用户达 811.5 万户，在固定宽带用户中占比达到 93.0%。

（2）网站建设情况良好

截至 2017 年 12 月，中国网站数量为 533 万个，同比增长 14.1%。我省备案的互联网网站总数达 77369 个，较 2016 年增加 19202 个，同比增长 33.0%，占全国网站数量的 1.0%，位居全国第 17 位。其中：接入地在山西省的网站为 4025 个，仅占 5.2%；接入地在外省的网站数量为 73344 个，占比达 94.8%。

[①] 山西省互联网协会. 报告连载二. 山西省互联网发展报告（2017）.[EB/OL].（2018-08-23）[2019-01-08].http://www.issx.org.cn/qt/articleDetail.html?id=662&bz=tjxx

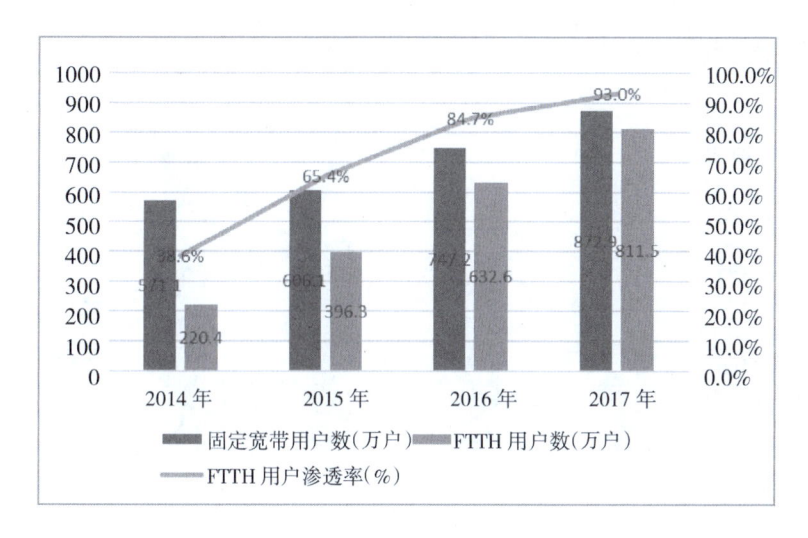

图 2-8　2014—2017 年山西省固定互联网宽带用户发展情况

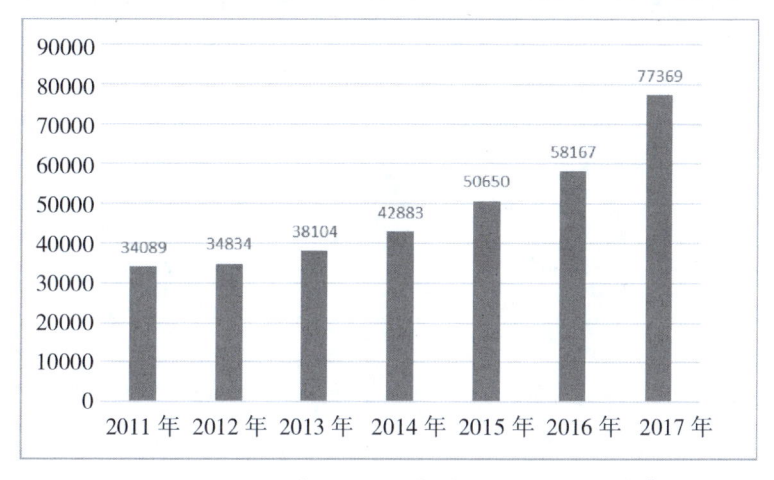

图 2-9　2011—2017 年山西省备案的网站数量（单位：个）

2.互联网用户规模不断扩大，数字内容服务前景向好

（1）山西省互联网用户规模不断扩大

2017 年，山西省网民规模稳定增长，网民规模达 2145 万人，比 2016 年新增 110 万人，同比增长 5.4%；互联网普及率为 57.9%，比 2016 年上升 2.4 个百分点，高于全国互联网普及率 2.1 个百分点。

（2）互联网游戏用户规模逐渐扩大

2017 年，山西省网民访问全国游戏类网站的用户规模为 917.7 万人，占全省网民的 42.8%，比上年提高 1.2 个百分点，与全国该类应用相比，低

14.4个百分点。

图 2-10　2014—2017 年山西省网民规模、普及率

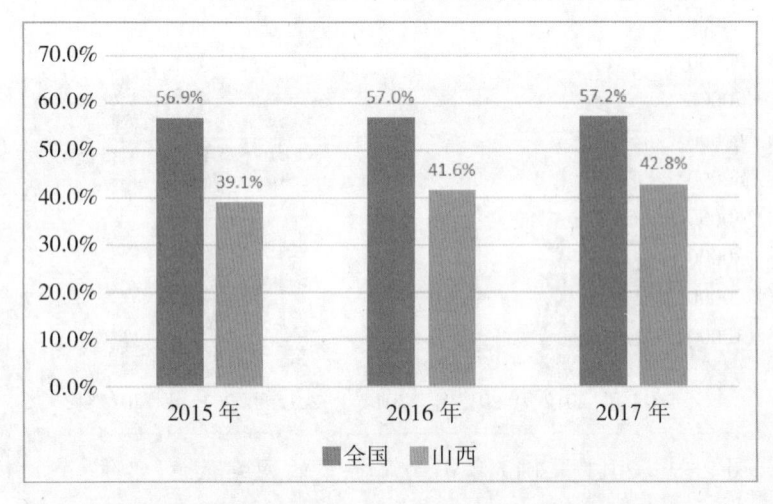

图 2-11　2015—2017 年山西省与全国游戏类网民占比情况

(3) 多媒体类用户不断扩大

2017年，山西省网民访问全国视频类网站的用户规模为1630.3万人，占全省网民的76.0%，与上年相比提高0.3个百分点，与全国该类应用相比，高1.0个百分点。山西省网民访问全国音乐类网站的用户规模为1048.9万人，占全省网民的48.9%，与上年相比提高8.2个百分点，与全国该类应

用相比,低 22.1 个百分点。①

3.增值电信企业业务结构不断调整,新收入增长点涌现

2017年,我省增值电信业务经营许可证有效持证单位186家,增加28家。其中,信息服务业务(仅限互联网信息服务)84家,与上年相比,减少10家;信息服务业务(不含互联网信息服务)65家,与上年相比,减少12家;互联网接入服务业务40家,与上年相比,新增5家;互联网数据中心业务17家,与上年相比,新增4家;在线数据处理与交易处理业务15家,与上年相比,新增12家;呼叫中心业务10家,与上年相比,增加4家。②

业务类型	2017年	2016年
呼叫中心业务	10	9
在线数据处理与交易处理业务	15	3
互联网数据中心业务	17	13
互联网接入服务业务	40	35
信息服务业务(不含互联网信息服务)	65	77
信息服务业务(仅限互联网信息服务)	84	94

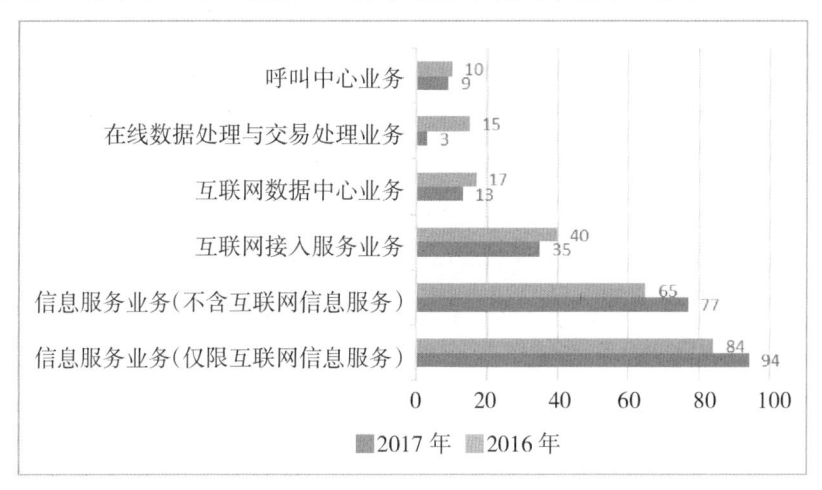

图 2-12　2016—2017 年山西省各类增值电信企业数量(单位:家)

山西省增值电信企业发展过程中,从事信息服务业务的企业数量近3年来持续减少,从事互联网数据中心业务、在线数据处理与交易处理业务等新型业务的企业规模不断增加,增值电信企业业务结构在持续变化。随着企业业务结构的变化,信息服务业务收入增幅减少,同时涌现出新的增长点,如国内互联网虚拟专用网业务收入等。

---

① 山西省互联网协会.报告连载四.山西省互联网发展报告(2017).[EB/OL].(2018-08-24)[2019-01-08].http://www.issx.org.cn/qt/articleDetail.html?id=664&bz=tjxx

② 山西省互联网协会.报告连载五.山西省互联网发展报告(2017年).[EB/OL].(2018-08-24)[2019-01-08].http://www.issx.org.cn/qt/articleDetail.html?id=665&bz=tjxx

2017年，山西省增值电信业务收入达36825.6万元，同比增长42.2%。其中，互联网信息服务业务收入14023.7万元，同比增长22.6%；互联网接入服务业务收入10301.8万元，同比增长61.2%；移动网信息服务业务收入9649.2万元，同比增长92.5%；呼叫中心业务收入1151.7万元，同比增长9.1%；互联网数据中心业务收入1119.6万元，同比下降19.3%；在线数据处理与交易处理业务收入497.5万元，同比下降18.3%；国内互联网虚拟专用网业务收入82.1万元(图2-13)。

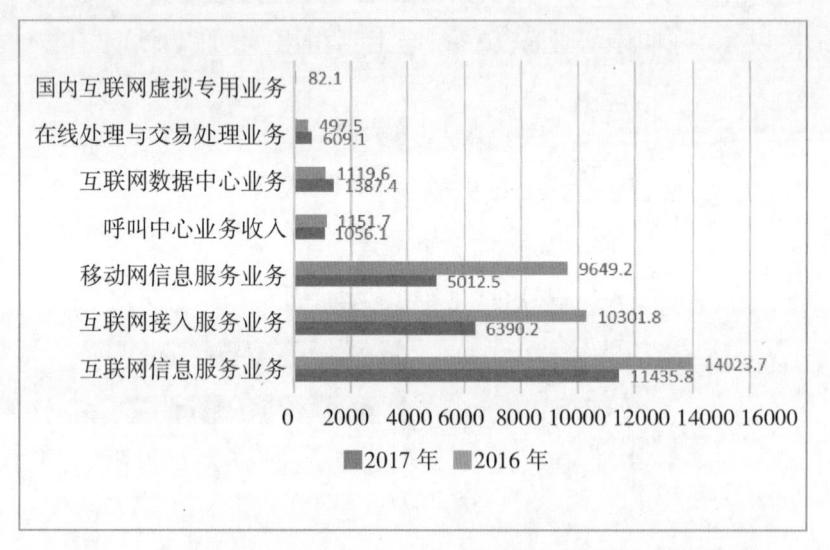

图2-13 2016—2017年山西省各类增值电信业务收入

五、内容保存服务发展现状

(一)图书馆、博物馆服务

近年来，山西省图书馆、博物馆服务保持着平稳发展。2017年山西省2.8万个行政村实现公共图书馆、文化馆、美术馆、博物馆全部免费开放，"省市县三级公益文化设施建设达标率"达到83.62%。截至2017年，全省共有公共图书馆128个、博物馆140个。全省公共图书馆总藏量、总流通人次分别达到17572千册、11896千人次，博物馆藏品、参观人数分别达到1206352件/套、2468万人次。

博物馆发展势头良好。截至2016年，太原市博物馆陈列布展和配套设施建设工作已进入尾声。运城市、临汾市博物馆的展陈工作在有序进行中。忻州市博物馆主体已经封顶。永济市博物馆、岢岚县博物馆、西河头地道战纪念馆等一批市县级博物馆和专题类博物馆已完成展陈改造提升并对外开放。已经启动陶寺遗址博物馆的立项。2018年1月1日正式施行的《中华人民共和国公共图书馆法》,不仅有利于山西省公共图书馆的发展,同时也对山西省图书馆、博物馆服务事业有更大的推进。图书馆、博物馆等文化场馆的功能与服务模式不断优化拓展,将文化场馆的服务质量更推上一层楼。[①]

	2014年	2015年	2016年	2017年
图书馆	126	126	127	128
博物馆	99	131	140	138

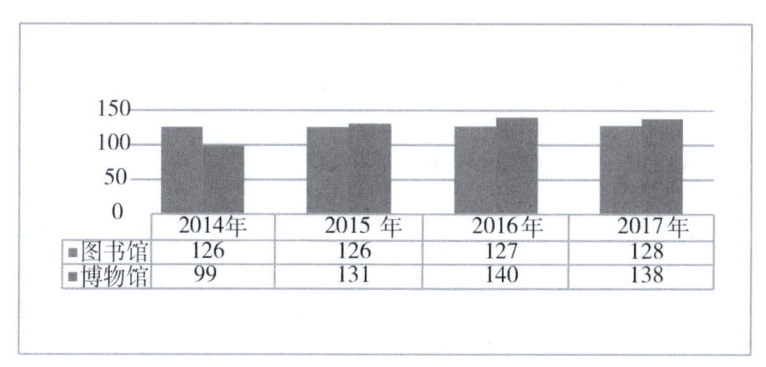

图2-14　2014—2017年公共图书馆、博物馆机构数(个)

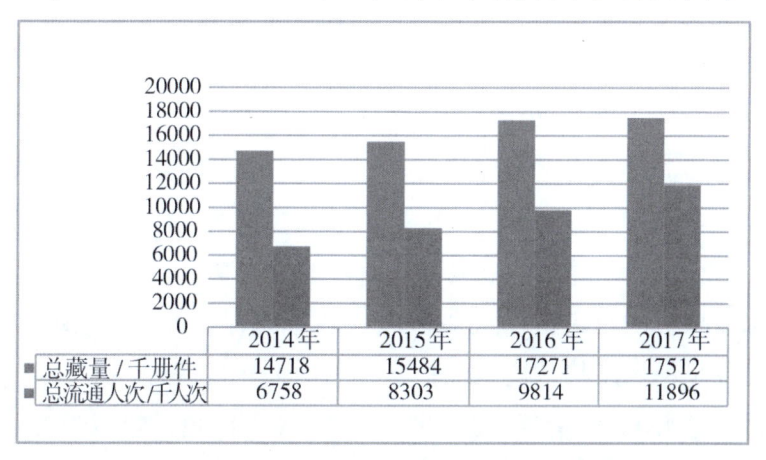

	2014年	2015年	2016年	2017年
总藏量/千册件	14718	15484	17271	17512
总流通人次/千人次	6758	8303	9814	11896

图2-15　2014—2017年公共图书馆情况

---

① 数据来源:山西省统计局。

(二)文物及非物质文化遗产保护

近年来,山西省文化遗产保护服务发展喜人。2016年,山西省完成评审认定第四批省级非遗项目代表性传承人202人,开展10项国家级非遗代表性传承人抢救记录,截至2016年省级传承人已达到816人。2016年,山西省的文物机构达243个,是10年前文化机构数的两倍。2015年,全省范围对古建筑进行专项核查,一共核查各级文物保护单位6220处、整体保存较好的有41处,存在重大险情的有31处,存在一般险情的有28处,在基本摸清保护状况底数的基础上,为今后维修实施做计划。

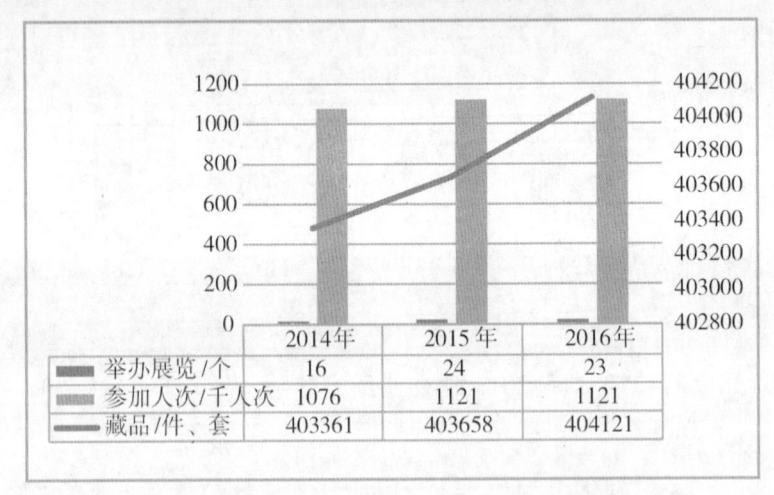

	2014年	2015年	2016年
举办展览/个	16	24	23
参加人次/千人次	1076	1121	1121
藏品/件、套	403361	403658	404121

图 2-16 2014—2016年山西省博物院基本情况

2015年也是山西省的可移动文物普查工作关键年。截至2015年底,全省可移动文物共计288.5万件,占摸底统计数量的98.5%,是2004年统计数字的2.4倍。全省博物馆组织召开的发展研讨会,完成了33个可移动文物保护修复项目的报审工作。这一年,在古建筑保护方面也频现亮点。105处山西南部早期木结构古建筑保护工程历时8年已接近收官。全省文物部门为迎接抗战胜利70周年,对集中连片的28处红色及抗战遗址进行了维修保护,对22处提升其内容展示。[①]

[①] 数据来源:山西省统计局。

六、工艺美术品制造发展现状

工艺美术品也称工艺品,是以美术技巧制成的各种与实用相结合并有欣赏价值的物品。工艺美术行业发展历史悠久,当人类制作器物时摆脱使用目的开始为了美观与对外贸易时,工艺美术行业就诞生了。工艺美术品具有极高的文化价值和经济价值。对内来说,工艺美术是各个朝代主要的经济财政来源及对外政治、经济、文化、思想交流的媒介。对外来说,中国以悠久的历史、灿烂独特的文化闻名于世界,而世界对于中国的了解与交流,很大程度上依靠中国精美的工艺美术品实现。如举世闻名的"丝绸之路",向国外输送了大量中国丝绸、陶瓷、丝绸、刺绣、金银器、玉器、漆器等工艺品。山西悠久的历史、独特的地理环境与晋文化给这片土地留下了大量的工艺美术遗产。随着近年来国家对于工艺美术行业的重视,以及山西本身经济产业转型升级的需要,越来越多的资源向工艺美术行业倾斜。文化和旅游部部长雒树刚表示工艺美术将作为文化产业的主力军走在最前列,继续构建文化产业体系,使之在"十三五"末成为国民经济支柱产业。山西工业美术发展迎来前所未有的机遇期。

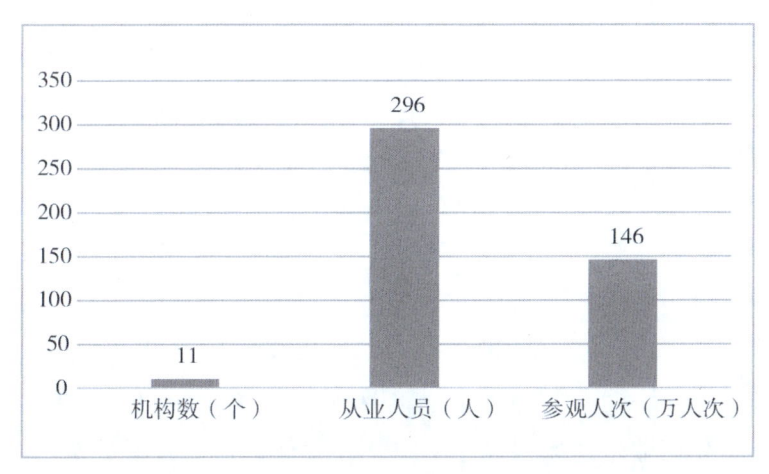

图 2-17 2017 年文物保护科研机构基本情况

在"十二五"期间,山西省工艺美术企业有 800 余户,就业人数有 12 万余人。2015 年全省工艺美术行业实现主营业务收入 51 亿元。文化法人单位总体发展形势良好,文化制造业法人单位数达到 1062 家,其中 2017 年规模以上工艺美术品制造企业共7家,其中金属工艺品制造2家,漆器工艺品制造1家,抽纱刺绣工艺品制造1家,地毯、挂毯制造1家,珠宝饰品及有关物品制造2家。总体来说,工艺美术品制造行业处于平稳增长中,具有较大的发展潜力和空间,产业爆发期还未到来。

2017年全省文化产业法人单位营业收入创历史最高水平,达到364.05亿元,比2016年增长21.87%。文化产业在全省转型发展大局中的作用日益凸显,成为扩大就业空间、促进经济增长的新动能。2017年山西文化及相关产业增加值中,文化产业合计329.78亿元,工艺美术品所在的文化制造业增加值47.66亿元,文化批发零售业增加值为32.70亿元,文化服务业增加值249.42亿元。与2016年的数据相比都有较快增长,证明发展态势良好,文化制造业的增加值增长最快,为27.23%。

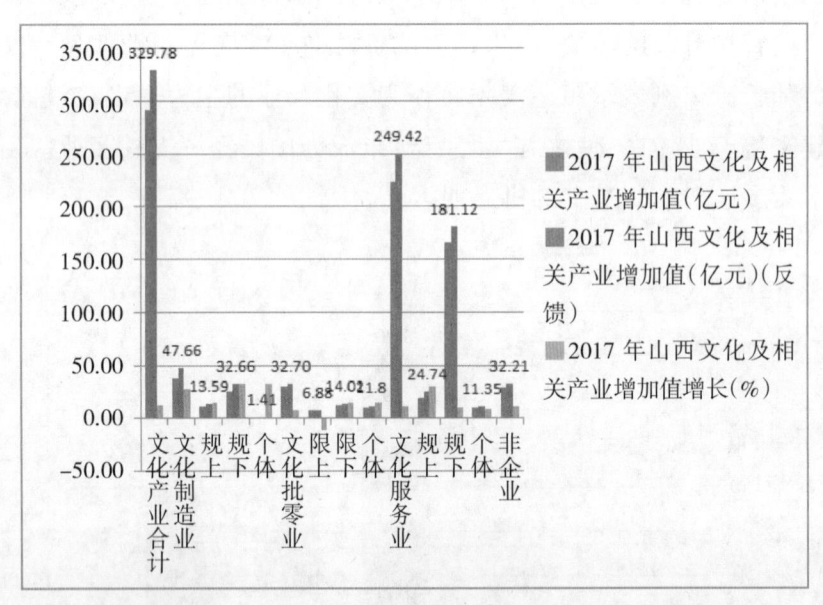

图2-18 2017年山西文化及相关产业增加值(亿元)

全省文化产业增速始终高于GDP增速,保持强劲发展势头。全省文化产业法人单位实现增加值由2012年的200.30亿元增加到2016年的291.78亿元,年均增长9.9%,比同期全省GDP增速快8.2个百分点;占全省GDP的比重由1.65%提高到2.24%,提高了0.59个百分点。形成了区域发展竞相赶超的良好局面。2016 年,太原市文化产业法人单位实现增加值突破 100 亿元大关,达到 106.23 亿元,占到全省的 36.4%,成为全省文化产业发展"领头羊";晋中、运城、长治、临汾市文化产业增加值均在 20 亿元以上,占到全省的 36.8%,形成文化大市引领、各地竞相发展的格局。

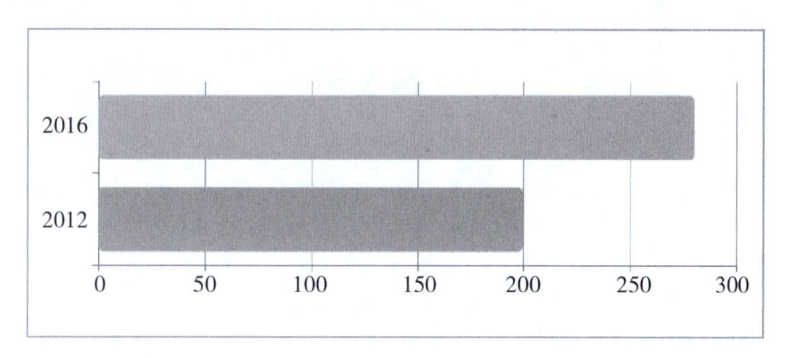

图 2-19 山西文化产业法人单位增加值(亿元)

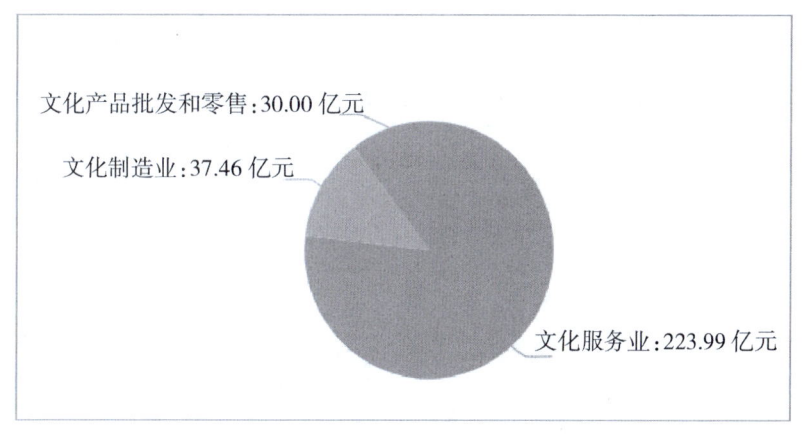

图 2-20 2016 年山西文化产业三大类别增加值

(一)山西省工艺美术行业定义及分类

1.行业定义

工艺美术是具有实用和审美双重特性的造型艺术,曾称日用工艺、陈设工艺、美术工艺等。这些名称历史地反映了不同时代对于工艺美术的认识过程。20 世纪 50 年代初,"工艺美术"一词始在中国广泛使用。在数据统计中工艺美术行业被划分为制造业,按照 2018 年文化产业分类标准,工艺美术行业分为表 2-2 中几类。

表 2-2　工艺美术行业分类标准及说明

类别名称	说明
雕塑工艺品制造	指以玉石、宝石、象牙、角、骨、贝壳等硬质材料,木、竹、椰壳、树根、软木等天然植物,以及石膏、泥、面、塑料等为原料,经雕刻、琢、磨、捏或塑等艺术加工而制成的各种供欣赏和实用的工艺品的制作活动。
金属工艺品制造	指以金、银、铜、铁、锡等各种金属为原料,经过制胎、浇铸、锻打、錾刻、搓丝、焊接、纺织、镶嵌、点蓝、烧制、打磨、电镀等各种工艺加工制成的造型美观、花纹图案精致的工艺美术品的制作活动。
漆器工艺品制造	指将半生漆、腰果漆加工调配成各种鲜艳的漆料,以木、纸、塑料、铜、布等作胎,采用推光、雕填、彩画、镶嵌、刻灰等传统工艺和现代漆器工艺进行的工艺制品的制作活动。
花画工艺品制造	指以绢、丝、绒、纸、涤纶、塑料、羽毛、通草以及鲜花草等为原料,经造型设计、模压、剪贴、干燥等工艺精制而成的花、果、叶等人造花类工艺品,以画面出现,可以挂或摆的具有欣赏性、装饰性的画类工艺品的制作活动。
天然植物纤维编织工艺品制造	指以竹、藤、棕、草、柳、葵、麻等天然植物纤维为材料,经编织或镶嵌而成具有造型艺术或图案花纹,以欣赏为主的工艺陈列品以及工艺实用品的制作活动。
抽纱刺绣工艺品制造	指以棉、麻、丝、毛及人造纤维纺织品等为主要原料,经设计、刺绣、抽、拉、钩等工艺加工各种生活装饰用品,以及以纺织品为主要原料,经特殊手工工艺或民间工艺方法加工成各种具有较强装饰效果的生活用纺织品的制作活动。
地毯、挂毯制造	指以羊毛、丝、棉、麻及人造纤维等为原料,经手工编织、机织、栽绒等方式加工而成的各种具有装饰性的地面覆盖物或可用于悬挂、垫坐等用途的生活装饰用品的制作活动。
珠宝首饰及有关物品制造	指以金、银、铂等贵金属及其合金以及钻石、宝石、玉石、翡翠、珍珠等为原料,经金属加工和联结组合、镶嵌等工艺加工制作各种图案的装饰品的制作活动。
其他工艺美术及礼仪用品制造	指其他工艺美术品的制造活动。

2.行业基本特点

实用性与审美性的有机结合是工艺美术的首要特征。工艺美术是具有实用和审美双重特性的造型艺术。曾被称日用工艺、陈设工艺、美术工艺等。从这些历史名称中能明显地发现不同时期对其实用功能和审美功能的侧重是不一样的。它因人们的实际生活要求而产生,首先满足人们生活上的实际需要,即实用性。也能带给人们精神上的美感,即审美性。这一特征意味着工艺美术品的设计受工艺种类特性和材料的制约。

工艺美术是跨多学科的行业。工艺美术与功能学、美学、技术科学(材料和技术)、心理学、经济学、信息学、人体工程学等都有着密切的联系。工艺美术设计要研究人和物的关系,即人们在使用工艺美术品时,在生理和心理上的效应和反应;研究生活美、艺术美,即满足实用与功能的要求,体现材料质地美、工艺技巧美和装饰美;研究材料性能和技术特点;研究消费心理、流行心理;研究生产成本、价格、流通和市场;研究现状、信息和未来预测等;研究人的生理结构和需要,强调器物的适应性。这一特点要求从事工艺美术行业需要多方面的人才,也对人才培养体系提出了系统性和创新性的要求。

工艺美术行业受文化影响程度深。工艺美术品主要以色彩、结构和形体造型来表现一定时代民族的宽泛而朦胧的情感气氛。民族优良传统的崇高精神和审美意向也常在工艺形象中体现出来,使工艺形象的崇高美带有文学色彩和典型含义。从工艺美术品的材料到技艺以及题材的选择无不透露出民族和国家文化对其的影响。尤其是传统工艺美术,更是与传统文化息息相关,是一个国家和民族极具辨识度的文化名片,在对外贸易与交流中占据重要地位。

(二)山西省工艺美术行业市场发展成就

1. 供给侧改革力度加大,政府管理及服务水平提高

伴随着我国进入全面发展小康的关键阶段,供给侧改革成为市场产业潜力与市场活力的重要举措。国家从"十二五"以来,大力重视文化产业的发展,在"十三五"期间密集出台了促进公共文化服务、传统文化保护及传承、电影产业发展等一系列政策。山西作为中部地区的大省,面临着资源枯竭问题和产业转型的压力,同时为了充分挖掘和保护山西丰富灿烂的文化资源,山西省政府积极提高政府管理及服务水平,出台了一系列政策以保证文化产业和工艺美术行业发展。

2017年为保护山西省传统工艺美术品种、技艺和专业技术人才,促进工艺美术产业健康发展,政府颁布了《山西省"十三五"工艺美术行业发展规划》,从加强组织领导,完善政策措施,完善融资支持,缓解资金困难,提升服务职能,规范市场环境,发挥协会作用,促进行业自律等层面支持山西工艺美术行业发展。

《山西省"十三五"文化改革发展规划》也指出,推动书法、美术、工艺美术等艺术门类全面繁荣。开展重大题材书法、美术和工艺美术作品创作。创作一批立得住、留得下的精品力作。培养具有全国影响力的书画名家。

2017年9月,《国务院关于支持山西省进一步深化改革促进资源型经济转型发展的意见》(国发〔2017〕42号)中,提出"建设省域国家级文化生态保护实验区",这是全国首次提出在"全省域"范围内对文化生态进行整体保护。

2018年4月,山西省发布了《关于贯彻落实＜中国传统工艺振兴计划＞的实施意见》,明确了山西振兴传统工艺的总体目标、基本原则和主要任务。此外,从2015年起,我省首创实施"乡村文化记忆工程",探索保护乡村文化生态的新路子,大量散落在民间的"老物件""老传统""老故事""好习惯"等文化资源被保留下来。目前,全省已在693个乡镇展开了试点工作。

在2018年9月25日结束的省人大得到信息,未来五年,山西省十三届人大常委会确定立法项目102个,其中文化建设方面11件,包括制定5件、修订4件、修正2件,占据立法总量的十分之一,其中与工艺美术行业相关的有表2-3所示项目。

表2-3 与工艺美术行业相关的拟立法项目

1	《山西省传统村落传统院落传统建筑保护条例》
2	《山西省实施〈中华人民共和国文物保护法〉办法(修订)》
3	《山西省平遥古城保护条例(修订)》
4	《山西省传统工艺美术保护条例(优化)》

2.保护文化生态,振兴传统工艺成果显著

文化生态是各地区各民族自然而然的原生性的、祖先传下来的日常文化生活。划定文化生态保护区,将民族民间文化遗产原状地保存在其所属的区域及环境中,使之成为"活文化",是保护文化生态的一种有效方式。山西面临这一艰巨性和探索性、长期性的工作,创新观念、加大实际落地能力,在工作中积累了宝贵的发展经验,让传统文化及传统工艺不仅"活下去",还要"活起来"。加强"晋中国家级文化生态保护实验区"建设,推进我省碛口、河曲、上党(晋城)三个省级文化生态保护区建设,支持各地开展市、县级文化生态保护区建设。为此加大了对非物质文化遗产的传承和传统工艺的保护力度,在资金、人才、政策方面给予倾斜。资金方面,已经中断了的传统工艺美术扶持资金得以重新启动,《关于组织申报2019年度山西省传统工艺美术保护发展资金项目的通知》即将出台,将用资金补助的方式撬动企业和大师的创作、创业热情,推动全行业快速发展。人才方面,2015年至今,我省已累计选派670余名传承人参加了多门类的中国非遗传承人群研培计划。山西省首创实施"乡村文化记忆工程",探索保护乡村文化生态的新路子,大量散落在民间的"老物件""老传统""老故事""好习惯"等文化资源被保留下来,使传承文脉、留住乡愁有了具体的抓手和载体。目前,全省已在693个乡镇展开了试点工作。在政策方面,2018年4月,我省发布了《关于贯彻落实〈中国传统工艺振兴计划〉的实施意见》,明确了我省振兴传统工艺的总体目标、基本原则和主要任务。

3.重点发展特色产业,已形成山西优秀品牌

山西地域跨越大,多山造成文化相对封闭,文化状态保持相对完好,导致了山西"十里不同俗"的文化景观,省内不同地区文化及地理禀赋差异较大。在充分调研山西文化及工艺资源上,山西因地制宜地提出在重点特色产业发展上加大扶持力度,打造山西知名品牌的发展策略。《山西省"十三五"工艺美术行业发展规划》提出依托丰富的资源优势和历史文化特色,"十三五"期间重点发展漆器、陶瓷、金属工艺、首饰业、工艺家具、玻璃器皿、旅游纪念品等七大文化底蕴深、市场前景好的特色产业。要着力培育漆器、刺绣、堆锦、砚台、仿古青铜器、大同铜器等六大重点产品,提升文化和艺术品位,促进传统工艺与时尚元素的结合,工艺美术品与旅游工艺品的结合,增强产品知名度和美誉度,形成山西工艺美术的优势品牌。以传统工艺美术品的挖掘、传承、保护和发展为目的,培育传承漆艺、木版年画、剪纸、民间工艺、三雕(石、木、砖雕)等五大山西特色技艺,将其发展成为我省工艺美术独有的特色名片。

在品牌建设方面。打造文化品牌及产品品牌。山西提炼自身历史文化资源,提出了"八大品牌文化"这一文化品牌。围绕血脉相承的根祖文化,打造"华夏之根"文化品牌;围绕撼天动地的黄河文化,打造"黄河之魂"文化品牌;围绕震悟大千的佛教文化,打造"佛教圣地"文化品牌;围绕汇通天下的晋商文化,打造"晋商家园"文化品牌;围绕弥足珍贵的古建文化,打造"古建瑰宝"文化品牌;围绕金戈铁马的边塞文化,打造"边塞风情"文化品牌;围绕忠义仁勇的关公文化,打造"关公故里"文化品牌;围绕血火浇铸的抗战史诗,打造"抗战文化"品牌。在产品上每年举办"山西品牌中华行"系列活动,推动山西知名老字号走向全国,以重点品牌宣传推介为载体,宣传品牌形象,展示山西省产业优势和优质品牌产品,提升山西品牌的知名度和竞争力。

表2-4 "十三五"后期(2018—2020年)重点支持的山西传统工艺十二大产业

序号	内容
1	陶瓷产业,"三晋窑火"系列
2	漆器产业,"漆彩三晋"系列
3	玻璃器皿产业,"晶彩山西"系列
4	织造布艺产业,"一针一线·锦绣山西"系列
5	家具产业,"一木一器·晋作家具"系列
6	金属产业,金、银、铜、铁、青铜器工艺
7	竹藤草编产业
8	纸艺产业
9	雕塑产业,铜雕、砖雕、木雕、泥塑、根雕等
10	文房四宝产业,恢复振兴晋纸、晋墨、晋砚、晋笔等传统工艺产业
11	花画类产业,木版年画、蝶翅画、农民画等
12	文旅与传统工艺融合的文创产业等

4.积极推动文旅融合,产业转型升级动力足

旅游演艺为游客带去"拿不走的回忆",工艺美术为游客带去"拿得走的纪念"。旅游纪念品是工艺美术行业中重要的一部分,旅游纪念品是一个城市的名片,这张名片典雅华丽,有极高的收藏与鉴赏价值。落实《山西省

推进文化创意和设计服务与相关产业融合发展行动计划》,探索"文化+"产业融合发展新模式,促进文化与旅游、科技、体育、工业、建筑、会展、商贸、农业等领域的融合发展。工艺美术行业及时升级产品观念,服务好文旅产业和体育、建筑等其他产业融合发展。

(三)山西省工艺美术行业内容创作发展优势

1.高科技的运用拓展工艺美术品创新空间

当今时代文化与科技的融合已成为常态,二者同样作为创意创新行业,相互之间有很强的借鉴和促进作用。特别是以互联网为代表的新一代的创新技术已经渗透到文化产品的研发、营销、推广等各个环节,科技创新已经成为文化创意产业发展的重要引擎。对于工艺美术这种文化创意产业来说,科技创新也正在促进着文创工作的开展,在某种程度上引领着新品研发、经营管理、推广营销以及未来产品应用等各个环节的变革。

山西省统计局发布的《改革开放40周年山西经济社会发展成就系列分析》中显示山西省企业创新活动初具规模。2017年在山西省参与调查的8982家规模(限额)以上企业中,有2501家开展了创新活动,占27.8%。分行业看,工业和服务业企业中开展创新活动企业占比分别为33.7%和23.3%;分规模看,大中型和小型企业中开展创新活动企业占比分别为36.7%和23.9%。为工艺美术行业在技艺、制造、销售、展示等方面提供了新的创新空间。

2.产业实行"文化+"战略,发展环境向好

纵观产业转型,优化产业结构、提升产品质量及附加值是主要的方式,其中"互联网+"与"文化+"是许多企业和产业进行产业升级的重要方式。互联网拓展产品的市场及渠道范围,为企业精准服务消费者提供了平台,"互联网+"成为新驱动力。目前"互联网+"已成为大众创业、万众创新最具活力的领域之一。文化提升了产品的附加值,增强了产品的用户忠诚度。山西建立了大型"互联网+文化"新型数字化公共文化设施和服务平台的山西文化云平台,使得公共文化服务更为简单便捷。推进"文化+旅游"融合发展。组建了全省唯一以文化旅游为主业的省属国有大型企业,即:山西省

文化旅游投资控股集团,融合发展的成效初步显现;大力引导各类社会资本进入文化旅游产业。目前,全省已有200多家资源型企业投资文化旅游,总投资额超过400亿元,带动社会资本达1700亿元;推进文化科技融合。太原高新区国家级文化和科技融合示范基地聚集文化科技类企业326家。其中,文化创意企业243家;山西文化云平台全面上线,促进文化服务水平提质增效,成为文化科技融合的示范项目。

3. 政府政策向文化产业倾斜

2020年即将进入全面小康社会的完成阶段,为深入推进文化体制改革,大力实施文化强省战略,抢抓发展机遇,山西省政府不断加大文化体制改革的力度,以全局性、坚定性、科学性的态度鼓励文化产业的发展,实现山西省经济的良性发展与转型。在政策、市场环境上为工艺美术行业发展保驾护航,山西将减少审批事项,简化审批程序,下放工艺美术大师评审等审批权限,完成由行业管理向行业指导的转变;落实惠企政策,减轻企业负担;建立健全工艺美术交易市场机制、强化知识产权保护等相关措施,规范企业市场行为,营造公平竞争环境。预计到2020年末,全省工艺美术产业主营业务收入达到90亿元,从业人员达到20万人,培育10个以上传统工艺美术产业园区。在政策上,坚持点面结合、短中长期统筹,推出一系列"组合拳"。比如,制订了《山西省文化体制改革工作实施方案》,出台了《山西省支持文化产业加快发展的若干措施》《山西省建设文化强省发展规划纲要》《关于进一步支持经营性文化事业单位转企改制和文化企业改革发展若干政策的意见》,印发《山西省金融支持文化和旅游产业发展实施意见》等文件,全面推进文化体制机制改革创新。

在转企改制上,先后组建起了山西出版传媒集团、山西广电信息网络(集团)有限责任公司等七大省属文化企业集团,涵盖了网络、演艺、传媒、报业、影视、出版、工艺等领域,共同组成"文化晋军"的旗舰编队。

七、艺术陶瓷制造发展现状

(一)山西省艺术陶瓷定义及分类

陶瓷是我国制造业中的重要一类,古代中国瓷器曾经名扬世界,近代日本、欧洲等国现代瓷器产业的发展对中国陶瓷业造成了巨大的冲击。山西历史悠久,曾经是重要的陶瓷产地。目前山西正积极推动现代艺术陶瓷的发展,打造国内外知名的艺术陶瓷集群。2017年山西艺术陶瓷业规模以上法人单位数15家,来源于陈设艺术陶瓷制造。规模以下文化制造业法人单位数1005家,发展态势良好。

艺术陶瓷定义及分类如表2-5:

表2-5 艺术陶瓷分类

类别名称	说明
陈设艺术陶瓷制造	指以黏土、瓷土、瓷石、长石、石英等为原料,经制胎、施釉、装饰、烧制等工艺制成,主要供欣赏、装饰的陶瓷工艺美术品制造。
园艺陶瓷制造	指专门为园林、公园、室外景观的摆设或具有一定功能的大型陶瓷制造。

(二)山西省工艺美术行业市场发展成就

1.打造"北方瓷都"品牌,发展瓷器产业集群

山西瓷器生产历史悠久。据考证,唐宋时期,山西阳城便因盛产黑白釉瓷器而闻名于世。至明清时期,阳城陶瓷产业达到鼎盛,成为朝贡用品,北京故宫古建筑群所用的琉璃瓦,90%为阳城制造。近年来,阳城县委、县政府大力扶持陶瓷产业,兴建了阳城建筑陶瓷工业园,将分散的工艺、智慧、资本打通,形成了立体化、多元化的产业链条,让阳城陶瓷走向了集群、集约化发展的规模经济之路。为了更好地扩大阳城"北方瓷都"的品牌影响力,为打造"中国建筑陶瓷产销基地"创造良好的条件,2018年阳城举办了首届陶瓷博览交易会,立足市场化运作,突出国际化、专业化、品牌化、贸易化,通过精心筹划、精心布展、精品展示,打造国内一流的展会平台,吸引了来自英国、俄罗斯、泰国、巴基斯坦、吉尔吉斯斯坦等十几个国家的50多家国际采购商。

2.科技与艺术结合,促进陶瓷产业创新发展

创新是科技与艺术的生命力源泉,当今陶瓷产业是科技与艺术结合的

最好产物。陶瓷博览会上陶瓷大板、通体大理石、仿古砖、负离子瓷片、柔光、锻光以及精雕釉、亮光釉等新产品的推出不断刷新着人们对于陶瓷的认知。依靠科技创新,注重品牌建设,加强开放合作,助力陶瓷产业向智能化、信息化、自动化发展,全力支持陶瓷企业进行技术改造和升级,把产品做精、做优、做强,增强市场竞争力和品牌忠诚度。具体来说,在艺术陶瓷制造中将科技与艺术结合起来,革新陶瓷的表现方式。在销售中,运用区块链等保证网上交易的安全性与可靠性等。

3.强化产品服务,加强市场营销

当前国内建陶行业竞争日趋激烈,企业生存环境日益严峻,同时,国外优秀的陶瓷行业也在蓄势待发,为保证山西艺术陶瓷的市场优势地位,山西在选择创新产品、提升品质、拓宽渠道、强化服务,增强产品的整体设计感与体验感,充分利用山西的历史文化优势,加强市场营销,极力塑造自主品牌等方面加大力度。大同煤峪口矿美术瓷厂生产的"大肚弥勒佛"等艺术陶瓷产品,与其他地区的产品相比具有鲜明的民族特色和地域特色,产品质量好、服务艺术强,开发了定制业务,产品远销欧、美、澳、东南亚以及日本等地。

4.加大艺术陶瓷传承及研究开发力度

艺术陶瓷制造与传统工艺传承密切相关,山西艺术陶瓷要想在国内外市场站稳脚跟,必然向下扎根,汲取千百年来的传统文化的积淀。山西政府对艺术陶瓷的传承和开发给予了较大的支持,如建立了平定刻花瓷文化传习园,包括技艺刻花瓷传习场所、历代平定陶瓷标本博物馆、生产车间、大师工作室、培训与交流中心等。与景德镇、上海、宜兴专家联手创建一流的设计与创作平台,主要致力于非物质文化遗产——平定刻花瓷及其他艺术陶瓷的研究开发与传承推广,并将研发新的紫砂和巨型瓷板工艺生产项目。

第三章 创意设计服务发展研究报告

创意设计服务行业是文化产业的重要组成部分,包括广告服务和设计服务两个部分。创意设计服务充分体现了智慧、科技和文化艺术的高度融合,它以文化为内涵,以创新创意为核心,具有低耗低碳、涵盖领域宽、产业链长、产品附加值高、带动就业能力强、对相关产业拉动力强、对传统产业的提升作用大等特点。

第一节 创意设计服务发展现状

一、广告服务发展现状

1.广告业整体规模不断扩大,在文化创意产业中占有重要地位

山西省广告业整体发展态势良好,增速平稳,广告业从业人数整体呈现上涨趋势(见图3-1)。2015年,山西省广告经营单位的经营额达到302239万元,2016年广告经营额达到314606万元,增长率为4.09%,截止到2016年,共有广告经营单位23658户,其中,国有企业92户,集体企业36户,私营企业18482户,外商投资企业219户,广告从业人员61794人[①]。山西的广告经营活动趋于多元化、专业化和市场化,已经从简单的传播信息发展为以市场调查为基础,策划为主导,创意为中心的现代广告运作模式。随着越来越多的广告企业的聚集,山西广告市场正在慢慢成长并且日趋成熟,对经济发展的贡献不断提高。

---

① 山西省委宣传部、山西省统计局.2017山西文化产业发展概览[M].北京:中国统计出版社,2018.

表 3-1　2016 年广告经营单位基本情况

类别	机构数(户)	从业人员(人)	广告经营额(万元)
国有企业	92	1081	10891
集体企业	36	235	2642
私营企业	18482	43731	147032
内资公司	2990	8554	2713
外商投资企业	219	843	10893
个体工商户	1535	3404	2198
事业单位	224	3267	136957
其他	80	679	1279

图 3-1　山西省 2011-2017 年广告从人员(人)[①]

2.区域间发展规模差异大

从《山西文化产业普查调查市场主体数据报告》中可以看出，在山西省广告服务区域法人单位行业分布中，太原市(22.6%)、临汾市(20%)、忻州市(19.7%)、长治市(19.7%)、朔州市(19.3%)占比较高，其余城市占比较低，显示出山西省区域间发展规模不均衡。

[①] 数据来源：《中国文化及相关产业统计年鉴.2018》。

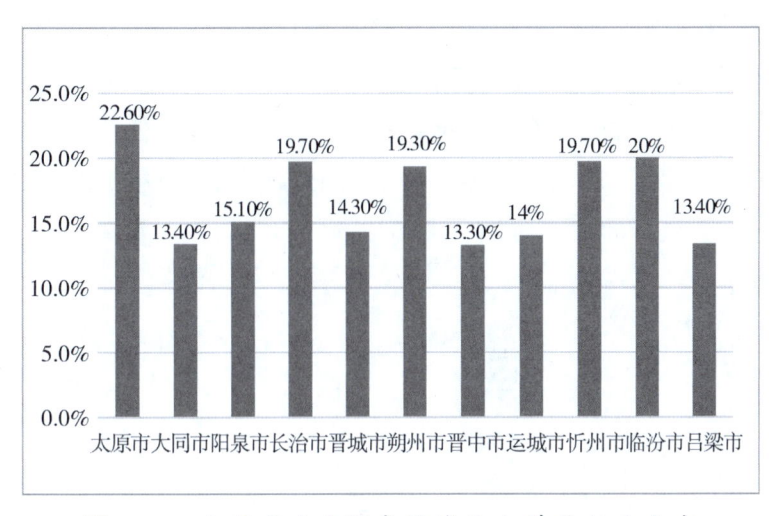

图 3-2　山西省广告服务区域法人单位行业分布

3. 广告市场竞争激烈,传统媒体与新媒体瓜分市场

(1)传统媒体立足优势,深耕内容持续发力

山西省传统四大媒体——报纸、杂志、电视、广播依据自己的优势占领不同的市场份额,与新媒体广告展开了激烈的市场竞争。

2017 年中国传统媒体(主要指电视台、广播电台、报社、期刊社)的广告经营额没能持续上一年的增长态势,出现了小幅下滑。纵观历年数据可以发现,我国四大传统平台广告营业额从 2013 年的 1834.2 亿元到 2017 年的 1784.65 亿元,整体处于下滑趋势。2014 年传统广告媒体营业额上升至 1994.63 亿元,达到近五年最高点后,连续三年下滑。其中,电视广告的下滑是绝对的"核心"[①]。

(2)新媒体后来居上,利用渠道发展迅猛

以手机为代表的移动设备正在成为消费者接触信息的最重要介质,而可接受的上网流量价格则帮助移动设备与移动互联网确立了其在传播中的地位。于是,更多的 App 推广、更多的 H5 曝光、更多的朋友圈广告,乃至更多的终端推送,无时无刻不在包围着消费者。也因此,更多的互联网企业

[①] 2018 年中国广告市场发展现状及行业发展趋势分析.[EB/OL].(2018-08-15)[2019-01-04]. http://www.chyxx.com/industry/201806/653344.html

把技术、数据与创意相结合的营销方式,作为商业模式的重点。且不说纯粹的线上传播,即便是纯粹的线下活动、地推营销、沉浸式体验等传播,也都做到了线上线下的打通,网络传播俨然已经成为品牌主任何形式营销活动必不可少的标配。互联网广告格局明显由PC端向移动端倾斜,标志着互联网时代进入了全新的发展时期。

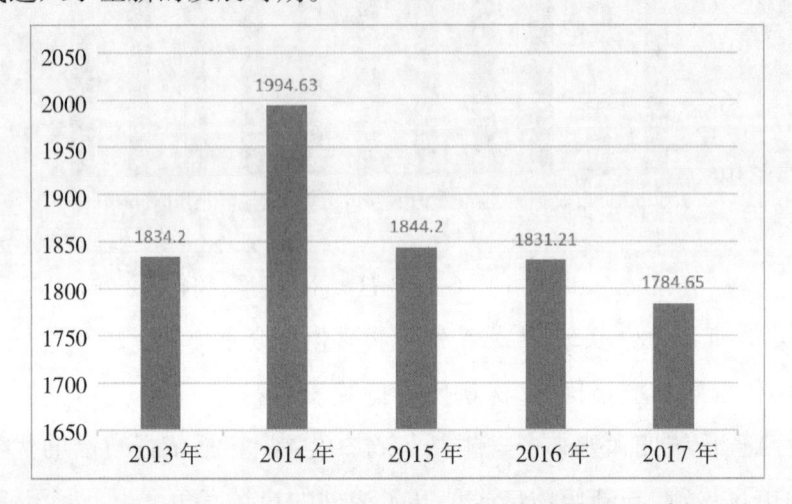

图3-3 2013—2017年中国传统媒体广告营业额统计情况(亿元)

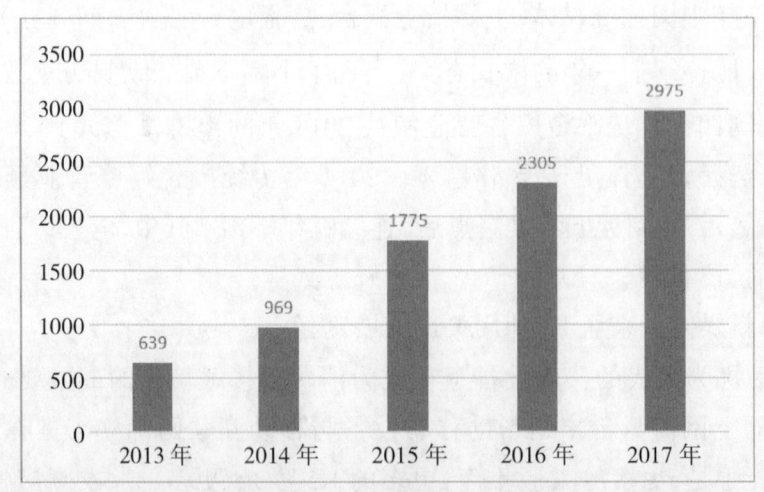

图3-4 2013—2017年中国互联网广告营业额统计情况(亿元)

山西省新媒体广告起步较晚,但近年来发展势头迅猛,尤其是走上市场整合营销道路后,广告市场进一步扩大,升值潜力与日俱增。山西省的新媒体产业与国内发达地区相比已经落后,但是与大部分兄弟省市相比基本处于同一起跑线。近年来,山西在发展新媒体产业方面做过一些有益的探索,积累了一定经验,一些新媒体业态正在培育和成长中。如省广电局联合11个地市广电局与国家新闻出版广电总局无线局合资组建了"山西中广传播有限公司",在省内开办了移动多媒体广播业务;省广电局和太原电视台联合发展移动电视,在太原市的公交车上安装了车载电视;山西广电新媒体公司与中国国际广播电台合作开展电视业务;分众传媒开办了楼宇电视业务等等,已经产生初步影响。但总体上看,仍然是起步较晚,发展缓慢,处于初级发展阶段,一些新媒体业态还基本上处于空白。同时,缺乏真正有实力的新媒体产业主体整合。

二、设计服务发展现状

1.设计服务业整体上发展速度缓慢,提升空间较大

首先,从建筑设计服务领域来看,据山西省政府办公厅统计,2016年山西省建筑业共完成总产值895.6亿元,占GDP的比重与2015年同比增长了0.3个百分比,即达到6.9%;2015年全省建筑业增加值共完成847.2亿元;2014年实现826.9亿元;2013年为774.5亿元。由近几年来看,山西省建筑业发展趋势稳步向前,逐年递增0.1—0.4个百分点。目前山西省建筑业发展势头呈现良好状态,现在全省拥有2500多家总承包和专业承包建筑业企业,2016年完成总产值增长13.2%,达到3318.5亿元,提高了18.7个百分点,并且房屋土建仍为山西省建筑业的支柱产业,共完成3059.3亿元,占建筑业全部总产值比重达到92.2%。[1]由此看来,山西省建筑业存在房屋土建专业一边倒的现象,虽然其他行业发展不理想,但总体发展水平在缓慢上升。

其次,从工业设计服务领域来看,山西省的一些大型企业已经开始重视工业设计并开始将工业设计应用到研发产品的过程中去。但是,大部分企业处于发展的初级阶段,设计缺乏创新,仍旧停留在初级的改良和模仿阶段上,而且许多企业还认为工业设计就是美化产品的外观而已。因此,只

---

[1] 崔富强.浅谈山西省建筑业现状及发展策略 [J].中共山西省直机关党校学报,2014(06):39–40.

要从观念上有所突破，就会有很大的发展空间。

最后，从专业设计服务领域来看，山西专业设计服务门类逐渐齐全，各类专业设计企业兼具，从业人数众多，围绕工业设计、服装设计、动画设计、装潢设计、环境艺术设计等领域，培育了本土具有发展潜力的设计企业，形成了一定程度的集聚效益。

2.区域间发展规模差异较大

从《山西文化产业普查调查市场主体数据报告》中可以看出，在山西省建筑设计服务区域法人单位行业分布中，大同市（4.1%）、阳泉市（3.4%）、长治市（3.1%）、太原市（2.8%）、忻州市（2.4%）位居前五，晋城市以1.1%列居末尾。在专业设计服务区域法人单位行业分布中，太原市（3.3%）、阳泉市（3.1%）、晋城市（2.4%）、大同市（2%）、临汾市（1.5%）位居前五，吕梁市以0.3%列居末尾。区域法人单位行业分布差异较大，不利于整体设计水平的提高。

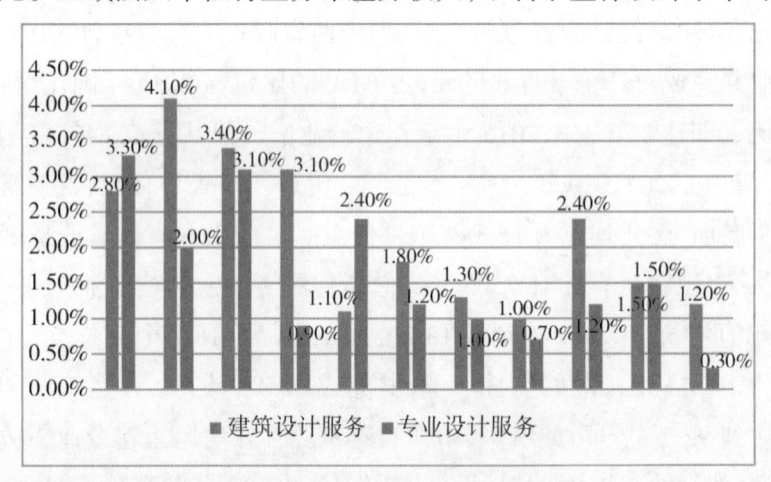

图 3-5 山西省建筑设计服务与专业设计服务区域法人单位行业分布

3.从业人员呈现年轻化趋势

山西省有较多优秀院校，也有设计类专业院校，每年设计服务方面的毕业生很多，因此会有许多优秀的设计师出现。在设计服务就业方面，行业从业人员许多都为近年从各大高校毕业的毕业生，数量每年都在剧增并且呈现出年轻化趋势，为行业带来了新鲜血液，输入了新观念、新思想，所以总的来说山西设计服务业的发展十分具有潜力，这将会加速推动山西产业结构的转变和调整。

4.设计服务行业前景向好

（1）建筑设计服务业发展空间大

目前，我国正处于城镇化的快速发展期，与发达国家相比，我国城镇化率仍处于较低水平。城镇化率的不断提升，直接推动了建筑业的快速发展。我国城镇化率由2010年的47.50%提升至2016年的57.35%。"十三五规划"纲要提出，到2020年我国城镇化率将达到60%，预计到2030年我国城镇化率将达到70%左右。①随着城镇化率的不断上升，对建筑设计服务的需要会不断增大，因此，建筑设计服务业发展空间较大。

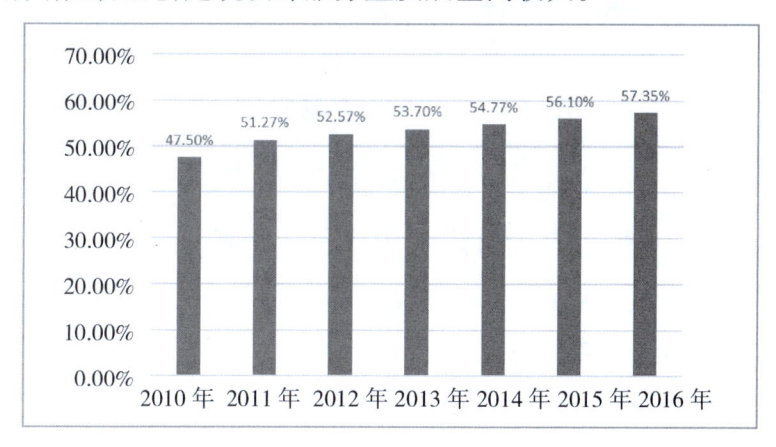

图3-6　2010—2016年我国城镇化率

（2）工业设计市场规模不断扩大

随着我国工业的崛起以及工业4.0和中国制造2025所带来的制造业的变革影响，我国的工业设计行业在最近几年出现较快的增长，从2013年的470亿元增长到2017年的1199亿元，CAGR达到26.38%。在这样的发展过程中，山西省的工业设计服务行业也处于上升中。②

---

① 2017年中国建筑设计行业发展现状分析及未来发展前景预测.[EB/OL].(2017-12-28)[2019-01-04].http://www.chyxx.com/industry/201712/598096.html

② 2018年我国工业设计行业市场规模、竞争格局及发展趋势分析.中国报告网.[EB/OL].(2018-11-19)[2019-01-04].http://tuozi.chinabaogao.com/wenti/11193Q4432018.html

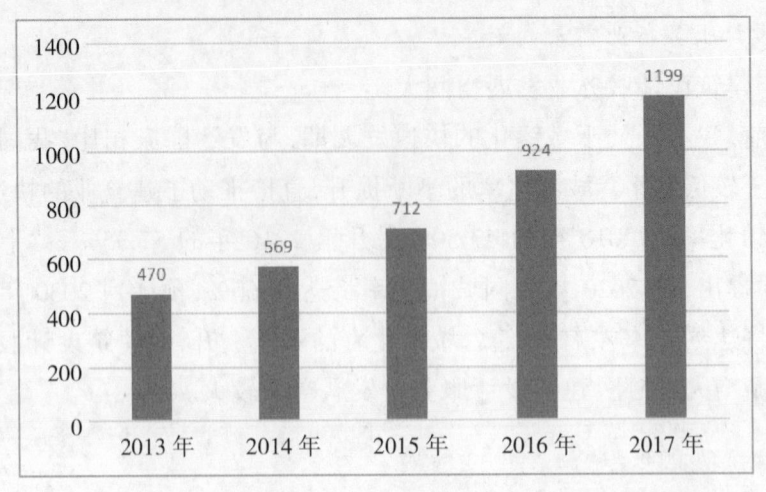

图 3-7　2013—1017 年我国工业设计行业市场规模

第二节　创意设计服务发展问题

一、广告服务发展问题

(一)政策体系不健全

近年来,山西省对文化产业的发展极为重视,出台了相关政策和办法扶持文化产业的发展,但是对于细分门类的广告服务的扶持还没有具体的落实政策。

山西省人民政府印发的《山西省文化产业发展规划纲要(2009—2015年)》对山西日报报业集团印报基地和文化物流园区进行扶持,但并未明确指出广告服务的具体实施办法。项目位于太原经济技术开发区,印报基地占地 90 亩,总投资约 20246 万元。包括印刷生产区建设、进口高速印刷生产线等。项目的建设,利于集团充分利用现有资源,提高报纸印刷质量和出版时效,拓展书报杂志、手册广告等印刷市场,培育数码印刷市场,形成规模效益[①]。

[①] 山西省人民政府办公厅关于印发山西省文化产业发展规划纲要(2009—2015 年)的通知. [EB/OL].山西政报,(2009-12-14)[2019-01-05].http://xuewen.cnki.net/CJFD-SXBA200916009.html

山西省人民政府办公厅关于印发《山西省鼓励投资政策(2017年版)》的通知中指出,广告领域文化事业建设费征收范围严格限定在广告媒介单位和户外广告经营单位,清理其他不合理收费,推动落实文化创意和设计服务企业用水、用电、用气、用热与工业同价。鼓励民间资本从事广告、印刷、演艺、娱乐、文化创意、文化会展、影视制作、网络文化、动漫游戏、出版物发行、文化产品数字制作与相关服务等活动,建设博物馆、图书馆、文化馆、电影院等文化设施。体育企业发生的符合条件的广告费支出,可按税法规定标准税前扣除,体育企业发生的创意和设计费用,符合研究开发费用条件的,可按规定税前加计扣除①。

1.政策扶持需加大力度,广告服务发展艰难

政策扶持需进一步加大落实的力度。此外,由于民间资本对广告的发展不理解,所以广告业的发展缺乏资金支持,资金链的断裂不利于广告产业的持续发展,影响了其广告规模的扩大。

2.相关政策法规不健全,无法保障广告代理制的实施

我国广告法制体系初具规模,但仍有待于进一步完善。法律仅规定工商行政管理部门为广告管理部门,并未明确在代理制实行上由哪个部门具体负责,所以也就没有如何负责监管、监管程序以及救济办法等规定了;明星虚假广告泛滥,源于相关法律的不健全,对明星做广告缺少必要的约束。虽然明星在虚假广告中的作用无异于助纣为虐,但缺少虚假广告代言人必须承担连带赔偿责任的法律依据。正因如此,那些做虚假广告的明星就有了可乘之机,昧着良心赚取巨额代言费,却不需要承担任何的风险和责任。因此应对相关法律进行修订,以规范和调整名人的代言行为,将虚假广告代言人一同列为处罚对象,由此保护消费者的合法权益。

3.广告内容监管体系不健全,发展环境有待进一步优化

广告内容监管体系不健全在很大程度上导致广告业在社会上诚信度不高,尤其是在特殊商品服务行业,如药品、医疗、保健食品、房地产、加工承揽

---

① 山西省人民政府.山西省人民政府办公厅关于印发《山西省鼓励投资政策(2017年版)》的通知.[EB/OL].(2017-06-14)[2019-01-05].http://www.shanxi.gov.cn/sxszfxxgk/sxsrmzfzcbm/sxszf-bgt/flfg_7203/bgtgfxwj_7206/201706/t20170614_306796.shtml

等商品服务类别广告。其中医疗广告违法行为主要表现为保证治愈或者隐含保证治愈；利用患者或者其他医学权威机构、人员和医生的名义、形象或者使用其推荐语进行宣传，保健食品广告的违规行为表现为使用医疗机构、医生的名义或者形象，广告中涉及特定功效的，利用专家、消费者的名义或者形象作证明；食品广告出现与药品相混淆的用语，直接或者间接地宣传治疗作用，借助宣传某些成分的作用明示或者暗示该食品的治疗作用等。

在广告创意和知识产权保护、广告发布、市场规范化监管等方面，山西省与国内顶尖广告市场还存在一定的差距。同时，由于广告企业数量较多，规模普遍偏小，无序、违法竞争现象仍然存在，广告企业为争夺客户对广告内容自查不严，不实、虚假广告时有发生。山西省工商局监管体制虽然不断完善，但因人力资源有限并不能完全覆盖整个行业。此外，山西广告行业信用体系尚未真正建立，市场监督机制尚未真正形成，广告内容的综合监管体系仍需进一步完善。

(二)广告意识缺乏

1.广告观念比较落后

由于市场机制不成熟，我们与发达国家的广告业还存在许多观念上的差距。广告公司衡量广告好坏的标准还比较模糊，往往以取悦客户为准则。一些广告媒介不是努力创造最佳服务，而是依靠其垄断地位，使收益最大化。社会对广告功能的认识还不是很全面，往往只看到广告商业性功能的一面，对于广告在社会进步中所发挥的积极推动作用认识不足。

2.广告品牌意识欠缺

山西省广告虽然经营者数量多，但是规模小，拥有综合实力的广告公司更是凤毛麟角；不少有实力的大企业把广告业作为企业内的子公司来扶持，以解决职工子女和企业闲散人才的安置问题，这类企业办的广告公司在谋求业务信息、吸引高级人才、综合市场调研和产品品牌策划能力等等方面，都远不及专业广告公司，但却瓜分了原本要流向专业公司的广告业务量。企业在营销队伍、渠道网络、终端布局等方面的规划，应由企业自己来完成，或者是企业聘请专业的管理咨询公司来完成。

品牌企业的缺乏，使山西广告业的发展缺乏带动效应，各地广告行业分散发展,没有形成集成之势,因此,各信息资源无法有效流通,长期如此不利于整个山西省广告业的发展。首先,创业之初的企业首先要解决的是生存问题,思考如何在市场中占有一席之地,基本不会把品牌建设放在第一位。其次,品牌建设是一个漫长的过程,因此在这种情形下,很多人只关注眼前利益,品牌意识不强,缺乏创品牌的意识。最后,品牌建设还需要投入大量的人、财、物,要有专门的人员对品牌进行规划。而很多企业在创业之初资金比较紧张,没有更多的财力用于品牌建设上。因此,对于刚刚起步的广告企业而言,品牌建设是难上加难。

(三)创新动力欠缺,创新能力不足

1.创新资金短缺,创意意识缺乏

对于广告业的创意创新,不仅来源于企业内部,在一定程度上还来源于竞争对手和整体环境。有关调研显示,在广告公司内部,其创意的最大来源是管理层(包括创意总监),约占公司整体创意来源的46%,其次是项目组负责人,约占24.5%;从外部环境看,最大的创新源是广告客户,企业创意思想中约58%来自广告客户。目前,山西广告业的创意水平和国内外优秀广告相比差距仍较为明显。一方面,现行的广告代理制形成了"强媒体、弱广告"的局面,强势媒体可以直接产生传播效果,对广告制作环节的要求不高,同时制作费用有限,对优秀广告创意人才的吸引不足,极大制约了广告业创意水平的提高。另一方面,在创意形式上,目前的广告制作更多地依赖于"名人效应",靠简单的明星代言就可以获取利润,公司在广告创新上不会投入较多的资金。

2.创新能力有待提升

广告主广告费的投放还未完全走向理性,社会对广告业的认识还需提高,对广告公司的角色作用和劳动成果缺乏理解和尊重。广告是一种企业的竞争行为,只有不断挑战市场竞争,通过不断技术创新和产品创新适应市场需求变化的企业,只有那些能预见未来潜在需求,或及时发现未被满足的市场需求,并按用户或顾客的要求持续提供高技术含量产品和服务的企业,才会重视广告的作用,才能获得经济效益的持续增长。而目前山西省广告业的创新能力较低,找不到突破口,技术创新和产品创新能力需要加强。

(四)广告从业人员稀缺且素质有待加强

1. 广告从业人员稀缺,流动性大

不单是山西省的广告公司,全国的广告公司都面临着招人难,招到合适的人才更是难上加难,此外花费了时间、精力培养的人才留不住,流动性大,令很多公司苦不堪言,而人才的过度流动也成为企业客户对广告公司服务质量不稳定不满意最多的地方。缺乏专业的广告人才,无法面对日新月异的市场需求。随着互联网媒体的日益强大,新媒体后来居上,对专业人才的需求更加急切。社会化媒体营销、精准效果营销、移动广告平台的出现等等,需求不断增加,人才供给却跟不上。人才短缺,降低了公司的竞争力,如此一来便形成了恶性循环。

2. 广告从业人员素养有待加强

本土广告企业还面临着广告专业人才、国际化经验和资金不足与管理相对落后等问题。山西广告业的队伍还比较年轻,专业广告出身的人还比较少,一般都由美术行业转行而来,专业性不强,对于日新月异的广告界而言,缺乏专业的人才就极难灵敏捕捉到市场的变化趋势,不利于广告企业与时俱进。

二、设计服务发展问题

(一)政策扶持体系不完善

1. 现有扶持政策针对性不强

山西省近年来重视设计服务业的发展,以期推动山西省产业成功转型,实现经济的可持续发展,为此出台了多项政策以扶持设计服务业的发展。但是宏观性较强,针对设计服务行业的政策极少。

2014年9月,山西省印发了《山西省推进文化创意和设计服务与相关产业融合发展行动计划》,提出加大对文化创意和设计服务企业支持力度。其中提出要加大财政支持和金融服务。包括:在文化创意和设计服务领域开展高新技术企业认定管理办法试点,将文化创意和设计服务内容纳入文化产业支撑技术等领域,对经认定为高新技术企业的文化创意和设计服务企业,减按15%的税率征收企业所得税。文化创意和设计服务企业发生的

职工教育经费支出,不超过工资薪金总额8%的部分,准予在计算应纳税所得额时扣除。企业发生的符合条件的创意和设计费用,执行税前加计扣除政策。对国家重点鼓励的文化创意和设计服务出口实行营业税免税。[1]

2016年7月22日,山西省人民政府印发了《山西省"十三五"服务业发展规划》,以稳增长、调结构、促转型。在文化服务方面,提出创意设计与三晋文化有机结合;适应定制生产和消费结构升级新需要,积极开发多样化、个性化潜在服务需求,加快推进研发设计服务、信息技术服务等六个行业向精细化、品质化、专业化发展,大力发展工业设计,促进工业企业与工业设计机构合作,支持煤电铝传统产业,节能环保、新材料、高端装备制造业、生物、新能源等新兴产业,老陈醋、法兰盘、玻璃器皿、面食等特色产业建立研究机构和设立研究设计服务平台,大力推动产业设计化、设计产业化和设计人才职业化。[2]

2.资金扶持力度不够

《山西省推进文化创意和设计服务与相关产业融合发展行动计划》和《山西省"十三五"服务业发展规划》提出对设计服务行业进行扶持,但是相比该行业的发展需求来说,扶持力度是不够的。

(二)市场环境阻碍行业发展

1.市场需求不成熟

创意源于需求,当前山西省设计服务业市场需求不成熟,生产企业和消费者对创意设计价值的认识不够,从而抑制了创意的源泉,创意设计企业缺乏生存土壤。许多本土生产企业没有设计的理念,看不到创意设计带来产品的高附加值,导致产品无法提高品牌价值。由于客户需求集中在低层次、低价格的设计要求上,广告、建筑设计等公司普遍业务种类单一,收

---

[1] 山西省推进文化创意和设计服务与相关产业融合发展[EB/OL].中国经济网.(2014-09-25)[2019-01-04].http://www.ce.cn/culture/gd/201409/25/t20140925_3595814.shtml

[2] 山西省人民政府.山西省人民政府关于印发山西省"十三五"服务业发展规划的通知.[EB/OL].(2016-07-06)[2019-01-04].http://www.shanxi.gov.cn/sxszfxxgk/sxsrmzfzcbm/sxszfbgt/flfg_7203/szfgfxwj_7205/201607/t20160722_219835.shtml

费低,价格恶性竞争,低水准重复设计。

目前,高职院校在对设计专业人才进行培养时,往往是"为了研究而研究",更多地重视培养学生的理论研究水平,而缺乏对市场需求的分析,导致设计服务行业水平一直处于初级阶段,设计方案常常不符合实际情况,设计产品与实际应用脱节。

2.市场主体力量薄弱

山西省有上千家设计服务公司,但是以中小型公司居多,缺乏相关政策的扶持,因此力量弱小,无法在市场上形成突围之势。同时缺少龙头企业的带头作用,使得整个设计服务行业很难发力,无法发挥自身水平,在市场环境中处于弱势地位。

(三)创新意识欠缺,创新能力不足

1.企业设计创新意识动力不足

从总体上来看,很多企业生产的产品几乎是在复制国内外优秀的产品和生产技术,由于设计模仿与抄袭成本远低于创新成本,所以很多企业选择回避设计创新,创新意识逐渐欠缺。文化创意设计服务业的发展尚处于初级阶段,缺乏内涵深刻、技术先进的精品和具有影响力的文化创意和设计产品。产业化程度低,产业发展处于弱势地位,位于产业链的低端环节,缺乏研发设计、交易、营销、衍生品开发等高端环节,产业利润空间较小。部分企业因自身能力不足或迫于生存,局限于低端市场的竞争,产业化程度低,产业发展处于弱势地位,位于产业链的低端环节,缺乏研发设计、交易、营销、衍生品开发等高端环节,产业利润空间较小。部分企业因自身能力不足或迫于生存,局限于低端市场的竞争。

2.服务设计的文化底蕴表现不够

经济全球化推动了我国设计理念朝国际化方向发展,但民族底蕴表现仍然不够。综观山西的设计产品,虽然有许多传统元素被显示在产品的外包装上,但是更多时候,只是一种装饰的手段或方法,并没有真正地融入创新中去。

(四)人才队伍建设有待加强

1.优秀人才流失严重

人才是创意设计产业的核心竞争力,山西省创意设计高端人才缺乏,具有专业设计水准的设计师流失速度快,人才总量、结构、素质还不能够适应产业快速发展的要求,成为制约产业发展的瓶颈。由于缺少职业发展空间、创意设计氛围和设计实践机会以及薪酬待遇与发达地区存在巨大差距等原因,导致山西省工业设计、服装设计、建筑设计、视觉传达等专业设计人才流失比例非常高。

2.人才队伍建设机制不完善,复合型文化创意人才匮乏

设计服务业作为一种知识密集型产业,其典型特征是高知识性、高融合性和高渗透性。因此,复合型文化创意人才是培育和提升文化创意和设计服务竞争力的核心动力,这就要求文化创意人才一方面要具备良好的专业素养,例如,动漫、游戏角色设计等方面的原创能力;另一方面要具备深厚的文化底蕴和开阔的国际视野。其次要具备一定的文化传播和推广知识,善于经营和管理。近年来,山西省设计服务业的人才主要以大中专院校相关专业毕业的单一型专业人才为主,虽然也从国内外引进和培养了复合型文化创意人才,但总体数量非常有限,对整个文化创意产业所起的引领和带动作用不大。高端文化创意人才的缺乏已成为制约山西设计服务业发展的瓶颈。

第三节　创意设计服务创新路径

一、广告服务创新路径

(一)完善政策扶持,推动广告业发展

1.制定与落实行业优惠政策,扶持广告业快速发展

山西省要认真执行现有广告业扶持政策的实施,并且不断深化具体内容,制定新的优惠政策,在广告市场准入、发展资金、税收、融资等方面,制定和落实相关支持和鼓励发展广告策划、创意、制作及服务的措施,扶持本土广告企业做大做强。

2.提升广告业市场竞争力,扶持企业做强做大

(1)采取多种方式积极扶持本土广告企业进一步提高国际竞争力

鼓励规模大、实力强的本土广告公司通过兼并、重组、合作等方式,组建一批具有国际竞争力的大型广告集团。鼓励传统广告公司与网络广告、移动广告等新形式广告企业融合,整合人力、资本和媒体优势,形成综合性、跨媒体广告集团。

(2)继续加强对广告企业跨国经营的财政、税收、金融等方面的支持力度

继续加强对广告企业跨国经营的财政、税收、金融等方面的支持力度,推动山西广告企业通过产业链环节的国际化合作、境外收购兼并中小型广告企业以及设立境外推广机构等多种形式,开展国际化经营。加强本土广告企业与国际知名广告企业在经营理念和方式等方面的交流合作,提升本土广告企业的国际化发展能力。

3. 充分发挥行业协会职能,加强对广告行业的监管力度

建立和完善广告监管机制。按照监管与发展、服务维权、执法"四个统一"的要求,大力推进广告监管制度化、规范化、程序化、法治化建设,建立健全广告监管体系,强化广告监管和行政执法工作,加快广告监管工作信息化建设。进一步加强山西广告协会各区县广告行业协会的建设。

(二)加强品牌意识,实施品牌引领工程

1. 实施品牌引领工程

制定相关标准,建立健全评审机制,制定优秀广告公司及人才的奖励办法,定期表彰优秀广告公司和杰出广告人才,提高企业品牌意识。鼓励企业积累品牌资产,充分发挥品牌资产在人才吸引、资金聚集、技术升级、市场整合、业务代理方面的独特优势,着力提高广告业为大企业、大品牌、大工程提供综合策划、推介服务和海外拓展等全方位服务的能力。

2. 追求个性化经营,树立品牌形象

在资源与技术日益突出的今天,企业立足的重点就是拥有自己的特性与个性,在优质高效的前提下实现差异化与个性化。品牌是企业的无形资产,一个广告品牌的创立便是企业综合能力与水平的有力体现。

(三)积极进行创新

1. 促进分工细分化,经营专业化

在广告行业中,社会分工要细化。广告公司目标对象专一,高度细化能最大限度地保证广告业的高水准、高质量,使突出的专业优势成为自身求生存、谋发展的最坚固的基石。广告公司的"专、精、特"是细分市场的需要,也是提高竞争力的需要。创新要在分工细化的基础上集中发力,才能寻找到突破点,最终引领企业的成长。

2.推动业务整合与协作,促进广告产业联盟发展

要推动业务整合与协作,促进广告产业联盟发展,形成创新发展氛围。组建市场合作联盟、中小型广告企业联盟等多种形式的行业联盟,促进广告企业在市场开发、广告设计、网络运营等方面的业务整合与协作。积极参与国际性的广告企业战略联盟,开展广告业国际项目合作,充分发挥各自比较优势,实现互利共赢。建立跨行业的战略合作联盟,加强广告业与信息服务、能源等其他产业的互补合作,鼓励广告企业通过与其他各类企业"捆绑"的方式提供服务和参与市场竞争,在竞争的市场氛围中推动广告业创新。

(三)完善人才培养制度

1.加快高端要素聚集,提升广告业发展能力

加强广告产业要素交易平台建设,大力吸引和聚集国内外高端广告产业要素,促进广告创意、技术、制作等规模化、品牌化、专业化发展。建立、完善广告专业人才培养引进机制,加快建设全国广告人才评价中心和广告人才库,吸引高端专业人才聚集;建立以知名高等院校、研究机构为依托的全国广告人才培养基地,通过定向培养、实训实习、在职研修等方式,提高广告人才专业化素质和水平。

2.优化广告企业内部环境,避免人才流失

山西省广告公司要加强公司内部管理,促进公司的规范化运作;公司还要注重提高员工的福利待遇,公司可以将公司股票以股票期权或者是认股权证的方式发放给职工,以调动其工作积极性;同时,公司要注重员工自身的成长,对员工进行培训,以适应公司的人才需求,适应社会潮流;公司要帮助员工克服困难,实行人性化管理。这样给员工创造一个良好的工作环境,会激励员工不断发展与进步,增加员工对企业的忠诚度,降低优秀员工的流失概率。

3. 调整结构，规范运作

从根本上解决广告业的问题，应以资本、技术为纽带，通过市场化运作，打破所有制、行业和地区局限，通过联合、兼并、重组、加盟等形式走集团化、专业化的发展道路，促进广告企业结构的调整，引导广告企业规范化运作，使广告业逐步实现经营条件优，人员素质优，服务业绩优，经营效益优，经营管理优，在整体素质和规模上能有一个高起点的发展和提高。

二、设计服务创新路径

(一) 加强产业发展谋划，加大政策资金扶持力度

一是制定文化创意和设计服务业发展规划，明确任务分解和落实部门。山西应发挥文化资源优势，着力打造文化创意设计中心，培育一批具有规模的文化创意与设计龙头企业，打造一批全国知名的创意设计品牌，集聚一批文化创意与设计专业高端人才，促进"创意设计+"融合发展，使文化创意与设计业成为带动山西产业结构转型的战略产业。构建山西文化创意产业联盟，发挥艺术设计协会以及商会沟通政府和企业的桥梁和纽带作用，协助政府管理和组织好产业发展。

二是研究出台支持保障文化创意和设计服务业发展的具体政策。加强财税支持，加大对文化创意和设计服务企业和项目专项资金支持力度；在文化创意和设计服务领域开展高新技术企业认定管理办法试点，对经认定为高新技术企业的文化创意和设计服务企业，减按15%的税率征收企业所得税；企业发生的符合条件的创意和设计费用，执行税前加计扣除政策。优化发展环境，提高审批效率，支持以划拨方式取得土地的单位利用存量房产、原有土地兴办文化创意和设计服务，清理其他不合理收费，推动落实文化创意和设计服务企业用水、用电、用气、用热与工业同价，完善城乡规划、建筑设计收费制度，鼓励和推行优质优价。政府要搭建文化投融资服务桥梁，与银行签订战略合作协议，合作设立文化创意产业统贷平台，加大对设计服务类企业的有效资金支持。建立文化投资公司，设立文化股权投资基金，鼓励社会资本投资文化产业，促进实现文化产业投资主体和投资渠道的多元化，利用资本市场拓宽渠道，构建完善的文化产业投融资体制。

(二)改善市场环境

1.培育市场需求

首先,以示范效应带动和扩大市场需求。现实市场中有许多新产品的质能及使用方法,都不为人所认知,在这种情况下,利用相关促销活动吸引部分目标消费者参与进来进行使用示范,便是一个创造市场需求的有效办法。其次,需要技术与产品质量的支撑。产品力本来就是启动市场需求的主力之一,因此对一个设计产品而言,不但要走在对手的前面超前对接消费需求,还应该尽量从实用的原则上着手超越对手、不过大加重顾客消费成本的角度来进行创新。最后,还要掌握实效营销方法,创新自己的营销。设计服务行业要提高市场反应能力,创新营销沟通及掌控办法,以便为企业创造市场需求。

2.壮大市场主体

依托山西省文化资源优势,培育一批具有规模的文化创意与设计龙头企业。发展壮大有较强专业实力和基础的设计院、研究院所等事业单位和转企单位,使它们成为市场主流。实施中小企业成长工程,支持专业化创意和设计企业向专精特新方向发展,支持设计、广告、文化软件工作室等小微企业发展,培育具有地方特色的创意和设计企业。推动创意和设计优势企业根据产业关联,实施跨地区、跨行业、跨所有制业务合作,打造跨界融合的产业集团和产业联盟。鼓励有条件的大型企业建设工业设计中心,引导民间资本投资文化创意和设计服务领域。

(三)增强创新意识,培育创新能力

1.增强创新意识,引入创新型科技和技术

设计服务企业要加强创新意识,注意引入创新性科技和技术。比如,在工业设计过程中,要大力倡导发展诸如环境保护设计、生态设计等绿色设计理念。但同时要注意,创新不是不切实际的盲想,创新必须要建立在市场需求的基础上,从实际情况出发,在考量经济效益的同时还要权衡环境效益。

设计企业应根据自身特点引进国内外先进的科学和技术,并切合自身特点充分消化和汲取其精华,也可通过与各高校、科研所的合作研究新型

技术确立创新体系对企业发展的主体地位,在此基础上充分思考建筑企业的发展趋势,从而推动设计企业的科学技术创新性发展。

2.加强山西特色的设计服务建设

从长远看,山西要建立自主品牌,必须要加强具有自身特色的设计服务发展。同时要注意到,融入具有山西特色的文化元素并不是做简单的加法运算,而要从功能、理念等多种因素考虑。

(四)完善人才队伍建设

1.深挖智慧型人口红利

完善对专业设计服务人才的激励机制,引导用人制度从挖掘劳动力为主的数量型人口红利,向侧重挖掘创意创新为主的智慧型人口红利转变是因地制宜的一种较好方法。广义来说,设计服务业是知识产权密集型产业,需要深度开发智慧型人口红利,但目前山西省设计人才在薪酬、福利及地位等方面平均处于较低水平,设计人才尤其是高端设计人才稀缺。迫切需要从供给侧结构性改革角度审视设计人才在设计服务业中的定位和话语权,探索建立鼓励设计创新的激励机制,改善设计人才的经济福利,体现重实效、重业绩、重贡献的激励导向,充分释放智慧型人口红利。

2.健全人才培养和引进机制

目前,山西省对设计人才的培养主要是通过大专院校设立设计相关专业进行教学式培养,在这种模式下,工业设计专业人才的理论水平得到了很大提高。但理论离不开实践,只有在实践中发挥主观能动性,并指导实践,才能不断完善和丰富理论知识,推动理论向深层次方向发展。人才的培养亦是如此。培养人才的目的不仅仅是为了灌输给他们多少理论知识,更重要的是要发挥他们的主观能动性,培养他们的实践应用能力,让人才做到"学以致用"。因此,大专院校在培养设计人才的时候应当将市场需求与教学知识相结合起来,对教学模式、课程设置等进行相应的改革才能培养出更加优秀的工业设计人才。此外,政府和企业还要进一步优化人才引进机制,借鉴其他发达国家对工业设计人才培养和引进的好的做法和经验,留得住人才,好好利用人才。

第四章 文化传播渠道发展研究报告

第一节 文化传播渠道发展现状

一、出版物发行基本数据

2017年,山西省出版物发行网点共计2888个,其中新华书店及其发行网点422个,出版社发行网点7个,邮政系统发行网点340个,其他发行网点162个,其他零售网点1957个。出版物纯销售总和267654万元,零售额262852万元,批发给县以下单位或个人4802万元。

二、广播电视节目传输现状

根据《文化及相关产业分类(2018)》的划分标准,广播电视节目传输属于文化传播渠道中的第二中类,主要包括有线广播电视传输服务、无线电视传输服务和广播电视卫星传输服务三小类。有线广播电视传输服务是指有线广播电视网和信号的传输服务。无线广播电视传输服务是指无线广播电视信号的传输服务。广播电视卫星传输服务包括卫星广播电视信号的传输、覆盖、接收系统的设计、安装、调试、测试、监测等服务。

随着我国国民经济的持续增长,人民的生活水平不断提高,城镇居民人均可支配收入增加,人民对精神需求的不断提升,伴随着娱乐文化消费需求也日益旺盛,作为文化产品传输渠道的广播电视和网络视听节目也随之在发生变化。根据国家广播电视总局公布的《2017年全国广播电视行业统计公报》显示,2017年全国广播电视服务业总收入6070.21亿元,比2016年增加了1030.44亿元,同比增长了20.45%。广播电视行业整体发展呈现增长趋势,体量规模保持稳步扩大,产业结构进一步优化升级。

(一)广电基础传输设施建设基本持平

2014年到2017年山西省广播电视基础传输设施建设基本保持一定的水平,广播电视台114座,电视台2座,中短波转播发射台15座,电视发射机维持在400部左右,调频转播发射台119座,一百瓦以上电视转播发射台145座,卫星地球站1座。在基础设施维持不变的情况下,加大了技术创新和更新换代,促使广播人口覆盖率呈稳步缓慢上升,电视人口覆盖率也逐年上升,基本达到了100%,基本实现电视节目全省覆盖的状态。

值得关注的是,"十二五"期间,全省共完成13350个村广播电视覆盖建设,其中直播卫星覆盖10997个村,有线电视光缆联网覆盖1545个村,地面数字电视等方式覆盖808个村。2017年全省广播节目综合人口覆盖率达到98.75%,其中农村也达到了97.91%,电视节目综合人口覆盖率为99.55%,农村覆盖率达到99.23%,数据表明了山西省广播电视城市和农村广播电视综合人口覆盖率基本达到了100%,农村的广播电视扶贫效果明显。

表4-1 2014—2017年山西广播电台、电视台情况①

	广播电视台(座)	电视台(座)	中短波转播发射台(座)	电视发射机(部)	调频转播发射台(座)	一百瓦以上电视转播发射台(座)	广播人口覆盖率(%)	电视人口覆盖率(%)
2014年	114	2	15	388	119	145	98.04	98.95
2015年	114	2	13	325	119	145	98.47	99.31
2016年	114	2	13	406	119	145	98.6	99.4
2017年	117	2	13	—	119	145	98.8	99.6

① 数据来源:山西省统计局,《2014—2017年山西省国民经济和社会发展统计公报》整理。

表 4-2 2014-2017 年有线广播电视传输情况[1]

	有线电视用户(万户)	数字电视用户(万户)	有线广播电视传输网络干线总长(公里)
2014 年	514.8	367.97	102131
2015 年	517	382.40	109137
2016 年	455.9	358.83	107908

在全国有线电视实际用户都呈现负增长的形势下,山西省有线广播电视整体情况虽然有所下降,但总体是基本持平状态。2017 年有线电视用户471.1 万户,较 2016 年增长了 3.3%。在 2016 年之前,有线广播电视的用户数是呈现上升趋势,2016 年受到互联网的快速增长,三网融合的推进,互联网电视、交互式电视等网络视听新媒体的崛起冲击,打破了原有线电视市场环境格局。

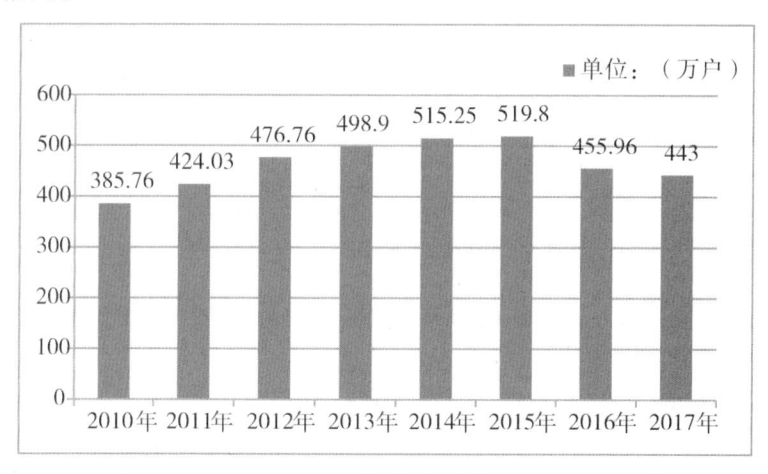

图 4-1 2010-2016 年有线广播电视用户数[2]

（二）政策推进广电行业稳步发展

根据国务院办公厅《关于进一步做好新时期广播电视村村通工作》的

---

[1] 中共山西省委宣传部,山西省统计局.2017 年山西文化产业发展报告概览[M].北京:中国统计局出版社,2018,10(1),154.

[2] 中共山西省委宣传部,山西省统计局.2017 年山西文化产业发展报告概览[M].北京:中国统计局出版社,2018,10(1),154.

精神，随后又下发了《关于加快推进广播电视村村通向户户通升级工作的通知》、中宣部财政部和总局出台的《关于加快推进全国有线电视网络整合发展的实施意见》等文件，激励统筹有线、无线、卫星覆盖范围，大力实施广播电视户户通、高山无线发射台站基础设施建设、地面数字电视无线覆盖和中央广播电视节目无线数字化等重点工程，推进数字化、智能化、移动化接收，全国广播电视综合人口覆盖率稳步提升。

广播电视村村通工程的实施有效地扩大了农村广播电视覆盖面，全面消除广播电视覆盖盲区，解决了广大农村人民听广播难、看电视难的问题。通知中要求要全面实现数字广播电视覆盖接收工作，按照"技术先进、安全可靠、经济可行、保证长效"的原则，兼顾考虑补充覆盖和安全备份的需要，由省级人民政府统筹确定本地区无线、有线、卫星三种技术方式的覆盖方案，因地制宜、因户制宜推进数字广播电视覆盖和入户接收。大力提升基础支撑保障能力，加快推进县级以上无线发射台（转播台、检测台、卫星地球站）等基础设施建设，加强基础广播电视机构基础设施和服务能力建设。

山西省积极响应国家政策，推动广播电视行业稳步前进。《山西省"十三五"报告》中提出广播电视传播能力提升工程，对国家级扶贫开发工作重点县和集中连片特殊困难县的广播电视播出机构的采集、编辑、播出设备进行更新，提升其制播能力，实现贫困地区15套电视节目、15套广播节目无线数字化覆盖。《山西省"十三五"基本公共服务均等化规划》提出要深化广播影视服务水平，构建广播影视公共服务体系，在实现村村通的基础上，推进数字广播电视入户接收，基本实现数字广播电视户户通。加强广播电视无线发射台（监测台）、广播电视播出机构、监管机构基础设施建设。

山西省委、政府高度重视直播卫星公共服务工程，将其列入全省的重大民生工程和文化信息扶贫项目，2016年累计完成并开通53.8万户，加上零售安装和村村通用户，直播卫星户户通用户达到300多万户。

（三）网络引领广电传输转型升级

中国互联网络信息中心（CNNIC）发布第39次《中国互联网络发展状况统计报告》。报告显示，截止到2016年12月，中国网民规模达7.31亿人，相当于欧洲人口总量，互联网普及率达到53.2%，超过全球平均水平

3.1%，超过亚洲平均水平 7.6%[①]。《中国互联网发展报告(2018)》显示 2017年 12 月，中国网民规模达到 7.72 亿人。中国网民的增加速度之迅猛映射出互联网行业的增长速度。随着网络信息技术和互联网的迅猛发展，特别是大数据、云计算、人工智能等新一代信息技术的迅速崛起，量子通信和区块链等新技术的迅速发展，广播电视产业面临着深度变革，广播电视传输也面临着严峻的挑战，但同时也是机遇。

以互联网为代表的数字技术正在加速与经济社会各领域深度融合，成为促进国家经济消费、经济社会转型，成为推动各行各业转型升级的重要力量。互联网思维的诞生，伴随着高新技术的产生，推动着广播电视传播覆盖体系向数字化、网络化、智能化等方向发展，促使有线、无线和卫星传输网络的互联互通和智能网络融合协调发展。山西省广电媒体打造了"智慧融媒体"明显提速，2017 年有线数字电视实际用户达到了 375.43 万户，双向网络覆盖的用户超过 90 万户，IPTV 用户达 200 万户[②]。并且随着技术的升级，全省完成了 26 个国际贫困县广播电视采编播编设备数字化高清化升级改造。有线电视与网络互联互通的建设扎实进行，山西省还被国家列为下一代广播电视有线无线卫星电视融合网试验区。

下一步，"互联网 + 广播电视"的产业融合成为新的经济增长点，媒体格局的加速变化，使广播电视节目传输将向数字化、双向网络覆盖传输，高清、超高清和智能化终端迈进。

[①] 2017 年中国互联网网民规模及增速、网民普及率分析 [EB/OL]. 中国产业信息网. (2017-07-18)[2019-1-15]. http://www.chyxx.com/industry/201707/542037.html.

[②] 山西：广播影视发展取得新进展 [EB/OL]. 国家广电智库微信公众平台,(2018-05-03)[2019-1-15]. http://www.gwsgd.gov.cn/xinwenzhongxin/shizhengxinwen/20180503/08262597595635.htm.

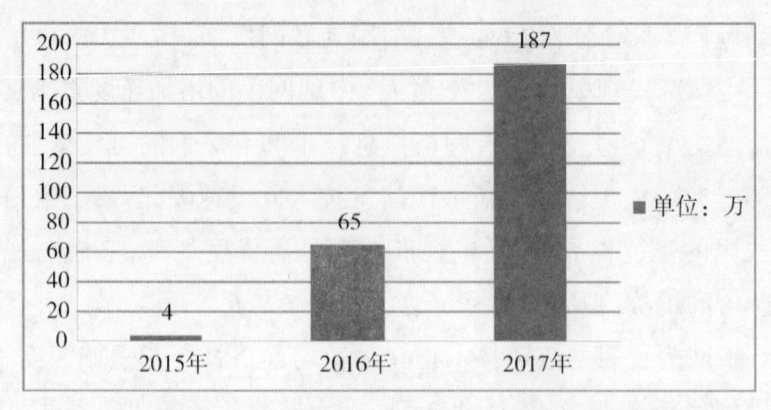

图 4-2　2015—2017 年山西省 IPTV 用户数①

三、广播影视发行放映现状

(一)广播电视节目发行渠道不断拓宽

新媒体的发展让山西省广播电视节目以及电影的发行渠道不断拓宽。对于山西省电视节目而言,随着迅猛发展的信息传播技术,以及新技术的普及,卫星与有限网络电视不断扩容,媒体竞争不断趋于白热化。当传输的网络、终端发生改变后,传统的传播模式相应地发生了变化,跨媒介传播成为广播电视节目的主要传播方式,网台互动、先网后台都是伴随着新技术的变革产生的新模式。

(二)电影产业发展现状

近年来,山西省大力推进文化强省战略,将文化产业列为七大非煤产业之首全力推动,文化产业得到较快发展。电影产业作为文化产业的重要业态,也得到了长足的发展。

2017 年,山西省新闻出版广电局贯彻实施《电影产业促进法》,深入开展"全省电影市场规范年"活动,加强市场监管,鼓励行业自律,充分运用电影专项资金资助奖励山西省影院建设及电影创作,有效推动了全省电影市场的规范运行和繁荣发展。

---

① 中国 IPTV 用户总数达 1.22 亿户！附全国各省市发展情况[EB/OL].搜狐网,(2018-02-15)[2019-3-5], http://www.sohu.com/a/222852867_488920.

1.基本情况

(1)电影市场发展潜力增强,票房收入稳步增长

近两年,山西省电影票房在中国电影发展向好的大环境下,也不断创造着新的纪录。电影院数量逐年增长,2013年到2016年4年间,电影院数量增长近3倍,至2017年,全省电影院已经增至246家,创造了历史新高。并且,2017年山西省电影票房收入7.87亿元,同比增长24.3%,比全国票房平均增长率高出10.85个百分点。2017年,电影放映场次共198万场,观影人数2545.7万人。山西省电影发行发展迅猛,不但提高了老百姓精神文化生活水平,也为拉动地方经济发展、促进就业做出了积极贡献,实现了经济效益和社会效益双丰收。

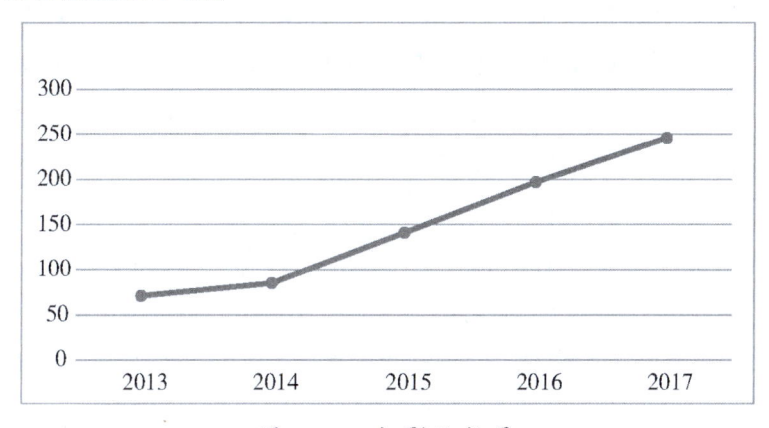

图4-3 电影院数量

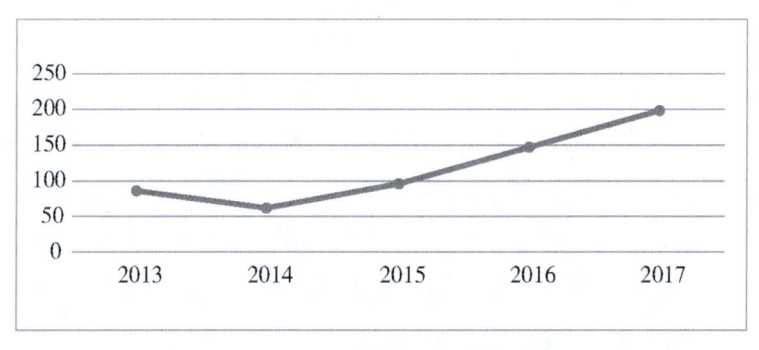

图4-4 电影放映场次(万场)

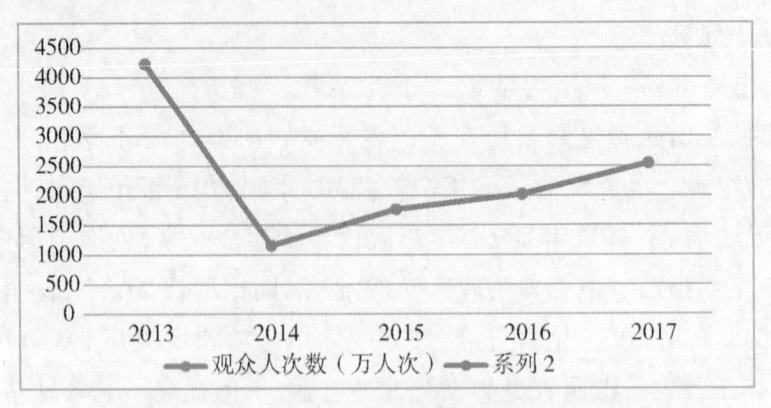

图 4-5　观影人数

（2）以创新为内核，电影创作艺术水准不断攀升

2013年百部农村电影工程，全国有7部电影入选，山西省报送的电影剧本《耿二有点二》经中国影协组织专家评审，以排名第一的成绩入选"十二五"百部农村电影工程。2014年由山西本土出品的电影《尉迟恭》荣获第22届美国旧金山环球电影节专家评审最佳电影奖。2015年，《土地志》《伞头和他的女人》等获得第30届中国电影金鸡奖提名奖。在2017年6月举办的第二届金砖国家电影节中，由山西籍著名导演贾樟柯监制、金砖国家首部合作影片《时间去哪儿了》，作为开幕影片展映，荣获了艺术贡献奖。

（3）发展环境不断优化，为电影产业提供保证

简政放权促发展，全省各级电影主管部门尽最大可能简化审批流程、缩短审批时限、提高审批效率、降低审批成本，省级备案登记工作基本做到当天办结。政策扶持促发展，国家和山西省出台一系列促进措施，电影产业发展的政策环境进一步改善，近年来全省共有180多家影院获得国家多项电影专项资金补贴奖励，总额达1.8亿元。规范市场促发展，开展电影市场专项治理，全面规范票务市场秩序，维护了全省电影产业发展的良好秩序。

在诸多政策中，财税政策的倾斜较为突出，《山西省支持文化产业加快发展的若干措施》中指出，文化产业创新可减税，对从事文化产业支撑技术等领域的文化企业，按规定被认定为高新技术企业的，在办理减免税手续后，减按15%的税率征收企业所得税；对从事文化创意、数字广播影视、网络传输、数字出版、数字印刷、动漫游戏、博物馆衍生品等业务的文化创新型企业、高新技术企业或高新技术项目，各项行政性收费地方留成部分按

有关规定实行免征。

同时,进一步完善文化税收政策体系,推动将文化服务行业纳入"营改增"试点范围。

表4-3 近年来山西重要的影视产业相关政策

时间	发文单位	文件	内容
2014-08-23	山西省人民政府	《山西省支持文化产业加快发展的若干措施》	1.放宽文化企业工商登记条件。凡法律、法规未禁止的行业和经营项目,均支持文化企业设立和经营。凡依法申办的文化企业,可自行选择规范的企业名称、字号,支持规模较大的文化企业依法申请使用无行政区划、无行业限制的企业名称。放宽市场主体经营场所登记条件,允许将改造后的旧厂房、仓库等作为文化企业的注册经营场所。 2.鼓励非公有资本进入政策允许的文化产业领域。允许非公有资本投资参股新闻出版单位广告、印刷、发行,广播电视专题、专栏、综艺等节目制作和发行(不包括新闻和新闻类专题栏目节目、新闻访谈节目及理论、文献电视专题片),广播电台和电视台音乐、科技、体育、娱乐方面的节目制作,电影制作发行放映。 3.鼓励设立文化产业发展投资基金。由政府注资引导,以多种方式吸引社会资本参与,通过股权投资等市场化运作方式投资文化产业,推动文化产业兼并重组。鼓励设立文化类私募股权投资基金、创业投资基金等。 4.落实相关土地政策。将文化企业用地纳入城乡规划和土地利用总体规划,对符合山西省文化产业发展方向、技术含量高、产业带动性强的重大文化项目,优先安排新增建设用地指标。 5.完善文化产业人才培养机制。对各类文化产业人才,不分单位所有制,在文化企业从业人员资质认定、文化产品评优、各级各类专家选拔、表彰奖励先进、职称评定等方面享受同等待遇。采取多种措施着力培养文化产业领军人物和高层次专门人才。支持高等院校、职业院校与文化企业联合建设文化产业人才培养基地。鼓励高等院校、研究机构和企业开展文化人才国际交流。
2014-09	山西省文化厅、中国人民银行太原中心支行、省财政厅	《关于深入推进文化金融合作的实施意见》	1.支持金融机构建立"文化金融特色支行"和文化金融专业服务团队;培育文化类小额贷款公司;支持民间资本依法设立中小型银行;推动成立文化产业知识产权评估和交易机构;建立完善融资性担保体系;加强与保险监管部门的合作,确定一批文化保险公司;筹建山西省文化金融服务中心;鼓励银行金融机构打造金融服务特色产品;建立文化金融合作会商机制;实施"文化金融扶持计划";搭建山西省文化产业投融资服务平台;按年度编制文化产业重点融资项目目录,完善融资项目的推荐机制;加大文化金融人才培训;完善文化金融服务评估机制。

续表一

时间	发文单位	文件	内容
2016-12-05	山西省人民政府	《山西省"十三五"文化强省规划》	1.公益电影放映工程:继续实施农村电影放映工程,做好农村寄宿制学校爱国主义教育优秀影片放映工作,不断丰富广大农民群众和学生的精神文化生活。 2.完善文化产业空间布局。发挥山西省文化保税区、山西省文化产业园、山西文化云平台等重大项目的辐射、带动、示范作用。围绕重点产业项目优化产业发展要素配置,做好项目储备、策划、包装、推介等工作,引导文化企业和项目向园区集聚。 3.文化产业平台建设工程:搭建文化产业投融资服务平台,筹建文化产权交易中心。
2017-12-05	山西省财政厅 山西省新闻出版广电局	《优秀电影项目扶持奖励办法》	1.扶持奖励项目:电影精品创作扶持,"山西优秀电影奖"评选奖励,电影发行放映奖励,电影学术及市场分析研究项目奖励。 2.奖励标准 (1)电影精品创作扶持标准:每部电影扶持100万元人民币。 (2)"山西优秀电影奖"奖励标准:优秀故事片10万元人民币、优秀动画片10万元人民币、优秀青年电影创作3万元人民币、优秀编剧3万元人民币、优秀导演3万元人民币、优秀男演员2万元人民币、优秀女演员2万元人民币、优秀电影音乐2万元人民币、优秀电影摄影2万元人民币、优秀微电影3万元人民币。 (3)电影发行放映奖励标准:国内电影市场票房收入达到500万(含)—5000万元的影片,每部奖励100万元人民币;国内电影市场票房收入达到5000万(含)—1亿元的影片,每部奖励150万元人民币;国内电影市场票房收入达到1(含)亿元以上的影片,每部奖励200万元人民币。 (4)电影学术及市场分析研究项目奖励标准:"优秀山西电影市场报告"奖励3万元人民币;"优秀电影学术研究"一等奖每篇奖励1万元人民币,二等奖每篇奖励8000元人民币,三等奖每篇奖励5000元人民币。

续表二

时间	发文单位	文件	内容
2017	晋文改办发〔2017〕3号	《关于申报2018年度山西省级文化产业发展专项资金的通知》	1.巩固文化金融扶持计划。继续加大对文化金融合作的支持力度,鼓励银行、文化担保、文化融资租赁等机构为文化企业提供融资服务,引导金融资本投入文化产业。支持企业在项目实施中积极利用金融工具,对于获得银行基准利率贷款的文化产业项目给予优先扶持。 2.加快推动影视产业发展。继续支持高新技术在电影制作中的应用、电影企业"走出去"、重要电影工业园区和高科技核心基地建设,具有较强市场竞争力的重点影片、重点专业性电影网站建设等,扶持电影院线建设,加大对影视内容产品支持力度。
2017-2	山西省发展和改革委员会、省文化厅	《山西省"十三五"文化改革发展规划》	推进新闻出版与广播影视事业;加快文化产业转型升级和发展步伐,进一步完善文化产业投融资体系,推动文化旅游融合发展;扩大文化交流,推动山西文化融入国家"一带一路"倡议,推动山西文化"走出去";实施文化精准脱贫攻坚,开展艺术创作扶贫,丰润贫困地区群众文化滋养,实施文化人才扶贫工程;规划实施与保障措施,推进地方文化立法进程。

(4)惠民工程不断推进,农村电影放映工作有序展开。

农村电影基本实现了数字化。2015年省委宣传部和省新闻出版广电局开展了"全省好电影公益展映季"活动,其间各地还先后组织了针对机关干部、学校师生、社区居民、厂矿职工、残疾人等不同群体,以及环卫、公交、交警、城管等不同领域的专场放映1200余场。全省各地近90家城市影院展映了15部优秀影片,免费放映电影近3600场,38万余人次观影,为全省人民奉上了一道丰富的文化大餐。

2.搭建投融资平台,资本活力增强

2017年山西省出台了《关于深入推进文化金融合作的实施意见》。该实施意见为山西省文化企业,尤其是中小文化企业进一步营造宽松的政策环境和良好的金融环境,为文化产业快速发展提供重要的政策支撑和保障。同时,搭建起文化与金融资本合作桥梁,深入推进文化与金融合作,将打破中小文化企业融资瓶颈,为文化企业注入活力,为文化产业、影视产业实现跨越式发展增添动力。

在《关于申报2018年度山西省级文化产业发展专项资金的通知》中也强调,巩固文化金融扶持计划。继续加大对文化金融合作的支持力度,鼓励银行、文化担保、文化融资租赁等机构为文化企业提供融资服务,引导金融资本投入文化产业。支持企业在项目实施中积极利用金融工具,对于获得银行基准利率贷款的文化产业项目给予优先扶持。

2017年举办的"中小文化企业投融资路演·山西站"活动,旨在搭建山西省中小文化企业与投资机构对接、交流、建立合作平台,培养中小文化企业借助资本市场融资发展的意识,增强中小文化企业借助A股市场、新三板、区域股权市场、社会投资等方式融资发展的能力,降低投融资双方项目搜寻和对接的成本,推动优秀企业和项目成功融资。融资项目分别涉及动漫影视、文化旅游、光学显示、3D打印、移动互联网、互联网+双创平台等行业。

3.人才培养不断加强,保障队伍专业性

《山西省"十三五"文化改革发展规划》中指出,完善文化艺术人才奖励办法,多途径引进和培养高层次紧缺人才。

近年来,山西省对电影专业人才培养进行了高度重视,在各大高校设置电影相关专业,建立科研院所及教育机构,培养了一大批电影电视、动漫游戏、资本运营等影视产业各类专业人才以及复合人才。并且充分发挥地域优势,与北京地区加强交流与合作,进行相关电影项目的引进与开发。为引进专业人才,山西省出台了招才引智的相关政策,为人才发展提供了良好的环境,利用人才相关的优惠政策与有力方针实现人才的引流。除此之外,山西省还建立了相关鼓励机制,激发影视人才创新活力。设立省级荣誉制度,表彰有突出贡献的文化产业工作者。允许文化企业、影视企业对有突出贡献的优秀人才以股权、期权等形式进行鼓励。

4.影视基地及产业园布局高效合理

山西影视集团是山西省筹划组建的省直五大文化产业集团之一,集团成立了山西影视基地发展公司,先后与山西省20家景区签订了协议。影视产业与旅游业携手,进行深度融合,建立拍摄基地,更好地服务于影视行业及景区、景点,实现共赢。

2017年龙城国际影视产业园区在太原挂牌启动,龙城国际影视产业园区是山西省首家影视产业园,以及国内首家经营机制完善的影视产业园,龙城国际影视产业园区的服务范围包含从原创到市场的全产业链、人才培养输送,以及打造影视产业生态链和影视产业综合服务。配套以国际版权交易中心和国际影视产业综合服务中心。目前已与中外266家大型影视企业及相关机构开展合作。

除以上影视基地外,近年来,我省各市县也陆续建设了一批影视产业园、产业基地。

2017年总投资4.6亿元的"东南沟—晋地文化"影视基地项目在山西省阳泉市启动。该基地将投资建设影音棚、精品影院、视频直播间、艺术工作室、培训教室等项目设施,发展前期制作、艺术交流、人才培训等产业生态链服务内容,主动推进阳泉融入北京影视产业生态圈,打造精品影视文化与乡土时尚艺术产业综合服务基地。

投资50亿元的中恒影视文化产业基地项目落户运城市盐湖区文化产业园。作为晋陕豫黄河金三角区域首家影视文化产业基地,该项目的快速高效建设,将为盐湖区园区化招商、集群化发展注入新的活力。

近年来,大同市影视文化产业园区和魏都影视基地的产业带动效应也在不断显现。承接了大量知名影视剧的拍摄制作任务,园区的外搭景区、摄影棚区、版权交易区、国际交流区得到了充分的利用。

5.主题电影节影响力扩大,行业盛事引发关注

2017年10月举办了第一届平遥国际电影展,在8天的时间里,有来自20个国家的52部影片参展,吸引了18万人次观影,上座率达到93%。这一届电影节不仅吸引了电影界人士的关注,还吸引了普通公众的兴趣,期待年轻的平遥国际电影展成为最值得期待、最专业、最具想象力的国际电影展。

2018年,第二季国际平遥电影节如期举办,同时,第二届平遥国际电影展正式开始面向全球征片。影展除了展映影片,还将举办由杜琪峰、李沧

东、徐峥等大咖带来的"电影人"学术活动。本届影展展映影片来自25个国家和地区,其中43.4%为全球首映,98%的影片为中国首映。越发彰显了平遥国际电影节的影响力。

6.文旅融合不断推进,打造影视+旅游产业节点

《山西省"十三五"文化改革发展规划》结合山西本土旅游资源发展的优势,强调挖掘提升旅游景区文化内涵,加强特色旅游景区建设,重点塑造和提升五台山、云冈石窟、平遥古城、长城山西段、晋商大院等知名旅游品牌,推动宗教古建、晋商文化、太行山水、黄河文明、寻根觅祖、红色圣地等文化旅游产业集聚区建设。丰厚的文化旅游资源,为影视创作和项目开发运营提供了良好的基础,同时影视产业也为文化旅游资源的推广提供了良好的介质。

7.产权交易得到保障,文化影视知识产权得到重视

2016年,北京文化产权交易中心与山西省产权交易中心在山西省太原市成功举行签约仪式,合作共建山西文化产权交易平台。北文中心将通过系统共享、信息共享、流程规则统一、交易盘面统一等制度设计,在运营中探索和建立山西文化产权交易平台的运营模式和交易规则。促使山西文化产权交易市场建设迈出第一步、助力山西文化产权交易事业走进新时代。同时,通过区域联动,实现文化和金融的有效对接,促进全国文化产权要素流转和全国文化产权交易共同市场的建设和发展。

四、艺术表演发展现状

(一)艺术表演发展现状

从山西省艺术表演场馆发展的整体状况来看,座席数、演(映)出场次、观众人次等数据显示都是比较乐观的。截至2017年,全省145378个座席,共演出75千场次,观众5493千人次(图4-6)。[①]

[①] 数据来源:山西省统计局。

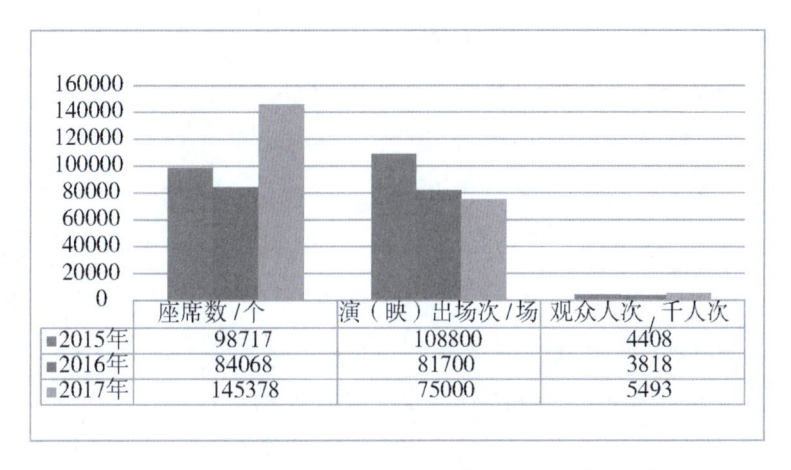

	座席数/个	演（映）出场次/场	观众人次/千人次
2015年	98717	108800	4408
2016年	84068	81700	3818
2017年	145378	75000	5493

图 4-6　2015—2017 年艺术表演场馆基本情况

山西省唯一以上演京剧为主的现代化剧场——"梅兰芳剧院",融现代功能与传统艺术于一体,是集中展示京剧国粹魅力的窗口。梅兰芳剧院室内装潢豪华典雅,前厅是展示梅兰芳先生不同时期的代表剧目及生旦净丑各行当戏装的艺术走廊。在剧院综合服务大厅,设有非物质文化遗产、民俗工艺品、仿古复制品、音像图书等经营专区,并设有咖啡厅、茶座,为人民群众提供丰富多样的休闲服务。剧院演出厅一层设有 26 张茶木方桌、156 把茶木梳背椅组合的观众席,二层设有豪华舒适的贵宾包厢,脸谱图案的茶具、古色古香的陈设,共可容纳 200 多名观众,观众可在富丽堂皇、古朴典雅的演出厅里感受传统民族文化的韵味。梅兰芳剧院有着现代化的音响灯光技术,炫目的舞台视觉效果,既能观赏京剧,又能满足歌剧、舞剧、话剧、音乐会等各类艺术的演出需要。2017 年 2 月 7 日晚,山西省京剧院原创儿童剧《三打白骨妖》在梅兰芳剧院上演,这也是山西省文化厅新春文化大拜年系列活动之一。这部儿童剧以《西游记》中"三打白骨精"故事为原型、以当代儿童的视角、以京剧儿童剧的形式创作而成,在剧中嵌入了京剧的"唱、念、做、打、翻、舞"表演手法,让儿童在潜移默化中接受优秀传统文化的熏陶。①

---

① 数据来源:山西梅兰芳剧院。

创建于1959年的山西省晋剧院,前身为山西人民晋剧总团和山西省实验剧院,至今有着50余年的发展历史。剧院自建院以来,曾拥有丁果仙、牛桂英、郭凤英、冀美莲等一代宗师,剧院还培育出了粟桂莲、宋转转、崔建华等一大批享受国家高级职称的艺术人才。20世纪50年代,由晋剧一代宗师丁果仙、牛桂英、郭凤英、冀萍等主演的晋剧《打金枝》,被长春电影制片厂搬上了银幕;20世纪90年代,剧院创作排演的《桐叶记》《富贵图》《崔秀英》《油灯灯开花》,分别获得中国戏剧"梅花奖""文华奖"和中宣部"五个一工程"奖;新世纪的2010年,新编原创大型古装剧《文公归晋》、新编现代戏《麦穗儿黄了》和原创晋商题材古装剧《常家戏楼》喜获山西省第八届、第九届精神文明"五个一工程"奖。2006年,在山西省晋剧院的努力下,晋剧艺术被正式列入了国家级非物质文化遗产名录,实施传承保护。丁果仙、牛桂英、郭凤英、冀美莲四大流派的代表剧目《八件衣》《二度梅》《鲛绡帕》《百花亭》得到了保护性传承排演。如今,剧院坚持以科学发展观为指导,在艺术创作上走改革创新、传承发展的道路,不断创新国有艺术院团体制改革和机制,推进山西省晋剧艺术事业更好、更快地发展。①

五、互联网文化娱乐平台发展现状

文化娱乐是文化产业的重要组成部分,互联网文化娱乐平台则是互联网不断发展和渗透后,在传统文化娱乐形式基础上新兴的文化娱乐平台,具体包括互联网演出购票平台、娱乐应用服务平台、音视频服务平台、读书平台、艺术品鉴定拍卖平台和文化艺术平台。在"互联网+"的赋能下,文化娱乐平台实现了在线化、数据化、多元化和跨界化的发展。随着我国网络基础设施建设的不断完善,文化娱乐产业成为数字经济发展的重要依托,在影视、动漫、游戏、文学、音乐等领域内都产生了"互联网+"的深度融合。数据显示,2017年我国泛文化娱乐产业产值占数字经济的比重超过20%,成为数字经济发展的重要支柱,也成为经济转型发展下的重要引擎。

---

① 数据来源:山西省晋剧院。

根据山西省发布的《山西互联网发展报告(2017)》中的数据显示,山西省的互联网普及率高于全国平均水平,达到 57.9%。山西省移动互联网接入流量达到 49622 万 G,移动 4G 用户和流量需求也在不断增加。在数字经济的快速发展和泛娱乐产业生态背景下,互联网文化娱乐平台发展迅速。

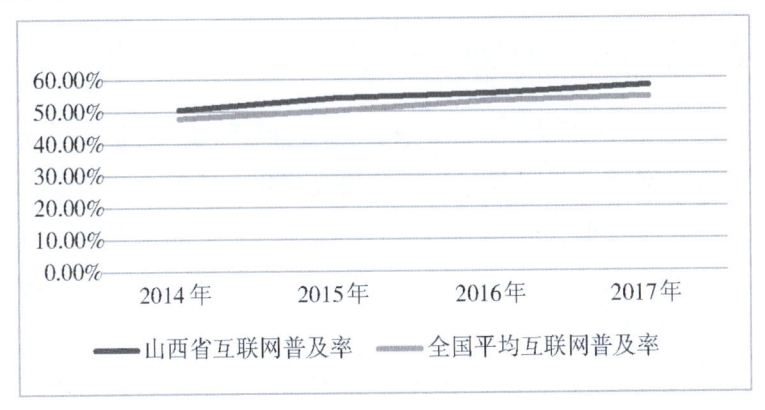

图 4-7　2014—2017 年山西省互联网普及率[①]

视频类娱乐应用服务平台成为互联网文化娱乐平台的主流。数据显示,山西省的短视频 App 使用和下载量均高于其他文化娱乐平台,其中西瓜视频、头条视频等作为热点互联网文化娱乐服务平台,下载量均达到 9 万次及以上。截止到 2017 年 12 月,山西省提供的 App 总量达到 4818 个,相较 2016 年增加了 672 个,其中手机视频类文化娱乐应用成为移动端网络应用的主流,用户规模达到 1535.2 万人。

艺术品电商平台发展迅速,释放出巨大的市场潜力。随着经济发展和生活水平的提高,人均可支配收入不断增长,用于文化消费的支出所占比重不断攀升,艺术品电商平台的发展也随之壮大。购买艺术品已经成为重要的文化消费趋势,与此同时,艺术品拍卖和鉴定的线上交易平台也成为行业发展的重要方向。

此外,在《山西省"十三五"文化改革发展规划》中明确提出,要推进数字文化建设,搭建新媒体服务平台,建设电子阅览室以及覆盖全省的数字图书馆服务网络。在鼓励文艺创作的同时,提出加强重点文艺网站建设,积

---

① 数据来源:根据中国互联网信息中心(CNNIC)和《山西互联网发展报告》发布数据整理。

极推动微博、微信、移动客户端平台等重要载体的平台建设,进行文艺作品的输出和展示。在票务平台方面,山西省拥有艺得票务网等发展良好的票务营销网站,主要开展了体育赛事、文艺演出、休闲娱乐等活动项目的推广和营销业务。

六、艺术品拍卖及代理发展现状

艺术品拍卖指艺术品、收藏品拍卖活动,包括艺术品拍卖服务、文物拍卖服务、古董和字画拍卖服务等。艺术品代理指艺术品代理活动,包括字画代理、古玩收藏品代理、画廊艺术经纪代理和其他艺术品代理。根据《2017中国文物艺术品全球拍卖市场统计年报》数据显示,2017年全国文物艺术品拍卖市场有所回升,成交额同比增长5.74%。

山西省在2004年2月成立了山西省拍卖行业协会,包含的活动有网络拍卖培训、文物鉴赏培训以及拍卖咨询等。山西省对省内拍卖行业进行规范管理,并形成一定的行业自律。目前山西省具有一定规模的艺术品拍卖企业有山西省文化艺术品交易中心、山西省晋宝斋艺术总公司、山西晋德拍卖有限责任公司等。

2017年,商务部发布了《文物艺术品拍卖规程》。同年,为推动文物拍卖形成良好市场环境,受国家文物局委托,中拍协艺委员会研究《文物拍卖企业的经营评估》,其中包括经营状况、发展能力等6类共42项指标。山西省紧紧围绕最新规程与政策进行了相关工作内容的部署。

七、工艺美术品销售发展现状

在"十二五"期间,山西省工艺美术企业有800余户,就业人数12万余人。2015年全省工艺美术行业实现主营业务收入51亿元。"十三五"期间,工艺美术品销售收入将再上一个台阶,目前山西工艺美术产品销售范围广阔,遍布世界各地,依靠"山西品牌海外行"等活动在国际市场已经具有一定的品牌影响力。

(一)积极参加国内外文化展示交流活动,拓展国内外市场

参加文化产业博览会、工艺美术行业博览会、对外非遗展示活动、行业

技能及创意大赛等工艺美术展、举办工艺美术展示活动和参加其他文化交流展示活动是工艺美术行业交易的重要方式之一。博览会多以一个主题提炼本次博览会的重要内容,通过组织系列展览、交易、论坛、演出等活动,设计不同的展示板块,重点突出反映时代趋势及行业热点的主题,面向社会公众全面展示行业成就,扩大行业影响力。对外交流展示活动多以"文化年"、政治访问活动的形式存在,以展览交流为主要目的,面向海外市场。行业技能及创新大赛多面向行业内部,以鼓励行业创新为目的。

山西省政府及民间的行业协会积极参加国内外的行业展示交流活动,主办的多个活动得到了国内外工艺美术行业人士的大力支持,形成了一定的规模。山西文化产业博览交易会是由山西省委宣传部会同相关部门共同主办,相关社会团体、文化企业协办的展示山西、推广山西省文化企业和产品、引进优秀文化人才、文化项目和战略投资、提升文化晋军影响力和辐射力的盛会。2013年首届举办以来,每两年举办一届,至今已成功举办三届。现场签约的项目共83家,总金额达269.17亿元。文博会主会场山西工美展区2150㎡,标准展位149个,秉承以"高、优、精、尖"为招展标准,重点邀请了文化产业发达的浙江、广东、福建三省及台湾地区近60余家参展企业。

在2018年第十三届中国北京文化创意产业博览会中,以"文化三晋创意山西"为主题的山西展馆备受参展观众瞩目,收获颇丰。重点展示了山西省文化产业整体发展情况、文化旅游融合重点示范项目、文博文创产品、文化科技融合的产业新业态四大板块。文创项目"全景云名片"轰动北博会,引起北京、上海、广东、天津等地客商的关注,并初步达成合作意向。

山西各市县依托政策、人力及产业优势,举办多种行业盛会,不断扩大其在国内市场乃至国外市场的影响力,让更多的社会民众走近工艺美术、了解工艺美术。2018年举办了中国(山西)民族民间工艺美术暨首届(大同)文旅产业博览会,共有全国23个省市自治区近两万件民族民间工艺美术精品参展,既不乏国内一流工艺美术大师的经典之作,又有"一带一路"十多个国家的民族工艺品和艺术品。是民族民间工艺美术和文化旅游融合的又一尝试,展示了工艺美术文化和现代文创融合的巨大潜力。山西省工艺美术第五届"平遥唐都奖·神工杯"漆器职业技能大赛在中国推光漆器博物馆隆重举行,平遥国际雕塑展、春华秋实——花鸟画四条屏暨第六届山西省花鸟画作品展,太原晋源区举办了首届根雕艺术展、怀袖清风——首届山西扇子书画艺术展,被誉为"中国玻璃器皿之都"的晋中祁县举办了中国玻璃器皿博览交易会,都取得了不俗的成绩。

在国际交流上,2018年10月"山西省非遗精品展"主动走进葡萄牙、毛里求斯,设置了非遗互动展演区、山西礼物展销区、文艺表演舞台区等五大展区,全方位展示中国文化元素和山西特色的文化产品。山西礼物展销区内推出了纯手工制作的黎侯布老虎、山西风光剪纸册、陶瓷艺术品等琳琅满目的传统工艺美术小物件的义卖活动,赢得了当地居民的好评。

(二)健全文化产业投融资体系,完善投融资市场

文化金融是一个新兴领域,在文化产业蓬勃发展的态势下,越来越多的企业家和投资机构注意到了这一新的投资领域。政府从三方面促进文化产业投融资体系的完善,推动文化金融常态化:一是优化文化金融生态环境;二是夯实文化金融基础建设;三是激活社会资本活力。针对中小文化企业普遍存在的融资难的问题,提出构建新型文化金融合作体系,探索开展文化金融服务,推动成立文化产业小额贷款公司和文化产业融资担保公司,为文化企业融资需求提供优质服务。充分发挥山西省文化产业发展财政专项资金和山西省文化产业发展投资基金、山西省旅游文化体育产业投资基金的杠杆撬动作用,引导更多社会资本投资文化产业。鼓励支持符合条件的文化企业通过资本市场上市融资。筹建国有控股的山西省文化产业投资集团,投资国有文化集团的转型升级、科技创新、新兴产业、与相关产业融合发展等方面的优质项目,面向社会投资成长性好、带动性强的新兴文化产业项目和创新型文化服务业项目。推进山西省民营文化企业协会建设。不断提升山西省文化产业网服务功能,充实山西省文化产业项目库、政策资源数据库,完善项目在线申报系统,搭建网上文博会等。山西文化产权交易系统建立,北京文化产权交易中心将部分平台向山西开放,实现共同运营,通过系统共享、信息共享、投资人共享、流程规则统一、交易盘面统一等制度设计,在运营中探索和建立山西的运营模式、交易制度和交易品种。发布《关于组织申报2019年度山西省传统工艺美术保护发展资金项目的

通知》，对传统工艺进行鼓励资助。完善金融体系，从政府专项资金、引导社会资本进入、优化文化金融环境等助力山西工艺美术行业的发展。

根据省统计局显示投融资服务体系初具规模。积极争取中央文化产业专项资金，2012—2017年，我省90个项目累计争取资金4亿元；发挥财政资金的引导作用，2012—2017年，省级文化产业专项资金累计投入1.84亿元，共扶持465个文化产业重点项目；创新资金投入机制，建立了山西省文化产业发展投资基金和旅游文化体育产业投资基金，支持文化产业项目建设；推进文化产业嫁接资本市场，山西宇达等5家文化企业在新三板挂牌，为企业发展插上了资本翅膀；举办全省文化金融资本对接交流会，成立山西省文化金融投资发展联盟；认真落实税收优惠政策，2017年全省667家文化企业享受税收优惠6.15亿元。

（三）推动山西文化融入国家"一带一路"倡议

"一带一路"是互联互通的全方位工程，文化交流是沿线国家的重要需求。山西作为内陆省份，加快构建内陆地区对外开放新高地，深度融入国家开放大战略是必然选择，扩大与"一带一路"沿线国家和地区的交流合作是重要路径。自2013年"一带一路"倡议实施以来，山西就是走在对外交流的前行军。全面构建山西省开放新格局，加强与"一带一路"沿线国家的经济、文化、旅游等方面的交流。山西省国际友城在"一带一路"沿线、新兴市场及周边国家重点布局，推动省、市、县三级全面开花、多点结果。为"一带一路"沿线国家地区开展合作搭建平台，积极组织人文、经贸交流活动，高校、科研机构、社团组织等企事业单位参与度不断提高，交流合作层次和水平显著提升。过去的5年当中，山西省新增国际友城9对、新增友好合作伙伴48对，总数分别达到了45对、72对。

为了更好地对接"一带一路"，山西省举办了多次对外展示交流活动，山西品牌丝路行经贸代表团一路推介展示、拜会对接，力促山西"一带一路"越走越宽；大同举办2018"一带一路"云冈石窟文化、玄奘文化科学艺术研讨会，随后大同"一带一路"文化艺术研究院筹备委员会正式成立，下设筹委会办公室，设在云冈石窟研究院；祁县奋力打造"一带一路"玻璃器皿中外合作区，以"一带一路"玻璃器皿产业集群为特色，主要以国际市场为主,覆盖"一带一路"沿线国家40多个。第五届中国(山西)民族民间工艺美术暨首届(大同)文旅创意产业博览会中特别设立了"一带一路"国际展区,展出来自我国23个省市自治区以及"一带一路"10多个国家的近2万件民族工艺品和艺术品。

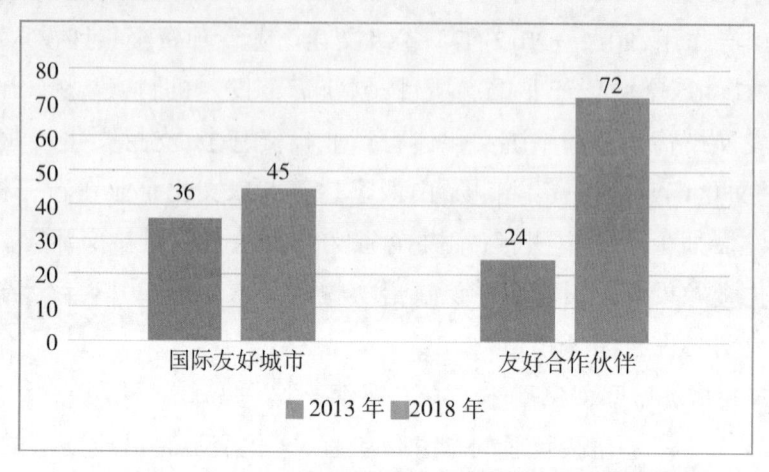

图 4-8 山西国际友好城市及友好合作伙伴

"一带一路"覆盖了世界上经济最具活力的地区,沿线覆盖东亚、东盟、西亚、南亚、中亚、独联体、中东欧等65个国家,总人口超过44亿,占全世界人口的63%,经济总量超过20万亿美元,占全球经济总量的30%,国家大多数为新兴经济体和发展中国家,普遍处于经济发展的上升期。山西作为中部省份,在与"一带一路"沿线国家合作中存在着地理、文化交流方面的优势。"一带一路"广阔的市场给山西省工艺美术行业带来了巨大的机遇和机会。祁县被誉为"中国玻璃器皿之都",玻璃器皿产量占到全球产量的26%,产品出口到80多个国家和地区。2017年以来,祁县立足玻璃产业优势,主动加强与"一带一路"国家的贸易、资本、人才、技术交流,形成以玻璃器皿产业集群发展、国际合作带动生态和文化保护、食品加工产业等多领域中外合作齐头并进的格局,覆盖"一带一路"沿线国家40多个,远销印度、土耳其、阿联酋、哈萨克斯坦等"一带一路"沿线国家,年销售额将突破2000万元。

(四)社会收藏及投资需求提高

传统工艺美术产业已经成为我国经济和社会发展新的增长点。"收藏是继金融证券、房地产之后的又一大投资领域"的观念逐渐被接受,与文化、旅游、家居装饰产业等高端消费产业紧密相连的工艺美术产业,迎来了最佳发展机遇期。以文创企业的排头兵故宫博物院为例,截至2016年底,故宫博物院的文创产品已达到9170种,仅2016年一年就为故宫带来了10亿元左右的收入。根据2015中国工艺美术收藏年度调查显示2015年消费者购买工艺美术品的主要目的,其中"珍藏"作为最主要目的占59%(图4-9)。

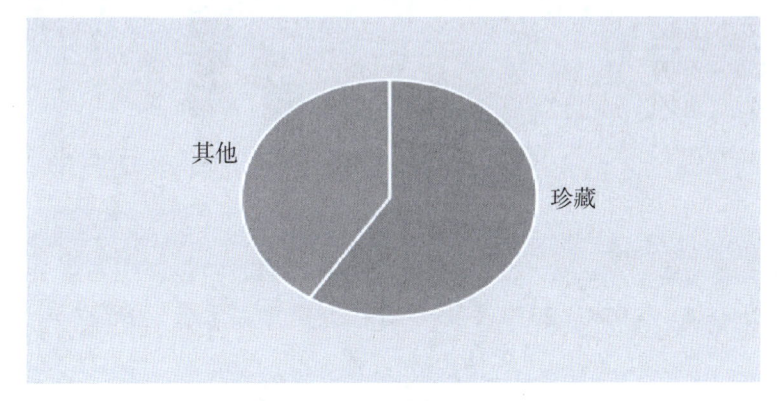

图4-9 购买工艺美术品的目的

还公布了"消费者购买工艺品最看重的因素",其中工艺、材质成为最看重因素,分别占53%和52.4%。"收藏的主要趋势"中,按艺术家资历,收藏者主要趋向于优秀工艺大师作品,占49.7%;按收藏用途,实际装饰作品为主要趋势,占45.3%。可以看出,随着人们消费水平的不断上升,对工艺美术品的需求也在不断上升,且有收藏大众化的趋势。一方面大众也意识到了工艺美术品的收藏及投资价值,另一方面是大众对家居装饰、生活装饰的品位及审美要求越来越高。资深收藏家越来越看重中国传统工艺美术作品的升值空间,在第十五届中国工艺美术博览会上,中国工艺美术大师梁佩阳的几件精品被资深藏家以近千万元收藏,本届展会共接待专业买家及顾客近6万人次。展会期间大多数展商实现了现场销售或达成了合作意向,并实现了可观的成交额和意向协议额。

山西省改革开放40年来,居民的收入水平和消费结构发生了明显变化。从1978年到2017年,全省城镇居民人均可支配收入从301.4元攀升到29132元,增长95.7倍,年均增长18.7%;农村居民人均可支配收入从101.6

元攀升到 10788 元,增长 105.2 倍,年均增长 12.3%。随着居民购买力的不断增强,加快了商品的升级换代,经历了从贫困型向温饱型和小康型消费的转变。20 世纪 90 年代末至今以汽车、住房、信息、教育旅游为主导的享受型消费结构升级。①

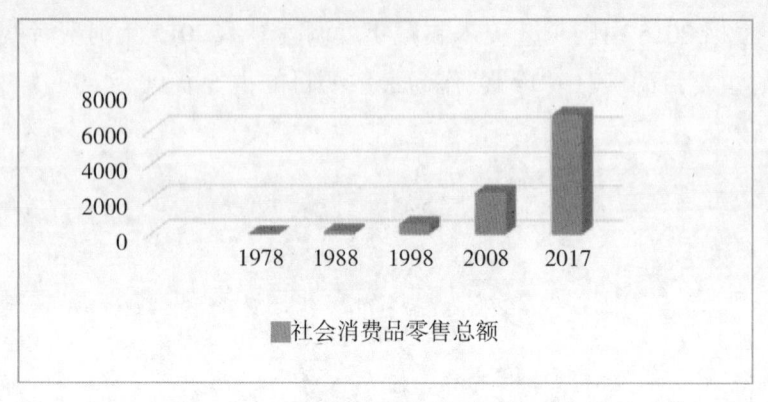

图 4-10　1978—2017 年山西省社会消费品零售总额(亿元)

第二节　文化传播渠道发展问题

一、出版物发行问题

(一)图书出版发行量增加,滞销问题严峻

2017 年,山西省全年出版物销量为 43838 万册(张、份、盒),纯销售额为 549221 万元,比上一年有明显增长。

多年来图书市场的批量印刷带来了严峻的滞销问题,图书库存积重难返,存销比惊人,每年出版码洋与库存码洋呈倒挂之势。2017 年全省出版物库存量为 12474 万册(张、份、盒),金额达到 186539 万元。

(二)人才缺乏,新闻出版队伍建设有待加强

在新的发展形势面前,新闻出版人才队伍建设面临着较为严峻的形

---

① 改革开放四十年山西消费品市场日趋繁荣活跃——改革开放 40 年山西经济社会发展系列报告之十一 [EB/OL]. 山西省统计局, (2018-11-05) [2015-10-11] http://www.shanxi.gov.cn/sj/sjjd/201811/t20181105_485136.shtml

势,重点表现在人才数量严重不足导致无法与新的发展形势相适应,新闻出版队伍结构不尽合理,一些重要领域的重要岗位出现经常性人才短缺现象。

(三)电商推行价格战,图书价格保护体系不健全

2016年中国图书零售市场网上平台销售总量为365亿元,线下实体书店销售总量为336亿元。这是中国图书销售市场线上销量首次超过线下传统销售渠道。由此可以看出,图书销售整体市场规模增大的大背景下,图书线上销售对地面书店的分流作用也日益明显。

与线下实体书店相比,线上销售具有许多经营性优势,如无须支付门店租金、采购便捷、物流快速、信息采集程度高等,所以有越来越多的企业开始采取"线上+线下"的方式,进一步提升了消费者的购书体验。但近些年来,电商开始了价格战争,即以极为低廉的优惠价格开展促销活动,以最大限度来刺激消费。对消费者来说,以较低的价格购入产品不失为一件好事,但这种网上低价购书的狂欢现象,实际上对一直以来图书市场所遵循的销售逻辑产生了极大冲击。为了防止这种情况愈演愈烈,扰乱行业秩序,于是出现了越来越多的行业声音呼吁规范图书市场。2016年,国家11个部门联合发布了《关于支持实体书店发展的指导意见》,从财税优惠、政策引导、资金补助等方面给予实体书店支持。

二、广播电视节目传输发展问题

随着移动互联网的广泛普及,新媒体的全面崛起,广播电视节目受到巨大的冲击,广播电视节目传输也面临着转型的难题。作为广播电视节目的传输渠道,只有在互联网热潮的形势中,融合发展才会有出路。山西省目前的广播电视节目传输系统建设已经维持在一定的水平线上,连续几年不增反减,进入了产品生命周期的衰退期中。通过对山西省内广播电视节目整体情况的发展进行梳理,广播电视节目传输主要的问题有三个:在政策方面,山西省政府缺少针对此行业制定的政策、法规条例,相对较薄弱;在盈利方面,广电节目传输的收入呈现衰退期,负增长态势;在升级方面,行业内仍然停留在原来状态,步伐缓慢。

(一)广电传输行业政策相对薄弱

山西省在广播电视传输行业的针对性、扶持性政策较少。《山西省村村通广播电视工程运行维护费使用管理办法(暂行)》《关于下达 2015 年村村通广播电视工程即直播卫星接收设备运行维护经费的请示》《"十二五"广播电视村村通工程》等都是山西省对广播电视传输服务业的扶持办法。这些政策是从维护广播电视节目传输的基础设施建设出发,而不是针对基础设施的扩大建设、升级改造等方面,效果不大。《山西省人民政府关于印发山西省大数据发展规划》《山西省人民政府关于印发山西省促进大数据发展若干政策的通知》中提及要大力发展互联网行业与其他行业的融合,加深程度,利用互联网高新技术对传统基础设施升级。《山西省"十三五"基本公共服务均等化规划》《山西省"十三五"报告》都把广播电视节目传输也作为主要发展业务,大力扶持广播电视传输工程。但政策更多的是对行业发展指导方向,制定成效目标。

广播电视节目传输服务行业是包含有线电视、无线电视和卫星传输的行业,细分下来针对行业的基础设施升级改造、具体资金扶持、激发企业活力及扩大规模以及产业融合及调整后责任和管理问题的政策较为缺乏。山西省在大力发展互联网行业的同时,也要强化传统行业广播电视行业,即使广播电视传输行业呈现一定的衰退,但并不代表着会被取代。如何把劣势转换成优势,是山西省广播电视节目传输重点考虑问题。从中部六省的广播电视覆盖率来看,山西省都位列前二,说明还是有存在发展空间的。

(二)广电传输行业收入呈衰退趋势

2016 年山西省规模以上文化服务业企业单位数为 160 个,亏损企业 74 个,占总企业数 46.25%,营业收入 460156 万元,利润总额 536 万元,在全国范围内城市排名倒数第一。主营业务收入 440166 万元,占全国企业总主营业务的 0.18%,营业利润 -25585 万元,是全国主要城市中唯一亏损省份。山西省规模以上的文化服务业单位营业利润处于赤字,11 个城市中有 7 个城市的利润是负值。2016 年山西省有线广播电视传输服务营业收入 90466.7 万元,营业利润 -448.7 万元;无线广播电视传输服务营业收入 1775.1 万元,营业利润 -471.4 万元。2017 年山西省有线广播电视传输服务营业收入

83275万元,营业利润为-1996万元,有15家企业处于亏损状态;无线广播电视传输服务营业收入186万元,营业利润为-775.9万元,唯一一家的法人单位都处于赤字。数据表明,山西省有线无线广播电视传输行业连续两年营业收入直线下降,有线、无线广播传输服务行业营业利润都呈负增长,处于亏损状态。且山西省各地区城市发展不均衡,省会城市太原的营业利润盈利最多,而70%的城市收入不理想。山西省广播电视传输服务行业的整体收入趋于减缓乃至衰退,究其原因更多在于受到了互联网冲击,也因传统广播电视行业的衰退。

表4-4　2016—2017年山西省有(无)线广播电视传输服务业营收情况

年　份	有线广播电视传输服务业		无线广播电视传输服务业	
	营业收入 (万元)	营业利润 (万元)	营业收入 (万元)	营业利润 (万元)
2016	90466.7	-448.7	1775.1	-471.4
2017	83275	-1996	186	-775.9

传统广播电视行业的衰退与广播电视节目传输息息相关,传统广播电视行业的业务单一,在文化产品多样化的市场中,观众流量损失严重,吸引力不足。广播电视节目传输的转型需要广播电视节目的产品创新,吸引观众回归广播电视。

(三)广电传输行业转型升级步伐滞后

据国家广播电视总局完成的《全国有线电视发展情况专项统计调查分析报告》表明,有线电视实际用户有所下降,数字用户、双向用户占比继续提高,高清、超高清和智能终端用户规模快速扩大,节目传输质量和终端智能化水平大幅提高。2015年全国数字电视实际用户为19775,59万户,2016年增长了20157.24万户,2017年为19404.43万户。而2015年、2016年山西省数字电视用户数分别为382.4万户和358.83万户,与全国对比,体量较少。并且随着全国有线电视数字化改造,有线电视网络双向化改造的持续推进,2015—2017年,全国双向数字电视实际用户大幅增长,年均用户增长规模近1000万户，山西省的有线电视数字化和网络双向化用户数数据欠缺，但是从山西开设的网站与电视节目、视频相关的数量来看，山西省广播电视的转型落后于全国的水平，转型升级步伐有待提高。

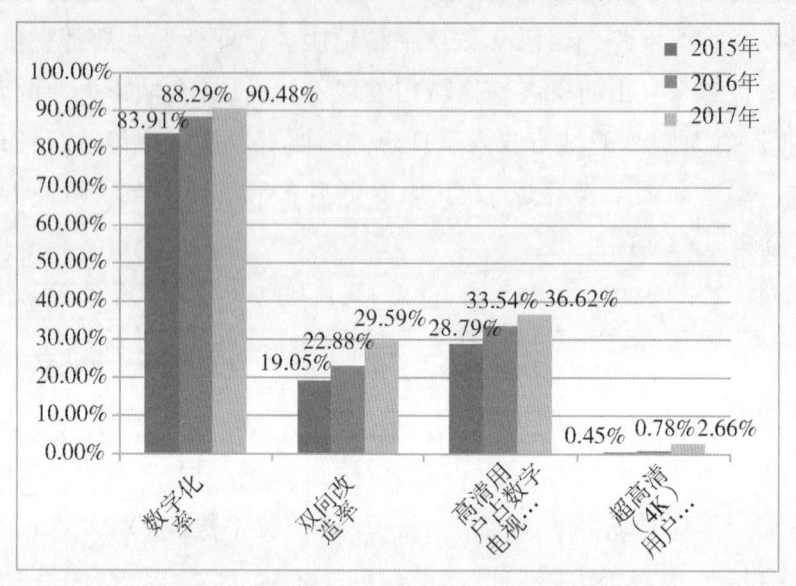

图4-11 2015-2017年全国有线电视数字化、双向化、高清化发展情况①

2017年，有线电视互联网实际用户规模排名前十中，山西省并未上榜，最多的是广东省327.44万户，北京市有线电视互联网实际用户数也突破了56万户，同比增长12%。而山西省光纤铺设已经达到了标准水平，但在2017年有线电视光纤网络用户排名中，山西省未入前列。

三、广播影视发行放映问题

（一）山西省电影产业发展问题

近些年来，虽然山西省电影产业在各个方面都取得了一定成就，但是仍然存在着不小的漏洞，在很多领域都等待着进一步的改革与提升。

1. 政务服务便捷性有待升级

电影无论是制作、发行还是放映，都离不开政府提供有关的支持与服

---

① 广电总局统计的各省有线电视用户真 [EB/OL]. 搜狐网,(2018-11-15)[2019-1-16],https://www.sohu.com/a/275645940_488163.

务,除了传统的环节,如电影审批、电影报备等,还应包括政策的资讯以及金融、中介、知识产权平台的搭建。政府应招揽制作发行、放映相关人才,制定相应利好政策,提供优质服务,从而助力山西电影更好发展。

2.影视产业政策体系仍需进一步完善

首先,从顶层设计的角度,国内很多发达省市都制定了"影视发展规划"或行动计划,中西部省份安徽、陕西等省也有相关规划。但是山西省仅有《"十三五"文化改革发展规划》,其中影视作为文化的一部分粗略论述,没有单独的翔实规划指导。我省应该制定此类专项规划或行动计划,以便对电影事业、产业发展进行宏观布局和战略指导。

其次,从具体层面来看,发展电影产业的财政、金融、税收、土地、人才等政策,以及针对某些重要事项或重大工程,如基地园区建设、影视产业服务类项目的政策指导的制定也需提上议事日程。

3.鼓励电影产业发展的激励机制需尽快确立完善

目前,山西省还未设立省级电影发展基金,而"省级文化产业发展专项资金"对电影产业的扶持也是杯水车薪。作为电影行政管理部门,对于产业的支持缺少了资金推动这一有力的抓手。

2017年我省出台了《优秀电影扶持奖励办法》,对电影创作、学术研究进行扶持,力度很大,在全国产生了一定的影响,有利于"电影晋军"的发展。但产业推动是个系统工程,尤其资金的撬动、投融资体系的确立,需要尽快建立起来。

近10年间,山西省每年制作影片20部左右,尽管不乏一些题材好、立意高的影片,但进入全国院线的作品却极少,造成这一状况的主要原因是资金投入不足。

完整的投融资体系包括政府和民间资本,二者缺一不可。例如北京市不仅有来自政府的电影专项资金,对优秀的电影进行奖励。在社会融资方面北京成立了影视出版创作基金,这是国内第一只专门用于影视、出版精品创作的公益性基金。2017年,共有98个影视项目获得北京影视出版创作基金扶持,资金达到1.172亿元,涌现出《战狼2》《冈仁波齐》等一批精品力作。这种做法对我们有一定借鉴意义。

4. 影视产业基地盈利模式缺乏创新，产业集群效应尚未形成

山西目前的影视基地数量不少，但盈利模式缺乏创新。多数影视基地只作为电影取景地出现，而影视基地的产业链联动效应则趋近于零。产业链不完善和盈利模式单一，导致影视基地的利用率较低。产业要素也没有集聚，电影产业分布比较分散，中小影视公司处于单打独斗的状态，没有形成集聚效应，没有在空间和生产体系上形成联动发展、深度融合的产业集群优势。综合服务不全，园区、影视基地、企业间没有进行深度合作，无法发挥平台效应，吸引大的影视制作公司进入。

5. 电影与新媒体结合度仍需提高

对于山西电影发行来讲，山西省电影发行情况一直不是很好。2016 年发行电影数量相较于 2015 年几乎减少一半，并且电影发行与媒体融合的情况也有待提高。在当前的融媒体时代，电影发行更应该利用微博、微信等新媒体平台的影响力，让电影上映后产生更好的成绩。

6. 电影产业链开发相对不足

进入 21 世纪以来，随着我国电影文化产业的迅猛发展，经历了近百年的中国电影进入一个高速发展阶段。业已形成的电影产业链在带来超高经济效益的同时，还扮演着文化传播的重要角色。但由于互联网等新媒体的冲击，加之山西省电影产业结构还不够合理，导致观众整体需求与投资回报不稳定、持续盈利困难之间的矛盾，影响了电影产业链的健康、可持续发展。因此，将电影产品打造成可持续消费产品，适应互联网冲击下的电影产业"新常态"，完善后电影产业市场开发，探索一条电影产业链的可持续发展之路，就成了山西省电影产业浪潮下中国电影人的重要课题。

电影后产品开发是中国电影产业工业化生产的重要指标，也是完善电影产业链的重要环节。但是国内电影行业的后产品开发相对滞后，忽略了除了电影本身之外的一个重要商机。山西省电影市场的绝大部分依靠票房收入，而成熟的好莱坞电影票房收益中的 70% 来自电影衍生品，票房收入仅占三成。可见国内电影后产品开发力度欠缺，重点表现在产业服务体系尚不完善，原创力度不足，IP 版权意识薄弱等方面。

四、艺术表演发展问题

（一）艺术表演发展问题

随着山西省文化体制改革的不断深入，各艺术表演场馆渐渐找到自己的发展方向与途径，在取得骄人成绩的同时，也存在诸多问题，具体表现在以下几个方面：

1. 性质定位不清，影响职能发挥

山西省很多艺术表演场馆的管理单位在体制改革过程中，是由事业单位改制为企业的，在经济效益的驱动下，新改制单位往往交叉、混淆了所提供产品和服务的营利性与非营利性、公共性与非公共性，模糊了机构的发展目标和功能，以致单位内部管理机制混乱。在文化体制转型过程中，会出现制度兼具新旧体制的特点，这是由政策不完善和配套设施混杂等问题导致形成的局面。在一定程度上影响了艺术表演场馆管理单位的顺利改革和发展。在文化体制改革的过程中，对产权制度和公司制度改革定位不明确，没有完善改革模式，导致对单位的性质模糊不清、市场意识淡薄，在这种情况下单位职能的发挥受到极大影响。

2. 传统观念根深，创新驱动不足

传统观念里，人们普遍认为保障稳定工作需要有财政工资、现有编制等"铁饭碗"。这种观念根深蒂固，在如今文化体制改革中，由于会牵涉财政保障、现有编制等与单位和个人切身利益有关的问题，职工从所谓"铁饭碗"的稳定工作中走向市场，角色的转换在这种传统观念的影响下会导致"不想改"和"不敢改"的行为发生。这些年，部分艺术表演场馆管理单位的改革，既保留了事业单位的福利和待遇，又享有企业相对独立的自主经营权，逐渐形成了新型体制，在"刚性"利益的驱使下，很多单位沉迷其中，不愿转企。

3. 综合人才匮乏，队伍亟须加强

综合人才的匮乏已逐渐成为影响和制约艺术场馆长期发展的因素，在其中尤其缺乏创新性人才。随着文化体制改革和发展的不断完善，艺术表演场馆招纳了越来越多的管理人才和从业人员，使从事艺术表演行业的队伍不断扩展壮大，但"高、精、尖"的高端人才和专业人员仍然缺乏，特别是缺乏高层次复合型人才。许多艺术表演场馆在文化体制改革中，人才队伍都会出现复合型人才数量少、人员分配不够合理、用人机制有待进一步完善等问题，既能掌握企业管理能力又富有较高文化造诣的高精尖复合型人才是艺术表演场馆人才队伍里最为匮乏的，这种现象直接影响了艺术表演场馆发展的创造力、创新力。

五、互联网文化娱乐平台发展过程中遇到的问题

第一，技术层次有待提升。互联网文化娱乐平台是基于互联网发展的产物，因此技术手段和层次的提升将直接影响互联网文化娱乐平台的建设和服务质量，从而影响消费者的使用体验。目前来看，用户在互联网文化与平台呈现出较大的需求，同时具备一定的消费能力，因此互联网文化娱乐平台的技术层次需要不断提升来满足消费者的需求。

第二，艺术品电商平台发展遇人才壁垒。艺术品电商平台的发展体现了艺术品拍卖、鉴定等活动的线上化发展趋势。在线艺术品拍卖和鉴定成为行业发展的新趋势，但是由于处在市场的初期发展阶段，行业机制尚不完善，人才要素成为制约发展的重要因素之一。人才要素的矛盾主要体现在艺术品行业从业者不能适应互联网的经营模式，导致艺术品电商并未形成有效且可持续的盈利模式，大部分艺术品电商服务平台只是对线下拍卖、鉴定等形式的复制。人才问题成为行业发展壁垒，山西省人才资源在艺术品电商平台的发展中显示出巨大的缺口，亟须引入互联网模式下具有管理和运营能力的复合型人才。

第三，互联网文化娱乐平台发展趋于单一。数据显示，山西省在文化娱乐服务平台的应用中主要集中在视频类文化娱乐服务平台以及社交、婚恋类型的服务平台。艺术品鉴定拍卖平台、演出购票等文化娱乐服务平台的发展情况并不显著。从用户使用情况和应用平台下载量来看，山西省互联网文化娱乐平台还具有较大的拓展空间。

六、艺术品拍卖及代理发展问题

拍卖市场仍需开拓。从行业发展角度来看,艺术品拍卖行业普遍存在普通拍品无人问津的问题,但普通拍品仍然存在很大的潜在市场。特别是在中国经济转型发展的时期,虽然面临着重大的机遇和挑战,艺术品拍卖及代理将会在新的经济发展形势下,以及新的国际贸易情况下,探索如何进行拍卖市场的开拓工作。

高素质拍卖人才队伍匮乏。艺术品拍卖行业的发展需要专业的人才队伍,通过培养和引入专业化、高质量的人才来提升拍卖市场的质量。特别是拍卖公司的专业鉴定人员,作为拍卖企业的核心竞争要素,如何培养引进高素质专业人才,成为行业发展需要思考的重要内容。

七、工艺美术品销售发展问题

(一)国外市场面临其他省份工艺美术产品的挑战

中国的工艺品行业经过近几年的发展,已成为世界上最大的生产国和出口国。据中商产业研究院发布的《2017—2021年中国工艺美术品市场现状调研与发展前景分析报告》数据统计显示:2017年上半年中国工艺美术品进口额达9.95亿美元,同比增长3.22%。在出口额方面,2017年上半年我国工艺品出口额达134.4亿美元,同比增长13.7%,仅6月份出口额就达28亿美元。[①]

江苏、浙江、上海是中国工艺美术的发达地区,刺绣、牙雕、紫砂工艺和玉石雕刻技艺水平和产业规模在全国首屈一指,山西工艺美术品的品牌知名度相对较低。在"一带一路"沿线国家市场上,发达地区的工艺美术产品也同样冲击了山西省工艺美术品的市场份额。此外,国外市场对于中国的工艺美术收藏需求集中于中国传统工艺美术,容易受政策和市场等无法预测的因素影响,市场波动大。国外收藏家尤其在面对收藏市场时,因为缺乏对中

[①] 中商产业研究院. 2017上半年中国工艺美术品进出口数据分析:出口额达134.4亿美元,同比增长13.7%[EB/OL].(2017-09-16). [2019-01-09]http://www.askci.com/news/chanye/20170916/104010107848.shtml

国艺术品的了解常常错误预估,甚至出现不辨收藏品真伪等。

(二)企业经营管理落后,缺乏品牌影响力

传统的工艺美术企业多为家庭经营、手工作坊的形式生产,缺乏现代大型工艺美术企业工业化、标准化的生产流程及现代经营理念,企业管理和经营落后,甚至有的企业被市场所淘汰。建国初期就存在的行业旗帜性的山西平遥推光漆厂几年前破产倒闭。根据调查资料显示,山西工艺美术企业多为中小型企业。以平遥鸿文苑推光漆器厂为例,现仅有技术研发人员5名,生产工人30余名。企业没有及时进行市场调查和进行市场创新,导致产品与市场需求脱节,产品销量不理想。在20世纪七八十年代因为我国经济发展水平低,社会对工艺品的需求是物美价廉,注重实用性,不少工艺美术企业采取了低价策略,选择制作工艺简单、价格便宜的产品。进入21世纪,社会需求更有艺术性、审美性的工艺美术产品,但企业还保留着以前"低质低价"的产品策略,不注重产品品牌的推广,生产的产品不符合市场需要。

(三)国内传统工艺市场开发不完善

生产流程方面,传统的工艺美术作品多为手工制作,且制作工艺复杂,对于制作者的要求较高,与现代工艺美术产品机械化大规模生产相比,生产规模小、生产周期长。产品创新及开发上,传统工艺制作人年龄偏大,没有经过系统的艺术教育,经过系统教育的年轻人群体缺乏耐心与定力研究传统工艺,导致传统工艺缺乏创新。在产品销售市场上,面对的多为中老年人群体,在年轻群体之间的客户群体开发不完善,产品市场狭窄。以山西新绛款彩漆器为例。山西新绛款彩漆只限于做传统的纹饰和样式,从某方面来分析,是由于山西新绛漆器工艺有很多程式化的样式,尤其是只做大型屏风。[1]漆器传统的造型多为桌、椅、柜、箱、屏风、插屏等,较为单一,传统的形制缺少时代气息,已经远远不能满足当代人丰富多彩的审美需求。[2]

---

[1] 谢玮.山西新绛云雕漆艺在当代语境中的探索[J].艺术生活,2011(5).
[2] 李经伟.传承与发扬贵州大方漆艺浅谈[J].毕节学院学报,2010(6).

第三节　文化传播渠道创新路径

一、出版物发行创新路径

减少图书的库存量,重点是确定和保证图书出版的有效库存,关键则在于出版企业如何提高生产的计划性和有效性。

出版行业要化解去库存压力,需要从源头上对图书备货数进行有效预测和控制,对于文献类、学术专著类、教材教参教辅等非畅销书,应当采用按需印刷方式,合理控制图书产量,实现以销定产。

出版业应当把社会效益放在首位,努力实现社会效益和经济效益的双效统一,以社会价值和审美价值为主。在图书出版发行业开展供给侧改革,需要进一步改变过去重量轻质的粗放型增长方式,严把质量关,鼓励图书出版做精做专,积极生产优质精品供给,实现从规模增长向效益增长的转型。

从财税优惠、政策引导、资金补助等方面给予实体书店支持。尽快制定图书定价保护制度,规范图书市场秩序,完善图书市场价格管理机制,为实体书店发展营造出公平公正、竞争有序的市场环境。同时应尽快出台相应的政策法规,制定完善的图书价格保护体系。

二、广播电视节目传输创新路径

山西省广播电视节目传输情况不容乐观,无论是广播电视节目制作还是传输播出效果、用户规模都发展滞后,导致传输行业面临着衰退、被边缘化的局面。山西省要加快转变观念,认清当下行业形势,分析形势变化,抓住机遇,抓紧推进广播电视节目传输行业的转型升级,激发其活力,充分利用互联网技术,创新整合业务。

（一）出台针对广电传输行业的政策规划

新一代信息技术的发展,使广播电视传输网络升级转型势在必行。国家出台的《"十三五"国家信息化规划》提倡建设先进的信息技术设施体系,三网融合更大范围推广,推进下一代广播电视网建设和有线无线卫星融合一体化建设,推进广播电视融合媒体制播云、服务云建设,构建互联网的广播电视融合媒体云。

山西省在下发国家出台的相关政策的同时,要制定符合山西省各地区实际情况的政策条例,因地制宜地推进广播电视节目传输行业的转型升级。首先要厘清山西省内各地区的情况,分析其基础设施建设、资金、传输质量等各方面问题,针对性制定各县区的条例以解决障碍。其次,加大对广播电视节目传输行业企业的扶持力度,吸引更多企业从事或者跨界、投资到行业中,从资金扶持、减免税金、申请奖励金等方面制定相关政策。同时对行业的技术人员进行培养,实行人才引进优惠政策,为传统行业注入新鲜血液。

最后激发行业创新能力,转型升级离不开技术。《新闻出版广播影视"十三五"科技发展规划》提出要通过科技创新,全面增强和提升广电融合媒体制播能力、服务能力和传输覆盖能力,显著提升广电终端标准化智能化应用能力。山西省广播电视节目传输管理中心可成立相关技术中心,与高校联盟成立研究所,深入研究有线无线、卫星传输融合互联网的方式和传输质量的提高,加快山西省广播电视节目传输行业的智能化、数字化、先进化发展。

(二)加快"三网融合"步伐,加速 NGB 建设

中国广播电视行业正处于多元化和快速发展时期,有线、无线、地面、卫星、IPTV、互联网之间竞争愈演愈烈,用户拥有了更多的文化产品选择。山西省广播电视市场规模萎缩很大一部分原因是广播电视节目传输不具有竞争力,无法满足用户的文化需求。因此山西省要加快"三网融合"的建设步伐,加速 NGB 建设,所谓 NGB 即指以有线电视数字化和移动多媒体广播电视的成果为基础,以自主创新的"高性能宽带信息网"为核心技术支撑,构建符合我国国情的、"三网融合"的、有线和无线结合、全程全网的下一代广播电视网络。[1]

在电信网、广播电视网、互联网在向宽带通信网、数字电视网、下一代互联网演进过程中,三网趋于一致、互联互通、资源共享,广播电视节目传输由

---

[1] 唐维精,陈玥泠.电信、广播电视和卫星传输服务行业发展研究[J].速读,2016(06).

传统的有线、无线电视势必转化为互联网、电视网等融合传输的智能化。而目前有线电视网的承载能力和数字化构建尚不能满足市场竞争的需求,因此有线电视网只有通过升级网络、传输速度,改变电视网的承载能力,推动其向集约式经营,为用户提供个性化、多样化的服务,将传统电视接收终端转变成家庭多媒体信息终端,多项技术的集成,使更多功能通过技术线路融合传输到广播电视中,有线无线电视才能在互联网激烈竞争中生存。

(三)科技创新推动多业务线的联合发展

有线无线电视虽然情况不容乐观,但它仍然占家庭娱乐中心的主导地位,传播范围最广,观看人群最大。在有线无线电视和互联网融合基础设施建设基本推进情况下,利用科技创新推动多业务线的联合发展,将是有线电视未来的发展趋势。将传统的接收端转化成信息集合端,开拓物联网、车联网等业务打造智慧家庭、智慧城市,从单一视频节目提供服务走向多业务,开发展示平台,实现平台化运营。

有线电视的业务布局要促进传统广播电视观看网络海量电视剧、电影、游戏,甚至可以使用手机投屏、大小屏幕互动等移动互联网特点的功能。可通过对电视机顶盒进行升级改造,提供高清、超高清机顶盒类型,提高节目传输速率和画面质量,丰富观众的观看体验。另外还可以利用创新技术研发出智能机顶盒或家庭网,可扩大视频业务的范围,提供个性化服务,如视频通话、智能家居,结合电信业务为用户提供高质量的家庭网络覆盖业务,将有线无线和卫星传输电视业务向手机、电脑、IPAD 等智能终端延伸,使用户在家庭网络覆盖范围内,享受各种终端观看电视,从而提高电视接收终端的可选择性,培养用户的忠诚度。

广播电视传输网络的智能化传输将加快部署广电媒体融合业务和服务,构建广电媒体融合新生态,重构行业形态,形成万物互联的物联网时代,为智慧家庭服务,为智慧城市服务。

三、广播影视发行放映创新路径

路径一:加大资金、投融资支持力度

(一)设立山西电影创作基金

改革经费扶持办法，设立山西电影创作基金，制定电影精品专项资金管理制度，以政府资金为引导、社会投入为主体，重点扶持体现山西特色、三晋风貌的我省优秀影片的拍摄，支持电影摄制技术的创新发展，培养优秀电影人才，扶持新人新作，大力繁荣电影的创作生产。

1.资助范围

电影作品（含合拍影片）资助范围主要包括：故事片、动画电影、纪录电影等剧本创作、生产摄制的补助和奖励。

基金资助项目分为一般项目和特别项目。一般项目指符合资助范围和方向，纳入常规评审程序的项目；特别项目指依据国家和山西省发展需要，或者受党委、政府委托的项目，经申报后直接纳入评审程序的项目。

山西电影创作基金资助方式分补助和奖励两类。项目补助，即根据项目申报类别、标准及评审情况予以相应资助。项目奖励，即对优秀作品进行奖励。

2.申报条件

（1）申报主体为在我省注册，具有独立法人资格，且持有从事电影相关业务资质，3年来无违规记录的广播影视制作机构。

（2）如有两个及以上主体联合申报项目，须以承担主要法律责任者作为项目申报主体，且必须拥有该作品的第一出品方、评奖申报权、荣誉权。

（3）电影作品应在山西省新闻出版广电局完成备案立项或审查。

（4）资助作品为上一年度在电影市场发行、上映。

（5）在省外注册的影视制作机构，在山西取景超过1/3的，且票房在5000万元以上的国产影片、1亿元以上的中外合拍片，可以申请资助。

3.资助额度

（1）剧本创作

——对获得国家和省级重要奖项的本土电影剧本给予扶持，每部剧本扶持金额最高10万元。

——组织开展电影剧本征集。通过组织专家评选，对征集评选活动的获奖作品给予奖励，对采购获奖作品并完成拍摄且在院线上映的本土企业给予扶持，每部作品扶持金额最高10万元。

——重大革命历史题材和重点题材影片剧本创作。组织专家论证会，视剧本思想艺术质量给予扶持,每部剧本扶持金额最高20万元。

——本土院校相关专业在校教师及学生电影剧本创作。组织专家论证会,视剧本思想艺术质量给予扶持,每部剧本扶持金额最高10万元。

(2)生产摄制

——重大革命历史题材和重点题材影片:根据剧本和完成片的质量,择优进行资助,每部影片院线上映后扶持金额最高200万元。

——展现山西特色、三晋风貌的本土优秀影片:根据影片质量,每部影片院线上映后扶持金额最高200万元。

——少儿、农村题材影片:按照鼓励摄制少儿、农村题材影片的原则,根据影片质量,择优进行资助,每部影片院线上映后扶持金额最高50万元。

——动画影片:根据影片的创意水平、科技含量、品牌化程度和质量等因素,择优进行资助,每部影片院线上映后扶持金额最高50万元。

——本土院校相关专业在校师生摄制影片:根据影片质量,择优进行资助,每部影片院线上映后扶持金额最高50万元。

——获得国家级及国际A类影展(节)奖项的影片,每部奖励50万—200万元。

——在中央电视台或重要新媒体平台播出,产生较大影响的影片:根据影片质量,每部影片扶持金额最高200万元。

对同时满足前款中两项以上的本土影片,选择其中最高扶持金额给予扶持。

(3)在山西取景的影片

在山西取景超过1/3的,且票房在5000万元以上的国产影片、1亿元以上的中外合拍片,对宣传提升山西形象、发展山西电影产业有积极推动作用的影片,根据影片质量,择优进行资助,每部影片院线上映后扶持金额最高100万元。

(二)加大金融支持力度

1.鼓励电影产业信贷产品创新。在有效控制风险的前提下,逐步扩大融资租赁贷款、应收账款质押融资、产业链融资、股权质押贷款等适应电影企业特点的信贷创新产品的规模,探索开展无形资产抵质押贷款业务,拓宽电影企业贷款抵质押物的范围。

2.积极推动适合电影产业需求特点的服务模式创新。支持银行业金融机构根据电影企业的不同发展阶段和金融需求特点,有效衔接信贷业务与结算业务、国际业务、投行业务,有效整合银行公司业务、零售业务、资产负债业务与中间业务;鼓励银行、投资基金、保险等机构联合采取投资企业股权、债券、资产支持计划等多种形式为电影企业提供综合性金融服务。

3.支持电影企业直接融资。支持符合条件的电影企业上市,鼓励电影企业发行公司债、企业债、集合信托和集合债、中小企业私募债等非金融企业债务融资工具。

4.建立电影产业投资机制。引导私募股权投资资金、创业投资基金等各类投资机构投资电影产业。鼓励大型企业通过参股、控股等方式投资电影,鼓励资质好、实力强的企业、团体发起、组建各类电影投资公司,培育电影领域战略投资者。

路径二:加快培育市场主体,鼓励电影企业做大做强

(一)推动国有企业上市,推进国有企业市场龙头地位的建设

1.加快资源整合、清产核资,做好引进战略投资者等上市前期准备,积极推动有条件的国有影视企业重组上市,推动国有企业做大做强。

2.努力打造龙头国有企业,培育主业突出、品牌名优、实力雄厚、具有显著行业竞争力的大型电影支柱企业。

(二)以构建和完善山西电影产业链为目标,培育和引进优质影视企业。

1.重点培育一批主业突出、实力雄厚、核心竞争力强,对整个行业上下游具有龙头带动作用的大型影视骨干企业。

2.积极培育成长型影视企业,引导和发展一批特效设计、动画制作、配光校色、录音合成、宣传发行、衍生产品开发、大数据研发等领域的特色中小微影视企业。

3.确立体制机制和政策环境优势,吸引知名影视制作机构落户山西。

(三)落实奖励政策,营造良好营商环境

1.对作为首轮投资方或最大投资机构(除创始股东之外)所投资的山西

视电影方面的创新成果以及新业务的应用、设计与技术开发。

4.对重点制片基地摄影棚建设及设备更新改造予以适当扶持,参考专家评估意见确定,扶持金额最高为建设资金总量的30%,且总额不超过100万元。对政府主管部门要求重点制片基地承担的重点影片项目、公益影片项目、艺术影片项目等予以适当扶持,每个项目扶持金额最高150万元。

5.利用互联网思维革新电影发行。

第一,利用淘宝电影、新浪微博和新浪娱乐三方共同形成的闭环模式,这个模式被证明是十分高效的发行模式。山西电影发行也可以利用此模式进行发行。并且若在其中有互联网视频网站的加入,那么除了表面上增加了影片营销物料的发布平台,实则增加了影片新媒体的版权收益保证。这样这一闭环模式所提供的发行服务更为完整丰富,参与方风险更低。

第二,对众筹平台的利用应更加充分。例如互联网巨头旗下的娱乐宝、百度百发活京东众筹等等互联网众筹平台。山西电影发行可以利用这些平台广泛募资以支持制片方的发行保底费用,让其可以为发行环节投资,以赢得更多的发行话语权。

第三,将互联网票务平台的营销业务与售票业务真正打通,实现完全整合,使得观众在看到影片精彩的宣传物料后可以直接购买,将购物环节扁平化。

(三)入园政策支持

1.注册影视公司不需要验资,采用认缴。

2.税收奖励:

开票额达1000万元以上(包含1000万元)园区对增值税、营业税、所得税给予以入库额计算市级留成可用财力的80%的奖励。税收奖励每半年执行一次。

3.影视服务中心绿色通道

——企业工商注册受理窗口:直接受理、审核材料。

——省影视行政受理及审查窗口:直接受理、初步审核电影、电视剧立项申报材料。

——园区提供企业注册名称核准、工商登记、税务登记等事务性工作,提供符合工商部门要求的注册地址。

路径四：推动平遥国际电影展品牌建设，办好山西其他文化影视类展会

（一）做大做强平遥国际电影展，发挥其交流作用和产业影响。

1. 培育扶持平遥国际电影节进入一流电影节的行列，加大对平遥国际电影展的支持和资金投入力度，进一步扩大国际影响力。

2. 积极争取平遥国际电影展的获奖影片每年有若干部纳入国家进口影片额度的政策支持。

3. 以平遥国际电影展为对外电影交流、合作的重要平台，探索建立国产影片海外推广营销渠道，密切保持与各国电影机构、国际电影节组委会的合作交流。以扶持影视新人成长为重点，增强山西电影产业的凝聚力和辐射力。

（二）办好其他各类影视交流展示活动以及文化产品交易博览会等文化展会，形成具有山西特色的文化展会品牌优势，为影视产业搭建展示发展水平、促进技术交流、扩大行业合作、提高品牌及企业知名度的平台。

路径五：加大电影产业人才培养力度

（一）鼓励创新电影人才培养模式，开展多形式、多层次和多类型的电影人才培养。

（二）支持引进国际领先水平的电影教育资源，探索人才培养新模式。

（三）对于引进或打造电影教育项目的主体进行资助。

（四）根据我省影视制作水平和营销队伍的实际情况，拟订扶持方案，包括：举办导演、编剧、演员等电影创作和创意型人才培训和研修班，举办摄影、录音、后期制作和数字特效等电影技术和新领域人才培训和研修班，举办专业制片人、发行人、宣传与营销从业人员等电影市场型人才培训和研修班。扶持金额每次培训和研修班最高20万元。

（五）对于电影学术及市场分析研究项目进行奖励。

奖励标准："优秀山西电影市场报告"奖励3万元人民币；"优秀电影学术研究"一等奖每篇奖励1万元人民币，二等奖每篇奖励8000元人民币，三等奖每篇奖励5000元人民币。

路径六：提高发行放映水平

（一）电影发行放映奖励范围：自2017年起，我省出品单位创作生产的电影,上一年度1月1日至12月31日期间,在国内电影市场上映,票房达到500(含)万元以上的优秀影片,按全省年度票房排名先后给予奖励。每年奖励影片不超过5部,同一出品单位每年奖励影片不超过2部。影片票房数据以国家电影资金办"全国电影票务综合信息管理系统"统计数据为准。对于跨年度在国内电影市场上映且符合上述要求的影片,列入下一年度奖励范围。

(二)对进入国家新闻出版广电总局电影数字节目管理中心并且年度放映场次超过1000次以上的本土影片第一出品单位予以扶持,按每一场最高100元给予扶持,每部影片扶持金额最高100万元。

(三)对发行我省政府主管部门推荐的本土重点影片工作成绩突出的单位予以扶持,每部影片扶持金额最高100万元。

(四)对传承我省优秀传统文化、具有艺术创新价值的本土影片发行单位予以适当扶持,扶持金额最高为发行支出的50%,且不超过50万元。

(五)对放映本土影片成绩突出的影院予以扶持。实际排片总场次在30次以上且黄金时间(18:00-21:00)排片达到总场次三分之一以上的影院,按每一场最高200元予以扶持。每部影片每家影院扶持金额最高10万元。

(六)对在海外电影市场取得突出成绩的本土影片出品单位予以扶持,扶持金额最高为该片在海外市场取得收入的1%,最高不超过200万元。

(七)支持优秀国产艺术电影的放映、展映和活动。在山西长期组织展映优秀国产艺术电影的主体,对国产艺术影片的版权购买、宣传推广、放映场地等予以资助。

路径七:鼓励我省电影走出去

(一)鼓励山西出品的电影走出去赴海外参展,对入围世界各大电影节展的竞赛单元或主要展映单元影片予以资助,对影片的海外版本制作、宣传推广等方面予以资助。对在主要国际电影节展中获奖的电影给予奖励。

(二)对来晋进行电影交流活动的有关组织方根据产生社会效益的实际情况给予适当补贴。

(三)我省组织的电影展(节)活动给予适当补贴。

(四)搭建国产电影海外推广平台

支持搭建国产电影全球推广及发行放映平台,打造优秀国产电影全球输出的多层级发布渠道,推动国产影片海外同步上映。

(五)拓展对外贸易。

落实文化"走出去"的有关优惠政策,加大对影视产品和服务出口的支持力度,推动省内影视企业加快开拓国际市场。大力发展面向目标市场的我省影视作品译制产业,鼓励影视企业创作生产适销对路的国际双语精品。拓展海外销售渠道,鼓励影视企业开设海外分公司、建立国际营销团队,采用合资合作等方式开展国际合作。建立中外影视行业交流机制,积极争取国内外重大影视活动落户我省,办好影视贸易展会展播活动,不断提升山西影视产品国际传播力和贸易竞争力,进一步扩大影视出口规模。

四、艺术表演发展策略

(一)以核心价值体系为引领,坚持文化体制改革正确方向

建设中国特色社会主义需要以社会主义核心价值体系为引领,这是坚持社会主义主流意识形态的本质要求,是解决我国当今社会思想认识多元化乱象的现实需要,是我国政治经济社会发展的迫切要求。中国特色社会主义文化的发展方向是在社会主义核心价值体系的引领下,那么,社会主义核心价值体系就是艺术表演场馆改革发展的思想基础。随着文化体制改革的不断推进,艰巨性和复杂性问题尤其明显,在艺术表演场馆改革攻坚克难的关键时刻,能否顺利完成既定目标,圆满完成改革任务,关键在于体制改革的发展方向。当前艺术表演场馆的改革发展必须坚持在社会主义核心价值体系的理论指导下,牢牢把握改革和发展的正确方向,加大改革力度、创新发展思路、攻坚克难,取得改革和发展的新胜利。

(二)整合人才资源,加强艺术表演场馆人才队伍建设

当前,只有组建一支能够适应新形势、新要求、新任务的高素质、高水平、高文化的复合型高精尖人才队伍,充分发挥人才队伍在艺术表演场馆改革发展中的领军作用,才能提高艺术表演场馆的文化竞争力和创新创造能力。为此,艺术表演场馆要培养和引进优秀人才,应从以下几个方面着手:一是转变思想观念,重视人才资源,重点打造一支高水平的文化产业建

设队伍。二是营造改革发展的良好氛围,以更好的条件吸纳优秀的人才来山西。三是制定有效的激励奖励机制,通过合理规划,充分调动职工的积极性。四要积极创办各种特色培训班、培训文艺专业人才;五是选取精品剧目在社会上开展巡回演出,保证文化英才充分发挥其文化才能。

(三)加大改革创新力度,与科技创新同步推进

在如今新形势下,坚持艺术表演场馆体制改革与科学技术创新相互结合,才能为艺术表演场馆长期繁荣发展提供不竭动力。山西人文资源丰富,要坚持把这种人文资源与科学技术密切结合,创造创新舞台呈现效果,培养创新能力强、特色鲜明的艺术表演创作团队,进一步推动艺术表演场馆的繁荣发展。科学技术的创新是文化发展的重要引擎,要通过文化科学技术的创新,用新型的文化传播手段革新文化传播影响力。总之,想要推进艺术表演场馆的改革和发展,就必须全力推动文化与科学技术的深度融合,不断增强艺术表演剧目所体现的山西文化的时代性和区域性,进而提升三晋特色文化的竞争力和感召力。

五、互联网文化娱乐平台未来发展趋势

(一)设备升级催生新业态

互联网文化娱乐硬件设备不断升级,催生网络文化娱乐新业态。随着网络通信技术以及信息技术的高速发展,智能化成为未来城市发展、生活娱乐的重要趋势。运用物联网、云计算、大数据等新一代信息技术,实现互联网文化娱乐平台智能化的跨界融合将是未来发展的重要趋势。在信息技术的融合发展下,娱乐硬件设备将不断趋向可穿戴的随身化,同时在"互联网+"发展的推动下,形成万物互联的文化娱乐场景。山西省在鼓励信息消费和拓展服务消费的政策指导下,互联网文化娱乐平台将会构建全新的文化消费场景,依托技术升级和硬件设备的不断完善,互联网文化娱乐平台将保持增速发展。

(二)内容升级,形态多样化

文化娱乐形态多样化,互联网娱乐内容不断升级。互联网文化娱乐平台涉及的领域将呈现多元化发展,泛娱乐领域也不断丰富。在线阅读、网络

游戏、影视动漫、直播等平台将成为主要文化娱乐载体,平台服务也将趋向个性化、定制化。网络文化娱乐服务平台逐渐成为引领文化消费的新兴产品和业态,市场发展前景广阔。

(三)数字技术手段下创新发展

引入高端数字技术手段,对标世界艺术品交易模式和创新平台。山西省文化底蕴深厚,在艺术品市场呈现繁荣的发展趋势,拥有众多活跃在市场的艺术品拍卖和鉴定机构和平台。运用科技手段和尖端数字技术成为未来艺术品鉴定和拍卖行业的发展方向,区块链技术已经被引入艺术品交易和拍卖领域中。因此,加强对高端技术的应用,成为未来山西省艺术品拍卖鉴定平台探索的重要方向。

六、艺术品拍卖及代理发展创新路径

增质发展成主要趋势。2017年,全国艺术品拍卖市场共有28.08万件拍品,但是拍卖成交率和成交总额较2016年都有所增长。由此可见,艺术品拍卖未来将会向"增质"方向发展,成交率虽然略有下滑,但整体来看艺术品拍卖已经逐渐进入高质量的发展阶段。

重视行业协会力量。未来,艺术品拍卖活动需要不断强化行业协会的力量,通过行业协会的自律管理,建立良好的艺术品拍卖行业的市场环境,最大限度地为艺术品拍卖企业搭建桥梁和纽带,促进艺术品拍卖行业的繁荣发展。

应提高对艺术品的整体认知程度。艺术品与文化紧密相连,是文化的集中体现。目前,山西文化艺术产业正在经历一个特殊阶段。应先降低文化艺术的门槛让大众接触到文化艺术,进而进行最基础的文化启蒙与普及。在带动产业发展的同时,提升整体文化素养,这是一个特殊历史时期的文化使命。

努力实现金融资源和山西艺术金融产业有效对接。[1]除金融业需转变传统观念外,更应在拓展金融支持、扩大艺术金融消费上下功夫。立足于发

---

[1] 赵慧芳.山西艺术品市场金融化探索[J].大众文艺,2014(24).

挥金融市场资源,研究金融支持山西艺术金融产业的政策措施,加强对山西艺术金融产业的金融服务,创新新型消费金融市场,促进艺术金融消费的增长和升级。

七、工艺美术品销售发展创新路径

(一)实施品牌战略,提高产品附加值

工艺美术行业离不开小作坊式的家庭企业,也离不开深耕产业链一体化的上市大企业。但无论是小作坊还是上市公司都需要进行品牌战略,树立品牌意识。因为其生产的工艺美术品最终要流向市场,在制作、销售中都要遵循市场规律才能被市场所认可。工艺美术品牌战略是指对自身企业和产品进行合理的品牌定位,通过合适的渠道向目标群体宣传推广传递品牌价值,让消费者产生信任感和忠诚度,提高工艺美术产品的附加值。对于企业来说,找准品牌定位、提高产品质量、维护产品口碑和形象是必不可少的。在政府方面,应积极利用政府宣传的优势和丰富的资源,集中打造工艺美术省内知名品牌、国内知名品牌。借鉴莆田市工艺美术协会发布的《莆田市工艺美术"品牌行动"计划》,山西政府可以从以下几个方面推动山西工艺美术品牌建设。

1. 建立工艺品牌行动试点企业和示范区

成立山西工艺品牌工作处,整合政府、社会、企业专家资源,在山西省开展"工艺美术行业服务"活动。前期通过走访、调研了解山西工艺美术企业品牌推广情况。成立智库为企业提供商标、品牌、质量、标准、评价、法律、现场诊断、认证、检测、知识产权应用保护等相关服务活动,扶持、培育一批工艺品牌行动试点企业和示范区。

2. 继续做好山西品牌"中华行""丝路行""网上行"等推广活动

"山西品牌中华行"是山西省近年来举办的规模最大、组织最周密,同时也是举办地最多的一次品牌推介活动,实现了全国省会城市全覆盖,累计现场销售超5000万元,签约销售合同30多个亿,品牌推广效果显著,未来应深入二三线城市,释放二三线城市的广阔市场潜力,同时积极策划在港澳台地区建立山西名优特商品展销中心,提高品牌的知名度和影响力。"山西品牌丝路行"在匈牙利、吉尔吉斯斯坦、俄罗斯、意大利、泰国、韩国、波兰、澳大利亚、印度等近20个国家成功举办了25站综合展,全省参与企业400多家次,达成贸易意向超过10亿元人民币。成为推进对外投资贸易合作的重要平台和山西对外开放的靓丽名片。未来应尽量覆盖丝路沿线的所有国家,针对不同国家的市场需求,高标准、高层次、多样化的选择参展企业,并建立山西境外产品服务站,为海外客户提供良好的产品和售后服务。

"山西品牌网上行"开始时间晚,品牌影响力效果较弱。在未来的工作中应及时了解网络营销的热点内容和渠道,整合山西中小工艺美术企业,在天猫、淘宝等电商平台建立山西品牌旗舰店,严格把控产品质量。

3. 成立品牌发展专项资金

同有关部门成立品牌发展专项资金。建立山西省工艺美术品牌建设联席会(局际会)制度,成立工艺美术品牌建设促进会(品牌发展中心),负责统筹制定发展规划、构建长效机制,研究解决重大问题。建立完善品牌建设配套制度,指导和推动全省工艺美术品牌建设工作。推动建立产品质量溯源体系,提倡区域品牌公众认可度。

4. 组建山西工艺美术品牌营销推广联盟

建立山西工艺名优名品推荐目录,加快建设名优名品的实体渠道和电子交易体系。举办工艺美术产业设计培训活动,提高产品创意设计水平。建立完善山西工艺品牌发展专家智库和山西中国知名工艺美术知名品牌数据库。协助开展工艺美术品牌知名品牌示范区建设。

(二)利用互联网进行创新营销

互联网的运用已经成为各行各业求生存、求发展的必要选择。工艺美术的发展应在网络社群中寻找出一条既具有创新性又不失艺术性,并且能创造出经济效益的运作新模式。

1. 拓展线上销售渠道

应大力发展线上销售渠道,做好线下售后服务。建立线上销售平台,使得消费者、经营者以及生产者之间进行有效沟通。打破传统的地域限制,推动具有山西地域化标志的产品走出去,走得更远。打造山西工艺美术品云平台,聚集省内各个工艺美术行业,通过企业的集聚效应扩大山西工艺美术行业在互联网上的影响力，建设成"山西好货"的聚集地。注重售后服务及用户反馈，及时调整产品策略。建立退出机制，对信誉低、产品质量差的商家实行惩罚和制裁，维护整体形象。

2.利用互联网进行传承、营销活动

运用创新手段，提高营销效果。积极利用微信公众号、微博等常规媒体平台的影响力，培育山西工艺美术产品的客户群体。关注时事发展，勇于用最新的传播手段宣传。借用短视频、直播等社交媒体全方位展示山西工艺美术作品。举办线上线下活动，线上培养消费者兴趣及审美，让用户有选择地体验到感兴趣的工艺美术品的历史发展、制作过程、工艺细节等方面，通过预约、举办交流活动邀请客户群体进行线下亲身体验。

(三)打造工艺美术园区，发挥园区集聚效应

文化产业园区是文化创意者和文化创意企业集聚、交流的平台，同时也是兼具文化生产和文化消费功能的有机体，园区的发展对文化产品丰富度的提高和文化消费的增长具有较高的促进作用。山西应鼓励在有条件的乡镇建立集工艺美术创作、制造、消费、游客参观及体验为一体的工艺美术园区，带动乡镇经济的发展。加快发展重点文化产业园区和特色文化产业群，培育10家左右高起点、规模化、代表未来发展方向的文化产业示范园区，100个集聚效应明显的文化产业示范基地，1000个特色鲜明、主导产业突出的优势文化企业。

1.正确定位园区属性，发展特色产业集群

工艺美术园区具有展示、交易、制作、存储等功能属性，要因地制宜根据不同乡镇的工艺美术资源、地理位置、人口经济等禀赋，放大特色功能。打造集生产销售、研发培训、展览收藏、旅游观光、文化传播于一体的高品位、多功能文化产业发展园区。重点建设广灵剪纸文化产业园、定襄晟龙木雕文化产业园、平定刻花瓷文化产业园、平定砂器文化产业园、山西晋绣文化产业园、平遥漆器文化产业园、孝义皮影木偶文化产业园、长治上党堆锦文化产业园、晋城潞绸文化产业园、高平东宅黑陶文化产业园、襄汾晋作家具文化产业园、宇达青铜文化产业园、新绛澄泥砚文化产业园等文化产业基地(园区)(表4-5)。

2.重视传统工艺，形成文旅结合的综合性业态

发展旅游与销售一体化的工艺美术园区，突出传统工艺，保护非遗文

化。打造非遗项目文化商业综合体,在园区内建设非遗大师工作室、研究机构、展示窗口、交易场所和配套商业服务设施。同期提升工艺坊、工艺美术大楼,扩容升级玉石材料市场,推进黄金珠宝检测中心等产业平台建设,依托平遥古城、长城山西段、晋商大院等知名品牌,加强与旅游产业融合发展,创建国家优质景区,形成山西独特风格的文旅结合的综合性业态。

表 4-5 重点建设工艺美术园区

类型	重点建设产业园
刺绣、丝绸	山西晋绣文化产业园、长治上党堆锦文化产业园、晋城潞绸文化产业园
陶瓷、漆器	平定刻花瓷文化产业园、平定砂器文化产业园、高平东宅黑陶文化产业园、平遥漆器文化产业园
剪纸、木偶	广灵剪纸文化产业园、孝义皮影木偶文化产业园
雕塑	定襄晟龙木雕文化产业园、宇达青铜文化产业园
文化用品	新绛澄泥砚文化产业园
其他	襄汾晋作家具文化产业园

3. 注重人才培养,提高园区服务水平

人是园区的核心,人才的培养更是工艺美术行业能持续发展的关键。工艺美术园区内设置教学、研究、培训、拓展功能区,并邀请艺术院校、行业大师工作室入驻,打造原创艺术的基地。举办行业交流、创意创新大赛等展示活动,增强园区创意创造能力。做好配套服务,提高园区的服务水平。

建设涵盖产品销售、展示推广、投融资、政策咨询、鉴定等配套服务的园区公共服务平台(图 4-12)。

图 4-12 园区配套服务

第五章　山西省文化投资运营发展研究报告

一直以来,山西省依托省内丰富的煤炭资源,为我国煤炭供应做出了突出贡献,因此也形成了产业结构单一的重型化格局。由于煤炭资源是不可再生且非环保的能源,山西省长期发展的重型化造成了资源接近枯竭、环境污染严重、科技发展滞后等问题,严重制约山西省经济未来发展和提升。党的十八大报告提出建设社会主义文化强国的宏伟目标,倡导大力发展第三产业,促进产业结构的优化升级。文化产业具有无污染、高回报、可重复利用等特点,是第三产业的重要组成部分。山西省要做好产业结构调整,实现战略大转变,关键就在于发展文化产业。

随着互联网时代的到来,以"互联网+"为依托的文化新业态不断涌现并迅猛发展,日益成为文化产业新的增长点。于是国家适时地制定了文化及相关产业新的分类标准。根据《文化及相关产业分类表(2018)》,文化投资运营作为新增的内容成为文化及相关产业分类中单独的行业大类。它主要有投资与资产管理和运营管理这两个行业中类构成。文化投资运营不同于我们平时所理解的投融资,在这次分类中,文化投资运营主要由文化投资与资产管理、文化企业总部管理、文化产业园区管理这三部分内容构成。

第一节　山西省文化投资运营的现状

随着国家发展战略的转变,国有资产管理机构和政府管理部门,也进行了职能的转变。全国各地国有投资、运营公司大多已完成改组改建或者新建,并开始从试探性地介入踏入实质操盘阶段。目前各个省区市成立国有资本投资运营公司52家。[①]其中,文化投资运营也是重要的组成部分,像山西省文化旅游投资控股集团有限公司就是山西省进行政府资本市场化运营的产物。

在《文化及相关产业分类表(2018)》中,文化投资运营这个行业大类具体可以分为三个行业小类。其中文化投资与资产管理仅指政府主管部门转变职能后,成立的国有文化资产管理机构和文化行业管理机构的活动。而且他们的文化投资活动不包括资本市场的投资。

文化企业总部管理仅指文化企业总部的活动,其对外经营业务由下属的独立核算单位或单独核算单位承担,还包括派出机构的活动(如办事处等)。

文化产业园区管理仅指非政府部门的文化产业园区管理服务。

目前,山西省的文化投资运营行业大类,呈现出以下发展特征:

一、政府投资主导,进行市场化运营

山西省委、省政府响应国家发展文化产业的号召,为促进产业结构转型升级,进一步转变政府职能,改革资金投入方式,放大财政资金乘数效应,促进文化产业更好更快地发展,培育和壮大新的经济增长点,实现转型跨越发展的战略目标,按照"政府引导、市场运作、多元投资、促进发展"的思路,自2015年全面推进山西省文化产业发展投资基金的发起设立。

2016年,山西省新晋国发文化产业投资中心(有限合伙)正式设立,首期规模5亿元,并通过中基协的产品备案审核。新晋文投(FOF母基金)由山投集团代政府行使出资人权利,由山西省文化产业股权投资管理有限公司和山西金利行股权投资管理有限公司联合受托管理。

山西省新晋国发文化产业投资中心产品备案后将通过设立文化产业专项子基金和项目直投的方式全面投放,重点投向:①支持文化产业示范

[①] 王铮.一篇文看懂国资本投资运营公司.国资智库.2017-08-14.

区和示范基地建设,提高产业聚集和孵化功能;②支持大型文化产业集团和重点文化企业,投资于出版、演艺、影视、传媒、广电、网络、文博、工美等十大文化产业板块;③支持特色文化产业发展,引导地方特色文化资源向现代文化产业转化;④支持文化创意、数字出版、动漫游戏、移动多媒体、文化会展、文化"跨界"融合等新兴文化业态发展。充分发掘文化资源价值,全面推动山西文化产业集聚发展。

二、利用专项基金,支持文化产业项目

2017年山西省和太原市分别通过文化产业发展专项基金支持文化企业的项目发展,文化产业的政府投资支持力度在加大(表5-1)。

表5-1　2017年山西省文化产业发展专项资金支持项目

序号	企业名称	项目	总投资(单位:万元)	备注
1	山西臣功印刷包装有限公司	山西绿色环保印刷园区设备升级	15048	
2	山西辰涵数字传媒股份有限公司	增强现实(AR)文物智能展示系统开发及内容制作与示范	470	
3	山西完美创意文化艺术有限公司	"动漫+非遗"山西特色文创旅游产品开发	1650	
4	太原巴克创奇文化有限公司	山西巴克创奇文化大型室内游乐项目	31000	
5	商务印书馆(太原)有限公司	以出版为引领的文化产业整合项目(以高平开化寺文创产品开发为例)	300	

三、紧跟时代潮流,立足自身资源优势,重点发展文化旅游

近年来,文化和旅游融合发展趋势越来越明显,山西省作为中华民族的发祥地之一,既是文化旅游大省,更是产业资本洼地。因此山西省于2017年8月3日正式挂牌成立山西省文化旅游投资控股集团有限公司(以下简称山西文旅集团),作为山西省文化旅游产业龙头,整合重组山西经贸集

团、山西投资集团资产、晋能集团、能交投集团文化旅游资产以及省直单位相关经营性资产等较大体量资产围绕文化旅游产业进行投资运营。

表5-2 2017年太原市文化产业发展专项资金支持项目

序号	企业名称	项目	总投资（单位：万元）	备注
1	山西臣功印刷包装有限公司	山西绿色环保印刷园区设备升级	15048	
2	山西辰涵数字传媒股份有限公司	增强现实(AR)文物智能展示系统开发及内容制作与示范	470	
3	山西典范文化创意产业有限公司	"晋作坊"品牌建设及推广运营项目	350	
4	山西丰瑞达企业形象设计有限公司	"逸云阁"艺术展厅建设项目	3000	
5	山西国术之光商务信息股份有限公司	国术之光数字化会展平台建设及运营	350	
6	山西老乡文化传播有限公司	陈小醋互联网山西原创P孵化平台	800	
7	山西乐酷文化传媒有限公司	《叽哩与咕噜》动画与AR融合下学前教育产品的复合出版及数字化开发	2050	
8	山西路过文化交流有限公司	太原路过书店	6000	
9	山西敲门砖文化创意有限公司	阁僚兄弟品牌IP建设与推广项目	900	
10	山西说走就走文化传播有限公司	形象化动漫IP开发及新媒体融合运营建设及示范	474	
11	山西完美创意文化艺术有限公司	"动漫+非遗"山西特色文创旅游产品开发	1650	
12	太原高新区晋鼎文化创意有限公司	三普文化创意产业信息化服务平台建设	850	
13	山西世纪众和文化传媒股份有限公司	全景云名片数字媒体视觉营销系统	800	

山西文旅集团主要从事酒店管理、景区开发运营、智慧旅游、文化创意、旅游置业、投融资等六大主营业务板块的投资运营。山西文旅集团积极落实山西省委、省政府的要求,加快推进山西省文化旅游资源优势的转化,利用文化旅游资源打造具有竞争力的文化旅游产业。

2018年4月,山西投资集团房地产开发公司正式更名为山西省康养集团,未来将作为山西文旅集团旅游置业板块主力军,加快整合山投集团和山西经贸投集团相关产业,致力于打造"康养山西"第一品牌。

2018年5月,经贸集团旗下的山西省旅游投资集团正式更名为山西文旅集团酒店管理有限公司,此举意味着山西文旅集团酒店管理板块平台也完成组建。据了解,2018年3月,山西省政府已把省直厅、局管理下的经营性酒店、宾馆、培训中心等交给文旅集团来管理。

山西文旅集团已于2018年5月初完成了山西文旅集团黄河旅游发展有限公司、太行旅游发展有限公司、长城旅游发展有限公司三大公司的注册,三家公司注册资本均为1亿元,进行山西旅游景区开发。

除了以上几个板块的平台组建和成立公司,山西文旅集团正加速组建其他板块平台公司。先前早已完成了云游山西股份有限公司的组建。2018年5月,山西文旅集团注册组建山西文旅集团信息技术有限公司,为山西文旅集团打造智慧旅游信息化平台。在资产体量相对较大的投融资板块,目前山西文旅集团资金结算中心开始运营,基金公司完成组建,同时成立了文旅产业基金。另外,文化创意板块将着力让山西厚重的历史文化轻松起来,成为行走的文化传播者。在加快整合原有文创产品的基础上,积极发展文旅会展、传媒业务;深入挖掘山西省宗教、民俗、艺术等文化类IP元素,开展具有山西特色的旅游纪念品、农副产品和手工艺品的策划、生产、贸易及电子商务、物流等业务;力争在打造景区演艺、特色体育、景区娱乐等演艺文体项目上取得突破。

山西文旅集团将原山西重点省属国企——山西经贸集团更名为山西省旅游投资控股集团,进行资产整合,明确集团下一步发展方向,助力山西文旅产业发展。

四、文化企业总部规模小,但核心业务集中,业务种类丰富

　　文化企业的总部往往不是文化企业主营业务最突出的部分,是企业战略决策和多种经营的领导部分。目前山西省的文化企业总部中,企业经营业务范围不仅局限于主营业务方面,总部在其他业务领域拓展较多。以《英语周报》为例,《英语周报》总部位于太原市小店区,另设有北京、西安、武汉、广州四个采编部,并在太原、郑州、武汉设有三个规模庞大、设施齐全的印刷物流中心。在太原总部,《英语周报》的企业总部规模并不大,使用几层写字楼的空间进行办公。公司因为文化企业的属性,并不需要庞大的占地面积进行主营业务的经营。太原市有专门的印刷物流中心,企业总部主要是员工进行报纸内容编辑和公司进行战略决策的地方。《英语周报》作为公司主营业务,其核心就是报纸的内容编辑,因此这部分是在企业总部进行。《英语周报》依托山西师范大学的师生力量,面向社会进行人才招聘,总部根据工作特性,建设专门的公共休息空间供员工使用。公司员工因为对企业文化的认可,忠诚度较高,工作氛围良好。

　　另外,《英语周报》通过生产优质的内容产品,被评为"山西十大文化品牌",被国家工商总局认定为2007"中国驰名商标"。依托主营业务打下的口碑,《英语周报》得到政府支持,获得两块土地的使用资格,建设了写字楼。既满足了总部办公的需要,又可以通过将写字楼出租,获得额外的租金,支持企业下一步的发展。而且企业还有关于线上 App 的开发计划,希望通过现代技术手段进一步扩大内容生产的用户量。立足主营业务的同时,辐射其他业务类型,谋求企业的新发展。

五、文化产业园区建设成果显著,园区集聚效应明显

　　目前山西省除了政府管理的园区以外还有许多非政府管理的园区存在。随着越来越多的非政府园区的建设,对于文化产业的整体发展推动作用明显。山西传媒学院的文化科技园作为一个文化元素浓厚的园区,是山西传媒学院的大学生创业基地,学校专门派遣老师管理园区的发展。入驻的企业大都是老师和学生创办的企业,不需要缴纳租金和费用。园区作为一个公益性园区,依靠政府的补贴和扶持加以生存。园区里有很多影视、动画企业和一些利用文化元素参与设计的文化产品。但是这些企业和产品的市场化程度不高,文创周边产品没有进行市场的投放和销售,从而导致企业的盈利有限,只能依靠园区的优惠政策生存发展。园区企业孵化成功后对于园区的反哺力度不足,缺乏对于企业的收费标准和协议。目前园区的生存和维系有些艰难。园区因为其本身的公益性,只有依靠政府和学校的资金支持维持园区的发展运营,没有其他收入途径和融资渠道,未来发展方向值得商榷。

另外,山西大学的科技园也是学校管理的园区。这个园区中的企业大部分都是科技型企业,主要是依托山西大学的背景资源进行创业。山西大学科技园区的企业科技含量较高,盈利能力比较不错。山西大学科技园区是由山西大学科技园有限公司的资产分公司进行管理。园区通过打包服务来向企业收取费用,费用主要包括物理空间、水、电、网、进行企业业务推荐、帮助企业对接社会资源等。具体费用的收取根据不同企业的实际情况来定。因此园区通过租金和服务费的收取可以进行维系和运营。而且太原市科技局对于山西大学科技园区还有奖励措施,入驻一家中小企业奖励园区三万元,入驻一家大企业奖励十万元。以此来支持园区的发展,帮助园区更好地为企业提供服务。目前山西大学科技园区能够达到收支的平衡。山西大学科技园区还可以为企业提供法务/财务辅导,提供专业建议等,帮助企业更好地运营和发展。山西大学科技园的投资主体是山西大学科技园公司,主要通过自筹的方式来投资。而且山西大学科技园区下一步要将学校的老书库进行开发和利用,建设8000平方米的科技区和2000平方米的文创区,既可以作为学校的双创实训基地,又能够吸引外来企业的入驻。企业在山西大学科技园孵化成功后可以根据发展需要进驻山西大学科技园区正在兴建的园区写字楼,为企业发展提供合适的场所。

除了学校管理的园区,还有完全商业化运营的园区——北美N1文创园区。北美N1文创区项目位于太原高新区晋阳街与体育路交会处,是中环内创意商务园,创意产业聚集区,新经济新财富发源基地。项目所处之太原高新区已经成为太原市率先发展的先导区,成为山西省发展高新技术产业的重要基地,高新技术产业和人才集聚基地。周边金融企业总部林立:已经确定和即将建设的有国家开发银行、民生银行太原总行等。北美新天地 N1 位于长风商圈以及南站商业中心、机场乃至晋中市商圈中间带,意味着它有能力对这两个区域形成有效的辐射。在"大太原"的发展背景之下,北美新天地 N1 参与的不是任何一个商圈的商业竞争,对标的是 K11、芳草地、苏州诚品等国内一流的艺术、文化类商业。园区内建筑设计,如同进入艺术馆、博物馆,在建筑里面再设计充满趣味感和最能吸引客流的零售空间。N1 艺术商场东区中庭,设置有设计得像个莫比乌斯带的楼梯,好像可以无限循环地走。这个犹如一根纸条扭转 180°后,两头再粘接起来做成的纸带圈,具有魔术般的性质。同时,地面上横切无限循环楼梯的平台,还可以作为演讲、表演的舞台。在 N1 商场的 4 层屋顶设立有华北首家屋顶主题乐园:4000 平方米的屋顶主题乐园,由荷兰新锐设计师团队担纲,有很多见所未见的互动游乐设施、艺术品、休闲小品,非常有艺术感和体验感。在细节方面,北美新天地 N1 的很多应用都来自国际设计大奖。名为"绅士厕所"的新概念厕所就是运用了 2014 德国红点的最佳设计案例,将男厕使用率较低的马桶间,设在男女厕中间,两侧都有门,只要一边开启或锁上,另一边就进不去,有效缓解了女厕排队问题。

园区的特色是艺术展览空间:N1-ART-SPACE。艺术是北美新天地 N1 最独特的 DNA 之一,这里呈现最先锋的艺术圈。许多独具一格的艺术创作展示于 N1-ART-SPACE,记录发生的过程,从过去、现在到将来。北美 N1 文创园区是以商业地产的形式进行开发的文化类地产,建设开发由山西新弘祺房地产开发有限公司来完成。这个园区的投资主体是开发商,园区依靠出租商业空间盈利,是文化产业发展的重要助力。

山西省还有许多企业园区,其中比较出名的是宇达青铜文化产业园和大同市广灵剪纸文化产业园区。宇达青铜文化产业园占地 200 亩,建成于 2003 年,毗邻著名的司马光祖茔、禹王青台(魏国都城遗址)等著名景点,是目前国内唯一的一个青铜文化产业园,是国家文化产业示范基地,全国工业旅游示范点。宇达青铜文化产业园是集青铜文化产业的创意、设计、雕塑、制作、拍卖、画廊、展览、旅游、科研、实习等十大功能为一体的专业化青铜文化产业园区。年接待游客10万人次。宇达青铜文化产业园区分布着雕塑艺术馆、雕塑生产厂、雕塑长廊和雕塑之家。①

山西省大同市的广灵剪纸以其艳丽的色彩、生动的造型、纤细的线条、传神的表现力和细腻的刀法,在全国剪纸中独树一帜,被列入国家级非物质文化遗产名录。《山西省"十一五"文化发展规划》将大同市广灵剪纸文化产业园区列为重点建设项目之一。自2005年以来,该园区已基本形成政府规划、园区推广、公司经营、农户生产的区域性特色文化产业群。园区以生产广灵剪纸的4个乡镇、9个村、1200余农户为主体,年产值可达5000万元。目前,园区已建成广灵剪纸文化艺术研究中心、剪纸艺术博物馆、九连环四合院剪纸民俗宾馆等文化设施,兴办了大同市广灵剪纸职业培训学校和大同市广灵剪纸技工学校,并在国内多个地区设立了展示厅和专营店,打造出一条融研发、生产、展示、销售、人才培养于一体的具有浓郁地方特色的文化产业链条。②

第二节　山西省文化投资运营发展过程中的问题

山西省委、省政府为落实党中央、国务院提出的"科学发展观",扭转区域煤炭资源过度开发,生态环境日趋恶化的现状,提出了到2020年,使文化产业的总产值从目前占全省GDP约10%,提高到20%左右,实现从"文化资源大省"到"文化强省"的跨越式发展。政府对文化产业及其发展的重视程度不断加深,文化产业发展得到了较大的提高。但是目前一些地方尚未将文化产业作为一项产业来发展和运作,尚未按照市场机制运行。文化产业的发展过多地依赖当地政府的投入,企业的投入力度明显不足。国有企业投入比例过多,民营企业和外资企业投入的比例较少。可以说,目前山

---

① 山西宇达青铜文化艺术股份有限公司网站,青铜文化产业园。
② 中国美术家网主页,大同市广灵剪纸文化产业园区、基地简介。

西文化产业的投资主体主要是各级政府,其他投资主体严重缺乏,在一定程度上,制约着文化企业的长远发展。这需要政府做好文化产业各个行业发展的投资运营,引领产业结构调整的方向,引导其他投资主体参与到文化产业的发展之中。

一、文化产业基金数量有限,监管力度有待加强

表5-3　山西省政府出资产业投资基金名单

序号	基金名称	基金管理人
1	山西中小企业创业投资基金(有限合伙)	山证基金管理有限公司
2	山西省创业风险投资引导基金有限责任公司	山西省创业风险投资引导基金有限责任公司
3	山西晋煤煤炭清洁利用股权投资合伙企业(有限合伙)	山西晋财惠晋资本管理有限公司
4	山西综改示范区基础设施股权投资基金(有限合伙)	北京首创资本投资管理有限公司
5	山西综改示范区成果转化股权投资基金(有限合伙)	上海万方投资管理有限公司
6	临汾市尧都区创投基金合伙企业(有限合伙)	上海浦昌股权投资基金有限公司
7	吕梁市离石区中小企业创业创新投资管理中心(有限合伙)	北京诺伊投资有限公司
8	山西易鑫创业投资有限公司	山西易鑫创业投资有限公司
9	山西红土创新创业投资有限公司	深圳市创新投资集团有限公司
10	山西惠百川创业投资有限公司	山西惠百川创业投资有限公司
11	山西晨皓创业投资有限公司	山西晨皓创业投资有限公司

续表一

序号	基金名称	基金管理人
12	吕梁佳信德战略性新兴产业基金(有限合伙)	吕梁市离石区佳信德投资管理有限公司
13	山西金通创业投资有限公司	山西金通创业投资有限公司
14	山西中盈洛克利创业投资有限公司	洛克利(北京)投资管理顾问有限公司
15	北京赛伯乐恒舜通投资管理中心(有限合伙)	赛伯乐舜通(北京)投资基金管理有限公司
16	大同市政府产业投资引导基金有限公司	大同市政府产业投资引导基金有限公司
17	山西轨道交通装备制造业基金	山西国金股权投资管理有限公司
18	运城运芮医药创业投资合伙企业(有限合伙)	山西国金股权投资管理有限公司
19	山西电力装备制造业基金	山西国金股权投资管理有限公司
20	运城国金教育信息化投资中心合伙企业(有限合伙)	山西国金股权投资管理有限公司
21	山西中睿移动能源产业股权投资中心(有限合伙)	中睿资产管理有限公司
22	山西省小微企业创业投资基金	山西省中小企业创业投资有限公司
23	太原科创嘉德创业投资中心(有限合伙)	太原清控科创投资基金管理有限公司
24	太原科创兴业创业投资中心(有限合伙)	太原清控科创投资基金管理有限公司
25	运城市河东兴农股权投资合伙企业(有限合伙)	山西晋尚博银股权投资管理有限公司
26	山西大舜兴农股权投资合伙企业(有限合伙)	山西晋尚博银股权投资管理有限公司
27	运城山证中小企业创业投资合伙企业(有限合伙)	山证基金管理有限公司

续表二

序号	基金名称	基金管理人
28	晋中开发区产业基金	晋中金控股权投资基金管理有限公司
29	山西省新晋国发文化产业投资中心（有限合伙）	山西省文化产业股权投资管理有限公司，山西金利行股权投资管理有限公司
30	山西国君创投股权投资合伙企业(有限合伙)	山西国金股权投资管理有限公司
31	山西省改善城市人居环境投资引导基金(有限合伙)	北京首创资本投资管理有限公司
32	晋城市红土创业投资有限公司	深圳市创新投资集团有限公司
33	山西省农业产业发展基金之山西牧业产业投资基金	山西省创业投资基金管理有限公司
34	山西中合盛新兴产业股权投资合伙企业(有限合伙)	中合盛资本管理有限公司
35	山西中合盛文化产业股权投资合伙企业(有限合伙)	中合盛资本管理有限公司
36	山西中合盛旅游产业股权投资合伙企业(有限合伙)	中合盛资本管理有限公司
37	山西龙城富通生物产业创业投资有限公司	山西龙城燕园创业投资管理有限公司
38	山西综改示范区产业发展股权投资基金(有限合伙)	大证中科资产管理(宁波)有限公司

通过表 5-3 我们发现山西省只有山西省新晋国发文化产业投资中心是文化产业发展的专项基金。可见山西省的政府投资对于文化产业的发展引导力度不够，一个专项基金很难覆盖到山西省文化产业发展的各个行业。在其他专项基金中对于中小企业和创新创业的基金很多，但是具体投向了哪个行业和产业并不明确。文化产业因为本身的轻资产性，在进行融资时因为缺乏固定资产的抵押很难得到投资方的支持。因此许多创业企业往往不会选择文化产业类别的创业。

虽然在近些年来山西省和各地市对于文化产业的专项扶持基金在落实，但是支持的项目数量还是较少，而且对于资金支持的项目后续发展状况,资金的使用效果缺乏后续的监管和审查。这就使得政府无法明确资金的使用效果,对于下一步文化产业的资金支持方向不明确,造成资金的使用效率不高。另外,政府进行文化产业项目投资时对于项目的审查不够严格,很多企业编造文化项目来骗取政府的基金支持,然后把资金用在其他方面,造成政府文化产业扶持资金的浪费。

二、文化产业投资运营起步晚,经验不足、投入产出周期长

尽管山西省及时跟上了文化旅游融合发展的潮流,及时成立了山西省文化旅游投资控股集团有限公司进行了一系列文旅产业方面的投资。但是因为2017年刚成立,山西文旅集团的很多投资的效益在短期内很难体现。另外,政府一方的力量毕竟有限,需要社会力量的大力参与。社会力量相比于政府来说还是相对较小的,因此社会投资文旅产业一般推崇轻资产的模式。但是轻资产的弊病在于它的效益化、品牌化,或者是说在短期之内客流层面上很难实现一个比较好的预期。轻资产模式是一个逐渐孵化的过程,周期会拉得很长。这个模式对于许多想要参与行业发展的中小企业来说是很难接受的,它们没有足够资金来保证周转。而进行大项目的投资建设更是很多企业做不到的。因此山西省文旅产业发展依靠政府进行发展投入,社会参与度不高的问题还没解决。而且山西省文化旅游业发展的长效机制尚未建立,这也是全国文旅产业发展的问题。

目前,与文化旅游业发展相适应的人才市场、劳动力市场等产业要素市场等尚未建立,管理机制不健全,文化旅游业的准入、监管和退出机制等还未形成,由于低水平开发导致对文化资源的损害和浪费极为严重。旅行社、酒店、景区等企业融资困难,创意人才匮乏。山西省的文旅产业还未形成文化旅游产业集群,文旅产业整体竞争力有待提升,产业融合发展进程缓慢,后劲不足,大部分区域地方新型产业体系尚未形成,文化产业技术优势和旅游产品独特性发挥不足,再加上在整合旅游资源、推介旅游精品线路上,宣传促销手段单一,导致一些精品文化旅游景点的市场占有率低,知名度不高。

文旅产业问题突出,文旅集团任务繁重,政府投资的企业实力强大,在一定程度上挤压了市场其他主体的发展空间。大企业集团容易产生垄断,

对于行业整体健康发展不利。

三、文化企业总部分散,企业总部资源占有过多,企业体制不合理

目前山西省的文化企业总部分散在各个园区和区域,相同类型的企业在空间上没有集聚。这严重削弱了企业总部之间的交流互动,核心资源的对接配套。另外,因为缺乏有效的沟通平台和沟通机制,容易造成沟通过程中的误解和管理效率的低下。

山西省文化企业的总部往往是缺乏高科技含量的文化企业空间上的总部。总部在核心业务领域的话语权并不突出,而且总部管理过程中,对于其他分部的实际情况了解不够深入。文化企业总部是企业资源占有最多的部分,其主营业务集中在分部处理,资源的使用和需求分配不合理。而且山西省设立总部的文化企业,以国企居多,管理体制上没有及时更新,管理效率低下。

四、文化产业园区管理规范程度有待提高

非政府园区因为其园区设立有很大的自由性,因此园区类型多样。这就造成许多园区在实质上偏离了文化产业园区的界定,利用文化产业园区的名义去获取优惠的政策和政府的支持。山西省的文化园区对高校的依赖性比较大,市场化程度不高。高校园区管理经营压力小,有政府的资金支持,因此很多园区缺乏持续经营的管理思路和方法。

另外,园区因为功能性的差异,管理方法上差异明显,企业本身类型上有差异,投资主体上也就不同。山西省的非政府园区管理因为缺乏管理规范和专门的管理机构,在管理过程中,容易产生问题和矛盾。因为园区类型多样,在管理标准上没有统一,缺少管理规范。园区的可持续发展能力较差,而且园区和企业之间缺乏双向沟通机制。

非政府园区的收益主要来源于基本的物业服务,个别园区依靠政府补贴没有收费要求。这种服务的水平不高,对于企业的支持力度也有限。园区没有专业的管理人才和专家团队,对于园区企业的成长和发展只能提供基础工作的支持。园区缺乏知识产权、运营管理、投融资、辅导上市等服务能力和针对这些服务的收费标准,这对于园区的发展和壮大、园区企业规模

的扩大都是不利的。

五、个别非政府园区过于追求经济效益

广灵剪纸文化产业园区在发展过程中取得了一定的成就,但也存在传承、创新方式不当,过于追求经济效益的问题。该产业园区作为重要"非遗"项目,应该以剪纸的文化根基为创新的依托,保持剪纸在"文化+旅游"模式中的主体地位,并且在传承过程中既要传授技艺,更要传递文化与情感。

第三节 山西省文化投资运营的未来发展路径

文化投资运营作为2018年文化及相关产业分类标准中单独分类的文化产业行业大类,是在全国文化产业新业态不断涌现的背景下出现的,这是衡量文化产业的新指标。而山西省在文化投资运营的分类指标下,在这方面的发展状况一般,问题突出,需要采取措施解决目前的困境,为山西省文化产业的发展做好资金支持和政府引导。

一、政府应为文化产业发展营造良好的投融资环境

(一)文化产业基金

政府需要通过设立多种文化发展专项基金、文化产业创业基金、项目补贴、贷款贴息等方式支持文化产业基础设施的建设,支持文化产业公益性项目的建设,支持文化领域新产品、新技术的研发。山西省政府应在文化产业发展基金设立的基础上,对发展基金的使用建立明确的规范。同时对于文化产业基础设施建设设立专项基金,专款专用改善山西省文化产业的基础设施状况。增设文化产业公益性项目基金,文化产业发展需要公益性文化产业项目的普及和推动。对于文化产业的公益性项目因为本身没有回报,所以社会资本不会参与公益性项目的投资,在这方面政府需要给予资金支持。目前,政府性示范基金的引导,各类基金会已经成为吸纳资金、向文化产业融资的一种重要方式。它可以接受社会团体、企业和个人资助,包

括资金、证券、专利、不动产等,通过有效而规范的资金运作,资助公益性事业。山西省应该通过政府引导,集合社会力量为文化产业发展融资。

（二）法律法规

建立健全文化产业发展的法律法规,法律法规属于政府为企业的发展提供的一项重要的"软环境"。政府的投资活动同样需要法律法规的约束和限制。政府引导文化产业的发展方向,设立大企业集团,通过各类分公司的设立引领文化产业各个行业的发展方向。但是政府设立的公司实力雄厚、资源优势明显,容易造成行业中一家独大的现象,反而会对行业的发展产生不利影响。因此,政府企业也需要遵循法律法规来进行投资活动和企业经营。另外,通过建立健全法律法规可以帮助文化企业通过其他途径进行融资,与政府的投资形成合力共同促进文化产业发展。

（三）税收优惠政策

政府的投资活动和下属企业的投资经营活动可以为政府创造收益,这些企业因为政府的支持,对于税收政策的反应不敏感。但是对于其他文化企业来说,尽可能地制定优惠的税收政策可以增强文化投资者的投资信心,提高文化投资者的投资收益,增加文化产业对投资者投资的吸引力。按照《文化体制改革中经营性文化事业单位转制为企业若干税收优惠政策问题的通知》的精神,落实相关税收减免支持力度,下调文化产业的税率,扩大税收减免的征收范围,吸引更多企业来山西投资建厂,带动山西文化产业的发展。根据不同层次和不同种类的文化企业、文化产品和服务实施差别化的税率政策。另外,在此基础上山西可根据自身情况制定地方文化产业金融支持税收优惠政策。

（四）社会捐赠

在西方国家,社会捐赠是一种很普遍的现象,国家对此有相关的法规政策,捐赠的金额可以抵免税金,对于社会团体而言进行公益捐赠既能够获得良好的声誉又能够抵除税金应该成为倡导的方向。

二、培养专业化人才,提升企业竞争力

山西文化产业发展内部的突出问题是人才的短缺,尤其是高端人才的短缺,与培养人才的体制机制不健全并存。一方面,山西文化产业起步慢、发展较落后,相应地文化产业人才在数量上短缺,素质不高。而文化产业作为"无烟产业",对技术含量的要求较高,对高素质的人才队伍提出了更高的要求,这是山西文化产业发展的短板。另一方面,山西培养文化产业人才的体制机制不健全。就目前来说,如何激发和激活现有文化产业人才的创意思想和聪明才智十分关键,可以尝试搭建人才培养的平台,有目的地寻找、发现和培育人才。政府进行文化产业投资活动需要在人才培养平台的搭建和提高文化产业人才待遇来吸引人才上付出努力。

(一)引进文化产业的高端人才

文化企业重在人才的培养,尤其是创意人才的培养,这也成了文化企业的核心竞争力。山西文化企业的创意人员、技术人员和管理人员同样比较匮乏,特别是对于既懂得文化产业,又懂得金融业的高端人才更是十分短缺。因此,对于这方面的人才,企业应当加大引进力度,给予他们更好的发展空间和环境,充分调动人才的积极性,不断提高企业的自主创新能力和管理水平,提高文化产品的"独特性",适应市场经济的发展,最终提高企业的经济效益。政府在人才引进上设立专项资金,给予高端人才优惠政策,提高山西省的人才吸引力才是帮助文化企业吸引人才的关键。

(二)培养专业化的文化投融资人才

通过高等院校培养、企业与研究机构联合培养、职业化培训等多种途径相结合的方式,建立与山西文化产业发展相适应的人才体系。在对人才进行专业化培养的过程中,在专业和课程设置方面,应开设与文化投融资相关的专业和课程。对于投融资感兴趣的文化产业专业人才,可以选送他们进入高校学习金融、财务等相关课程,开展投融资的理论培训;还可以和高校进行文化产业人才订单式培养,既为文化企业提供所需人才,也为学生的就业、实习提供场所。

(三)建立健全文化产业人才培养的体制机制

山西的很多文化行业,在计划经济条件下是作为事业单位来管理的,没有市场化的运作,没有形成产业。对于新型的文化企业,由于发展时间较短,中小微企业居多,尚没有建立标准化的人才培养体制机制,对人才的培养和管理的"随意化"现象时有发生,因此,在人才培养的过程中,应当打破原有的论资排辈、大锅饭、外行领导内行的旧用人机制,还应打破原有在人才选拔方面的学历、文凭、工作经验等僵化的模式,这些旧有机制和模式在一定程度上限制了人才的引进和发展。

三、建立文化企业总部基地,合理分配企业资源

山西省应该学习国家文创实验区的发展思路,瞄准高科技行业的发展前沿,建立以高附加值和高成长性产业为主导的产业结构。山西省可以建立文化企业总部基地,整合文化企业总部资源,减少土地资源和其他资源的占用。利用文化企业总部的人才优势,开展多种经营。立足"互联网+文化"的新兴领域,根据文化企业特点,建立文化企业之间的互动机制。

文化企业总部是文化企业资源最集中的部分,总部应根据企业发展需求及时进行资源的分配和调整。同时文化企业因为本身轻资产的特性,可以采取措施将资金用于固定资产的投资,为企业积累资产。

四、规范园区管理,提高服务能力

非政府文化产业园区在管理过程中存在很多问题,管理经验的缺乏导致许多园区在管理经营上缺乏持续性。这就要求园区在管理的过程中建立起统一的管理规范,同时需要发挥政府"看不见的手"的作用,充分履行好政府的监管和引导的职能。

园区需要提升自身的服务能力,委托专业的团队进行园区的管理工作。另外,要为企业发展提供各方面的配套服务,包括物理空间服务、物业服务、知识产权咨询、财务和法务服务、投融资服务、辅导上市服务等。通过设定服务费用,明确收费标准帮助园区盈利。同时改善各方面的条件,来吸引更多的企业入驻。

园区需要探索更多的盈利模式,在租金收取这一模式的基础上,提高管理水平,延伸服务链条。园区可以根据入驻企业的特点,推出服务产品。比如与保险公司合作为企业推出保险服务、与金融公司合作为企业提供金融产品等等。还可以在园区内引进一些餐饮、娱乐等消费业态,增加园区的

人气,从侧面帮助园区企业提高知名度。

五、利用好文化产业投融资的多种方式

除了政府直接投资助力文化产业发展之外,政府应该为文化企业投融资拓展更多渠道。2014年8月23日,山西省出台了《山西省支持文化产业加快发展的若干措施》,提出鼓励设立文化产业发展投资基金。由政府注资引导,以多种方式吸引社会资本参与,通过股权投资等市场化运作方式投资文化产业,推动文化产业兼并重组。鼓励设立文化类私募股权投资基金、创业投资基金等措施。这可以丰富山西省文化产业发展的资金来源,也是企业进行投融资的重要途径。

目前文化产业投融资的主要方式有私募股权基金、公开资本市场融资、并购融资、债权融资。山西省政府可以帮助企业疏通融资渠道,为文化企业融资提供政策优惠和制度支持。

第六章　山西省文化休闲娱乐服务行业研究报告

文化休闲娱乐服务业是中国文化产业的重要组成部分,是衡量国家软实力的标准之一,是人民群众日益增长的对"美好生活"需求的必然产物,它对拉动经济增长、解决就业问题做出了巨大的贡献。

近年来山西省文化产业呈现出快速发展的良好态势。2015年到2017年分别实现了268.65亿元、291.78亿元、329.78亿元的增长值。2017年全省文化产业增加值增长13.0%,比2015年、2016年增速提高了0.9个百分点、4.4个百分点。2017年文化产业总产值占全省GDP比重的2.12%。文化产业发展速度之快,可以用"加速度"一词来概括[①](见图6-1)。

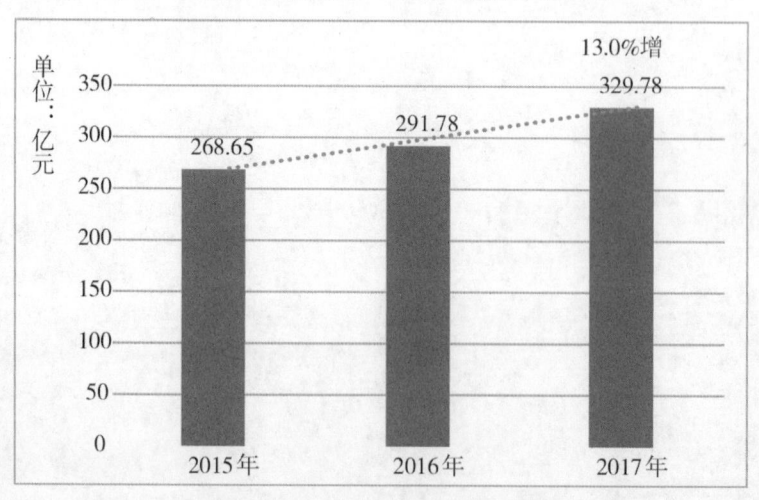

图6-1　山西省文化产业增长值

---

① 山西省统计报告2018年。

在文化产业快速发展的形势之下,文化休闲娱乐服务产业发展持续受到重视,山西省政府已多次出台有利于行业健康发展的政策。文化休闲娱乐服务产业在国民经济中所占比重也在逐年增加。截至2017年底文化休闲娱乐服务业在山西省法人单位行业分布中占比13.8%,仅次于占比28.4%的文化创意设计和服务业以及占比18.9%的文化艺术服务业。而文化休闲娱乐服务业的资产总额高达482.2688万元,在行业中占比24.2%,位居第一。山西省居民文化消费不断增加,1978—2017年,山西全省城镇居民、农村居民人均文化娱乐消费服务支出分别由20元、2元增加到2559元、1127元,年均分别增长13.2%、17.6%。随着居民娱乐性消费支出的不断增长,文化休闲娱乐服务市场发展潜力不断释放(见图6-2)。

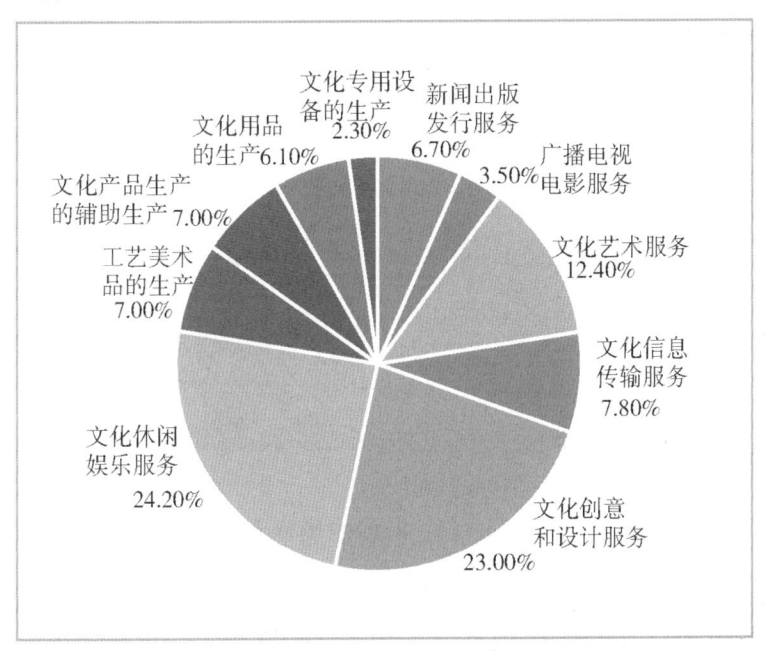

图6-2 2017年山西省行业法人单位经营总资产占比

根据《文化及相关产业分类(2018年)》分类方法,文化休闲娱乐服务业主要包含娱乐服务、景区游览服务、休闲观光服务三个部分。

从产业结构来看,山西省文化产业单位主要集中在文化服务业,2016年全省文化服务业法人单位数占全部文化产业法人单位的80%。据统计,2017年山西省规模以上文化休闲娱乐服务业法人单位总资产情况中,名胜风景区管理达1411777元,位列第一;其次是游乐园为418711.8元;第三位是其他游览景区管理也达到了71461.2元;[①]植物园管理服务、其他室内娱乐活动、歌舞厅娱乐活动、城市公园管理位居其后。另外,电子游艺厅娱乐活动、网吧活动、其他娱乐业、自然遗迹保护管理、动物园、水族馆管理服务、观光游览航空服务未获得统计数据。从数据统计上分析,在文化休闲娱乐业快速增长的背景下,以景区、园区游览为主的名胜风景区管理、游乐园和其他游览景区管理贡献了绝大部分的力量。可以看出名胜风景区管理、游乐园和其他游览景区管理的市场正在蓬勃发展,前景一片蓝海。相对来说,娱乐服务领域的市场发展受限,有待进一步开拓挖掘发挥出市场潜能(图6-3)。

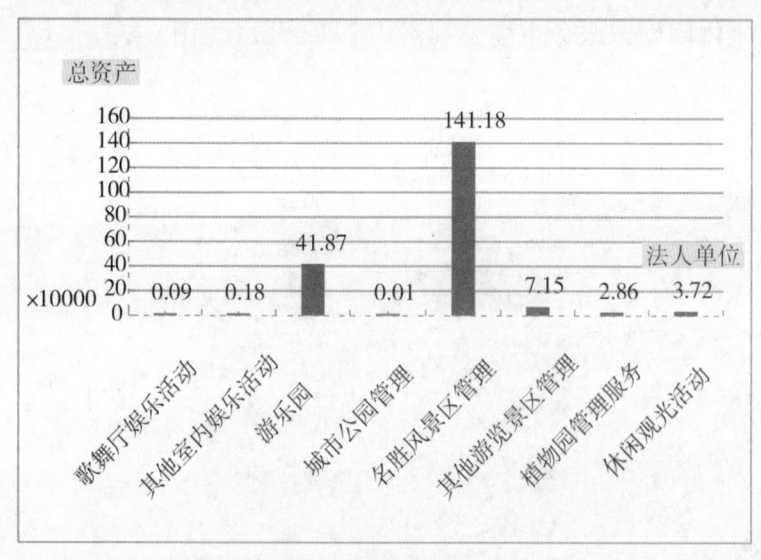

图6-3　2017年山西省规模以上文化休闲娱乐服务业法人单位总资产

第一节　山西省文化休闲娱乐服务行业发展现状

一、娱乐服务领域发展现状分析

娱乐服务,是指提供营业性歌舞、游艺等娱乐活动的服务。传统的娱

[①] 数据来源:山西文化产业普查调查市场主体数据报告(2018)。

乐业包括舞厅、夜总会、咖啡厅、酒吧、茶艺馆、卡拉OK厅、游戏厅、台球厅、保龄球馆、网球场、游泳池等。随着娱乐业的发展,健身中心、迪厅、蒸汽馆、日光馆、网吧、高尔夫球场等娱乐项目业已成为大众娱乐消费的热门项目。娱乐服务满足消费者寻求休闲与享乐的高级精神消费需求。

(一)歌舞厅娱乐活动

歌舞厅,简称KTV,是娱乐休闲服务领域的重要组成部分。狭义理解为:提供卡拉OK影音设备与视唱空间的场所。广义理解为:集合卡拉OK、慢摇、背景音乐并提供酒水服务的娱乐场所。KTV也可以说是一个小型的唱吧,可以跳舞、唱歌、喝酒,对于小型聚会是第一选择。随着互联网时代的到来各个行业面临迭代升级,近年来KTV行业也出现了一些新技术、新模式、新趋势。主要表现出如下特点:

1.加快转型升级

我国的KTV行业经历了近30年的发展,如今业已进入行业发展的成熟期,即将进入转型升级期。一方面,大胆融入新思维新理念,在消费的升级及消费者迭代的大环境下,经营者既要突破传统思维与理念,进行模式创新、管理创新、营销创新。又要针对全新的消费族群,制定更具针对性、个性化的经营策略。另一方面,与高科技、数字技术的融合。包括互联网、VR、巨幕、多屏互动、3D全息智能化管理在KTV行业的应用等。最后,泛娱乐板块的跨界整合:如KTV餐饮、KTV影吧、KTV酒吧、KTV其他娱乐形式等共同构成了KTV行业转型升级的新内容。

2.迷你KTV崭露头角

迷你KTV发端于日本。2014年走进中国市场,2016年开始迅速发展,占领了北上广等一线城市,2017年出现在山西省太原市场。目前,太原市场上的迷你KTV品牌主要有咪哒、友唱、优唱等,品牌繁多,短时间内在太原遍地开花。分析其原因,一方面,该产品迎合了消费者利用"碎片化时间"消费的心理;另一方面,较低的投资成本赢得了创业者的青睐。迷你KTV一般设立在商场、卖场等人流穿梭的地方,相较于大型传统KTV在人力、租金等方面的成本要少很多。据悉,一间迷你KTV的成本价在23000元左右,外加场地费和电费,在选址合理的前提下,一台机器在半年之内可以收回成本。

然而,这种迷你KTV能否持续保持盈利能力?以唱歌为主同时衍生出其他消费内容的传统KTV收入渠道多样化,而这种迷你型的KTV盈利模式相对十分单一。另外与传统KTV包厢相比,迷你KTV声音、灯光效果并无优势。目前迷你KTV尚能借流行之势与传统KTV瓜分市场,但是未来想要保持长久的竞争力必须及时迭代创新才能在激烈的市场竞争中立足。

3.线上KTV风起云涌

互联网经济刷新着各个传统行业的经营模式。KTV行业衍生出线上KTV。线上KTV是指人们利用互动式唱歌软件以及移动端唱歌App进行的K歌活动,随着越来越多的线上KTV的出现和流行,人们越来越青睐这种实惠、便利、私密的线上KTV,如此大大冲击了实体店的KTV消费。线上KTV是传统线下KTV需要拓展的一块黄金市场,线上KTV通过在线预订、自助开房、在线超市、电子会员卡、移动支付等业务能够掌握消费者的数据信息,成为行业实现精准营销、提升竞争力,以及深入解决行业问题的通道。基于此,线下传统KTV必须与线上KTV融合发展才能实现互利共赢。

(二)电子游艺娱乐活动

电玩市场规模不断扩大,据有关机构调查研究显示,2014年我国电玩市场规模为33.23亿元,到2016年增长至36.70亿元。随着VR等新娱乐项目的引进,电玩城行业的市场规模还将不断扩大,据2017年年初发布的数据预测显示,到2020年,中国电玩城市场规模将增长至48.02亿元。[1](见图6-4)

电玩市场的消费人群主要以年轻人为主。男女消费比例各占一半。近年来,尽管电玩城的机台品类不断丰富,装修服务不断升级,但是行业竞争却日趋激烈。一方面是来自互联网线上娱乐的排挤。如今一个崭新的Z时代已经到来,出生在网络时代,深受网络影响和侵蚀的一代,手机游戏、电脑网络游戏成为他们的首选,在线上游戏的侵占之下,电玩城的线下游戏成为首当其冲的竞争对象。另一方面,是来自行业内部的竞争。电玩城属于

---

[1] 游艺风.开电玩城,是单打独斗还是加盟大品牌?[EB/OL].(2017-09-06)[2019-11-19].http://m.sohu.com/a/190113632_274750.

实体经济,占地规模较大,投资较高,在激烈的市场竞争中,很多规模较小、市场竞争力较弱的电玩城被迫退出市场,而一些知名品牌电玩城,如大玩家超乐场、风云再起、汤姆熊、城市英雄等也在激烈的竞争中谋求生存。最后是来自娱乐行业其他业态的竞争。同类型的网吧、手游、网游、KTV、影院等其他休闲娱乐消费方式都有可能成为电玩城的娱乐替代品。因此,电玩城产业在激烈的竞争环境中必须积极谋取创新发展之道。

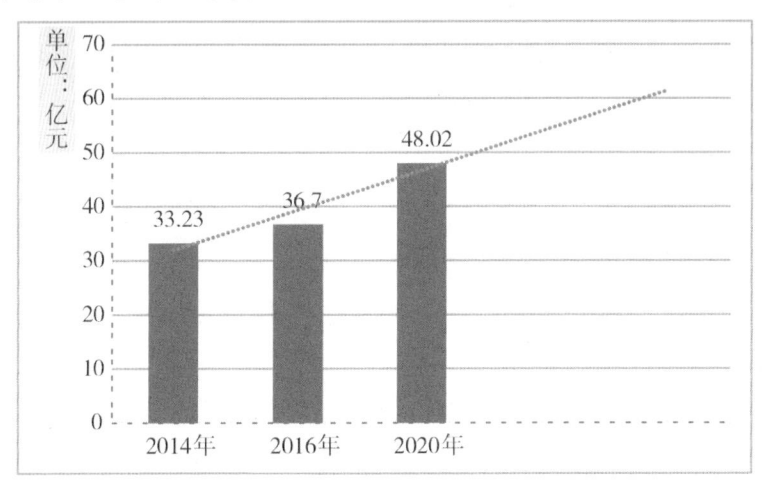

图 6-4　我国电玩市场规模预测

(三)网吧活动

网吧活动,指通过计算机等装置向公众提供互联网上网服务的网吧、电脑休闲室等营业性场所的服务。

近几年整个网吧行业都在发生着转型、变革,投资成本越来越高,如今的网吧已经告别了过去的脏乱差,逐步向着精细化、规范化、高端化、网咖化经营发展。随着网吧政策开放及用户需求的多样化,网吧正逐步由单一的上网场所转变为多元化的休闲娱乐场所。

据统计,山西省 2013 年至 2017 年网吧的数量分别为 1318、3323、3244、3466、3050 个。2016 年比 2013 年实现了 1.62 倍的增长。从业人员也由 2013 年的 4381 增长到了 2016 年的 11491,也实现了 1.62 倍的增长。但 2017 年有所下降。三年中从网吧数量和从业人员的增长率来看,山西省的网吧行业规模不断扩张,为了适应时代的发展,尤其是互联网宽带的普及,面对市场的变化和竞争的压力,网吧业主不仅在环境方面营造舒适的上网空间,而且在电脑设备的软硬件方面持续升级改造,以打造快速、高级的上网体验赢得网吧的上座率①(见图6-5)。

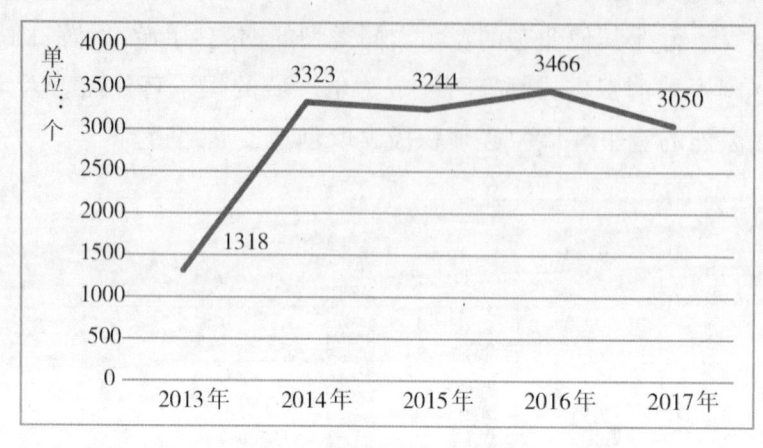

图6-5 山西省网吧数量

在硬件设施方面,网吧终端向高清屏、大内存发展。在软件设施方面,为顺应移动互联网热潮,截至2017年6月,9成以上的网吧提供Wi-Fi服务,7成以上的网吧提供Wi-Fi、手机连接线,作为网民娱乐的辅助服务。游戏的需求是目前网吧用户的主要需求之一,所以保证电脑游戏软件的更新是留住众多游戏爱好者的一项重要指标。网民多样化的需求对网吧的转型升级提出了更高要求。网吧业主必须开放思想,转变经营思维,为网吧行业的长远发展谋求新的出路。

网吧数量和从业人员的增长掩盖不了行业运营不景气的现状。不少网吧的收入可能连房租都负担不了。究其原因,一方面由于家庭宽带的普及、电脑的普及以及手机应用的不断智能化等原因,使主动走进网吧的人群越来越少;另一方面对于网吧经营者来说,关起门来做生意,单靠赚取网民的上网费来经营导致营业额急剧下滑。所以网吧环境的改善、软硬件的更新换代只是基础的工作,网吧要想实现真正意义上的转型升级,必须大胆创新,突破传统单一的业态模式,增加消费内容,利用好互联网营销的优势,

---

① 数据来源:《2017山西文化产业发展概览》。

增加与会员的互动,增加产品和顾客之间的黏性。重视团队和人才的培养。将网吧升级为平台,而不单单是一个电子竞技的场所。

(四)其他室内娱乐活动

室内游乐活动,包括儿童室内游戏娱乐服务、室内手工制作娱乐服务和其他室内娱乐服务。据统计,山西省2016年规模以上其他室内娱乐活动法人单位仅1个,从业人员111个,资产总计1683.4万元。[①]

大型室内游乐场注重区位选择与产业融合。山西梦幻海室内主题乐园,是目前山西乃至中国中西部地区最大的室内恒温水上游乐中心。总投资达6亿元,每年可接待游客300万人次。目标客户群以家庭型消费为主,以适合儿童、青少年游玩的水上游乐和适合中老年游客休闲的温泉泡池及水疗组成,基本覆盖全年龄层游客。园区设有室内宇宙飞碟、大型舞台表演、龙卷大喇叭三个特色表演区,游客可体验《宇宙飞碟》科幻主题秀、3D全息影像演出、嘉年华花车巡游等七大文化主题,海浪池、漂流河、大喇叭、巨兽碗、秘境泳池、阳光沙滩、大型主题水寨、多彩竞赛滑梯、儿童戏水天地、温泉泡池等40余个水上娱乐项目,集惊险、刺激、动感、娱乐、休闲于一体。通过打造集绿色生态回归、游园嬉水、文化旅游、休闲度假等于一体的项目,丰富了当地旅游业态,目前已形成"可览、可游、可参与"的新式旅游项目,景区与传统旅游景点相结合,完善旅游产业链条,组合黄金旅游线路,推出灵活个性化旅游线路,吸引山西省乃至全国大量游客到来,是孝义市第一个集观光、娱乐、购物、休闲于一体的旅游商业综合体项目。其借鉴了洛杉矶迪士尼乐园、香港迪士尼乐园等世界知名主题乐园的设计和经营理念,引进国际顶级水上娱乐设施,葫芦造型的三层立体式空间创新布局,引领山西旅游新潮流,对于提升山西的主题娱乐型景区具有十分重要的意义。

(五)游乐园活动

指配有大型娱乐设施的室外娱乐活动及以娱乐为主的活动。

近年来,山西省迎来主题乐园开发热潮,乌金山狂欢谷游乐园、孝义梦

---

① 数据来源:《2017山西文化产业发展概览》。

幻海乐园、榆次三晋乐园、大同方特欢乐世界……这些游乐园突破了山西省旅游开发的资源限制，成为山西旅游发展新的增长点和消费新模式，明显提升当地旅游业，也进一步丰富了山西省参与体验类的旅游产品。

三晋乐园是山西省首个大型主题乐园，总投资2亿元，是集国际化、现代化、主题化为一体的大型综合性游乐园，由罗马假日、玛雅文明、天使乐园、梦想王国四个主题区组成。将三晋传统文化、流行时尚文化、科技创新元素和文化旅游特性完美融合，以快乐体验、实现梦想为主旨，将游戏、科技、实践结合于一体。乐园开业以来，不仅丰富了晋中的旅游产品，也为山西旅游产品注入了新的活力。数据显示：2016年春节长假景区共接待7.16万人，收入360万元，成为山西省旅游市场一匹黑马。

方特欢乐世界，由深圳华强方特文化科技集团与大同市政府联合打造，位于山西省大同市御东新区，总占地面积约800亩，是晋冀蒙地区规模最大的第四代高科技主题乐园。大同方特欢乐世界以科幻、互动式体验为最大特色，通过结合多种现代高科技与艺术营造梦幻感受，被誉为"东方梦幻乐园""亚洲科幻神奇"。它突破了国内其他以机械游乐设施为主的传统主题乐园概念，以大型高科技展示项目为主要表现形式，大量使用如巨幕3D、环幕4D、跟踪式立体电影、DARK RIDE等世界领先的高新技术，力求让当地及周边人民感受到第四代高科技主题乐园带来的震撼玩乐体验。此前，华强方特文化科技集团在全国各地已成功运营了19个大型文化主题乐园，并走出国门，将文化科技主题乐园输出到伊朗、南非、乌克兰等国家。大同方特欢乐世界是方特家族的第20个成员，是一座完全具有中国自主知识产权的大型主题乐园。大同方特欢乐世界主要由飞越极限、海螺湾、魔法城堡、聊斋、唐古拉雪山、生命之光、熊出没历险记、火流星等二十多个主题项目区组成，项目内容包含科技动漫、未来幻想、科普教育、神话传说、主题表演等多个方面，涉及主题项目、游乐项目、休闲及景观项目200多项。作为国内大型高科技主题乐园的代表，整体综合规划之初大同方特欢乐世界就将衍生产品纳入主题乐园的发展链条之中。①

---

① 主题乐园：打造山西旅游消费新模式[EB/OL].(2016-10-25)[2019-11-19].http://www.sxrb.com/sxjjrb/wuban_0/6424744.shtml

主题乐园的火热为人民大众提供了更加新颖的体验，丰富了旅游的形式，促成了经济新的增长点，然而，目前诸多主题乐园仍存在着"同质化"的瓶颈，未能真正融合当地文化，释放出全部的魅力。主题公园一定要逐步改变重投资轻管理、重硬件轻软件的情况，要大力塑造品牌，实现差异化竞争。同时结合精准营销，不断创新，慢慢培育市场。

（六）其他娱乐业

指公园、海滩和旅游景点内小型设施的娱乐活动等。

据统计，2016年规模以上其他娱乐业法人单位仅1个，从业人员111个，资产总计15253.6元。[①]

二、景区游览服务发展现状分析

目前，我国居民的生活水平不断提升，人民对美好生活的需要日益广泛，不仅对物质文化生活提出了更高要求，而且对精神文化生活也提出了更高的要求。居民生活水平的提升直接激发了居民的消费和支出的欲望，"法定假期"和"带薪休假"等政策也为居民提供了更多的闲暇时间，加上越来越多便利的公共交通工具和私家车的出现，居民潜在的旅游需要正不断地转变为现实的、有效的旅游需求。

我国居民的收入水平不断提升，旅游消费支出不断增加。2016年，山西省城镇居民可支配收入达到27352元人民币，农村居民人均可支配收入也达到10082元。[②]消费水平提高、旅游消费观念日趋大众化，我国人口基数庞大带来了相应庞大的旅游消费需求。山西省景区旅游产业经济总量持续增加，产业规模不断扩大。2016年山西省旅游总收入4247亿元，排名全国第15，与上年持平；从增速看，2016年山西旅游总收入同比增长23.19%，增速也排名全国第15。根据已经公布的《山西省"十三五"服务业发展规划》，2020年山西全省接待旅游总人次达到6亿人次，旅游业总收入年均增长

[①] 数据来源：《2017山西文化产业发展概览》。
[②] 数据来源：山西省统计局官网 http://tjj.shanxi.gov.cn

15%,也即,到 2020 年山西旅游总收入将达到 6900 亿元,在已经公布"十三五"旅游发展目标的省份中排名第十三位。①可见,人民用于景区旅游的消费支出不断增加,整个市场发展欣欣向荣。未来旅游市场发展前景将会持续升温。

根据《文化及相关产业分类(2018 年)》分类方法,景区服务领域包括城市公园管理、名胜风景区管理、森林公园管理、其他游览景区管理、自然遗迹保护管理、动物园、水族馆管理服务、植物园管理服务。

(一)城市公园管理

公园管理,是指对公园的整体进行管理、整治,以使公园的设施完好、植物繁茂等。主要包括:对公园内古树名木的保护和管理,保证古树名木正常生长;对公园设施进行维护和保养,保证设施完好;保护公园的文物和有纪念意义的建筑物、设施等,建立保护措施,保证文物和设施完好;加强公园内的环境保护;做好园林植物病虫害防治工作,防止园林植物病虫害发生和蔓延;在公园内明显的位置设置游人须知、引导标牌、警示标设施;建立健全安全管理制度,加强游乐设施、节假日游园等活动的管理,保障游客生命财产安全。《公园设计规范》中定义:"公园是供公众游览、观赏、休憩、开展科学文化及锻炼身体等活动,有较完善的设施和良好的绿化环境的公共绿地。"具有改善城市生态、防火、避难等作用。公园一般可分为城市公园、森林公园、主题公园、专类园等。现代的公园以其环境幽深和清凉避暑而受到人们的喜爱,也成为老人、孩子、情侣的共同休闲游玩圣地。②

据统计,2016 年山西省规模以上公园管理单位 1 个,从业人员 75 个,资产总计 31.5 万元。公园占地面积达 11230 公顷。③为更好地丰富公园文化内涵,提高公园管理水平和艺术品位,拓展公园服务内容,丰富市民文化生活、补充人们的精神需求,结合公园自身的条件和特点,2017 年,太原南寨

---

① 山西旅游业发展现状分析 [EB/OL].(2017-11-30)[2019-11-19].https://baijiahao.baidu.com/s?id=1585458493145302389&wfr=spider&for=pc
② 定义来源:《2018 中国文化产业年度报告》。
③ 数据来源:《2017 山西文化产业发展概览》。

公园以"醉美南寨畅游田园"为主题的第八届田园文化节于7月13日开幕,7月19日正式拉开帷幕。此次文化节历时7天。活动内容有:举办南寨公园"醉美南寨畅游田园"大型田园花卉展、"醉美南寨畅游田园"科普教育展,举办大型义诊"健康服务到身边"活动,非物质文化遗产的展出。此次文化节不仅展示了南寨公园田园野趣、淳朴自然的风貌,更让游人体验到放松心情、拥抱自然的愉悦。2018年10月31日,位于太原市小店区昌盛东街的和谐公园建成,并向市民开放。据了解,和谐公园共占地13.33万平方米,公园内有着丰富的自由线形元素和本土适宜植物。和谐公园以自由的线形元素和本土适宜的植物选择为设计依托,本着建设以人文关怀、自然憩息、生态绿道为原则的公共绿地,营造出一处朝气蓬勃的现代都市公园。据了解,和谐公园总体设计分为活力都市、错落山谷、滨水湿地、自然律动四个大区,绿化总面积8.88万平方米,湖面面积约1.9万平方米,入口处有树阵空间、旱喷广场等供人嬉戏停留的多种不同形式的区域。同时,和谐公园在内部空间有观景广场、廊架空间、临湾广场、台地空间等多功能多层次的区域,以满足不同需求及各年龄阶层市民的习惯。

(二)名胜风景区管理

名胜风景区管理指对具有一定规模的自然景观、人文景观的管理和保护活动,以及对环境优美,具有观赏、文化和科学价值风景名胜区的保护与管理活动。

截至2016年,山西省名胜风景区5A级的包括忻州市五台山风景名胜区、大同市云冈石窟、皇城相府、平遥古城等6个;4A级的包括晋祠旅游区、灵石王家大院旅游景区、浑源恒山景区等共计89个;3A级的包括万荣孤峰山景区、文水苍儿会景区、太原白云寺等共计41个,2A级17个,1A级2个。[1]

由中国社会科学院舆情实验室、中国旅游报社、"中国旅游影响力调查课题组"联手中国社会科学出版社中社智库、人民网舆情数据中心等机构主办的"中国旅游影响力调查2018——山西省最具影响力十大景区"调查

---

[1] 数据来源:《2017山西文化产业发展概览》。

结果公布。山西省最具影响力十大景区中,五台山风景名胜区以95.3分位居首位,平遥古城以91.1分居第二位,云冈石窟以88.6分位列第三。其他景区依次为:乔家大院文化园区、忻州市雁门关景区、晋城皇城相府生态文化旅游区、介休绵山景区、晋祠旅游区、壶口瀑布风景名胜区和北武当山风景名胜区。[1]2018年五台山景区持续拓展产业带动市场,举办一系列文旅活动,推出了住民宅、贴窗花、包饺子、点旺火、品素斋等一系列旅游体验活动。景区全力打造多样化、智能化、人性化服务,正式启用线上线下自助取票、门禁验票系统,3000余个新停车位、20座三星级旅游公厕陆续投入使用,新购置100余辆纯电动环保巴士、新建20个旅游服务咨询岗为游客提供便捷的交通和咨询服务。自驾休闲游日趋成为许多游客赴五台山景区的首选,景区全年接待自驾游客达总数的50%以上。同时,客源逐渐突破京津冀陕等地区,不断向云、贵、川、粤、桂等地以及国外辐射。据悉,2018年五台山景区进山收费人数突破279万人,入山门票收入3.7亿元,同比分别增长17.25%和16.66%,均创历史新高。[2]

截至2016年底,山西省共有国家级、省级风景名胜区49处,总面积4818平方千米。6个国家级风景名胜区中,恒山、五老峰、北武当3个总体规划国务院已批复,五台山、壶口、碛口3个总体规划国务院正在审查中;43个省级风景名胜区中,省政府已批准实施的总体规划12个,正在审查的3个,大部分风景名胜区总体规划处于编制中。《调研报告》显示,近年来,山西在风景名胜区保护、利用和管理方面取得了一定的成效。目前已建立风景名胜区三级管理体制,持续开展综合整治、专项治理及执法检查工作,切实保护了风景名胜区资源,推动了山西旅游业经济健康发展。[3]

然而,风景名胜区规划编制相对滞后、管理机制亟须完善、存在部分违

---

[1] 山西省最具影响力十大景区公布五台山风景名胜区居首 [EB/OL].(2018-05-17)[2019-11-19].http://www.sxxz.gov.cn/zwyw/szfyw/201805/t20180517_773352.shtml

[2] 五台山景区2018年游客接待量突破279万 [EB/OL].(2019-01-17)[2019-11-19].http://www.sx.xinhuanet.com/2019-01/17/c_1124000941.htm

[3] 山西省6个国家级风景名胜区总体规划全部编制完成 [EB/OL].(2017-11-18)[2019-11-19].http://district.ce.cn/newarea/roll/201711/18/t20171118_26909701.shtml

法乱建行为等问题,也极大地影响了山西省风景名胜区的可持续利用。《调研报告》显示,山西风景名胜资源丰富,但资源保护、开发利用仅停留在局部。对此建议,要增强全社会对风景名胜区工作的认识,强化依法管理风景名胜区的力度,既要加快规划编制的报批,还要尽快健全管理机构,切实履行监督职能,强化执法管理,以确保山西风景名胜区资源得到科学有效利用。

(三)森林公园管理

指国家自然保护区、名胜景区以外的,以大面积人工林或天然林为主体而建设的公园管理活动。

山西省政府拟设立5处省级森林公园:灵丘县北泉、平型关、大同县大同火山群、盂县尖山、阳泉市郊区翠枫山森林公园。

从太原市林业局获悉,太原市各区政府投资建设的城郊森林公园或生态园13处,通过认养造林模式打造的城郊森林公园17处,共计30处。太原市东西山作为山西省城第一道生态屏障,林业用地面积84.372万亩(城六区总面积212.4809万亩),由于过去造林标准低,造成东西山有林地面积少、树林面积多、林相不整齐、林分质量不高、生态系统脆弱。"十一五"期末,城六区森林覆盖率只有15.35%,低于全市森林覆盖率(16.1%),有林地面积只有32.616万亩,东西山绿化区还有40.7万亩宜林荒山需要绿化,1.2万亩开山采石破坏面需要植被恢复,大部分疏林地、未成林地需要进行景观提档、加强管理。2011年至2017年,太原市在东西山完成人工新造林40.485万亩,提档造林28.136万亩,基本实现了消灭荒山的目标。各区政府投资建设的城郊森林公园或生态园13处,西山有万亩生态园、狼坡生态景区、偏桥沟风情小镇、赵氏沟(桃花沟)生态景区、四达沟生态景区、王封一线天生态旅游景区、蒙山景区7处,规划面积5.4万亩;东山有民兵基地生态园、长沟生态园、榆林坪片区、大垴山植物园、山庄头生态园、锦林城郊森林公园6处,规划面积5万余亩。与此同时,太原市通过认养造林模式打造的城郊森林公园17处,钢盛、亚鑫、盛科、中医药、国信、梗阳、玉泉山、长风、豪光、康培、奥申体育、君威、爱晚、煤气化、环投天丽等15个城郊森林公园分布在西山一带,规划面积16万余亩,完成造林绿化及其配套设施建设投资 73.6 亿元,累计栽植各类苗 1200 余万株(丛),高标准完成造林绿化 3.6 万亩,治理破坏面 230 万平方米,区域生态环境得到了质的改变。五龙、台骀山城郊森林公园位于东山,规划面积 2.38 万亩,投资 5 亿多元,完成造林 2.1 万亩。①

在距太原市 150 公里有关帝山(又称宫帝山、南阳山、三层崖)国家森林公园。该公园设在庞泉沟国家级自然保护区内,1992 年 9 月经林业部批准建立,面积 78 万亩。公园内四季分明,气候温和,属温带大陆性气候,关帝山主峰孝文山耸立在公园北端,海拔高达 2831 米,气象万千。园内生长的植物多达 870 多种,主要树种有油松、辽东栎、山杨、白桦、华北落叶松、醋柳、侧柏、云杉等。从海拔 1300 米的东大门至 2830 米的主峰,森林植被形成了由不同树种和其他植物构成的明显垂直景观带。

(四)其他游览景区管理

游览景区,是指以旅游及相关活动为主要功能或主要功能之一的区域场所,以其特有的旅游特色和价值吸引旅游者前来,通过提供相应的旅游设备和服务,满足游客参观游览、休闲度假、康乐健身、科考探险等旅游需求,具备相应的旅游设施并提供相应的旅游管理服务的独立管理区。

(五)自然遗迹保护管理

自然遗迹保护管理,包括地质遗迹保护管理、古生物遗迹保护管理等。

山西省位于黄河中游的黄土高原之上,省域面积 15.67 万平方公里,在 32 亿年的地质历史长河中,历经沧海桑田、凤凰涅槃般的塑造变迁,形成今日之表里山河。大自然在赋予山西丰富矿产资源的同时,也赋予了山西极其丰富、珍贵和富有特色的地质遗迹资源。

截至目前,山西省已调查发现 3 大类、11 类和 29 亚类地质遗迹共 493 处,其中世界级 13 处、国家级 137 处、省级 166 处。这些重要的地质遗迹中,既有国家级典型层型剖面,也有独具特色的太行山大峡谷、红色嶂石岩地岩峰丛与溶洞、大同火山群、宁武冰洞、黄河壶口瀑布、黄河乾坤湾蛇曲

---

① 太原市建成 30 处城郊森林公园、生态园[EB/OL].(2017-11-18)[2019-11-19].http://www.sohu.com/a/251772220_124734.

谷和运城盐湖等地貌景观,更有榆社哺乳动物化石产地、垣曲曙猿化石产地、华夏植物群化石产地、长子硅化木产地、丁村和许家窑古人类遗址等古生物化石产地,还有极具地方特色的大同晋华宫和朔州安太堡煤矿采矿遗址等。

地质遗迹保护区是指将在国际、国内和省内有典型意义,在科学研究上有重大研究价值或者具有较高美学观赏价值的地质遗迹集中分布地,依法划出一定范围予以特殊保护和管理的区域。根据不同的保护对象,地质遗迹保护区有地质公园、古生物化石集中产地和矿山公园等多种,保护对象单一或保护范围较小的可建独立保护区。

地质公园是以具有特殊地质科学意义,稀有的自然属性、较高的美学观赏价值,具有一定规模和分布范围的地质遗迹景观为主体,并融合其他自然景观与人文景观而构成的一种独特区域,也是地质遗迹保护区的一种重要类型。地质公园既是观光旅游、度假休闲、保健疗养、文化娱乐的重要场所,也是地质科学研究与普及的天然基地。地质公园级别分为世界地质公园、国家地质公园和省级地质公园。截至目前,我国已有世界地质公园37处,国家地质公园212处。依托丰富的地质遗迹资源,山西省现已建设各类地质保护区25处,保护面积约2300平方公里。其中,国家地质公园10处,省级地质公园9处,国家级古生物化石集中产地4处,国家矿山公园2处。[①]

(六)动物园、水族馆管理服务

指以保护、繁殖、科学研究、科普、供游客观赏为目的,饲养野生动物场所的管理服务。野生动植物保护是整体生态系统中的重要组成部分,直接关系到全球生态健康和安全。以国家加强生态建设的整体战略为指导,遵循自然规律和经济规律,坚持加强资源环境保护、积极驯养繁育、大力恢复发展、合理开发利用的方针,以野生动植物栖息地保护为基础,促进野生动植物保护事业的健康发展,实现野生动植物资源的良性循环和永续利用,保护生物多样性,从而保证我国国民经济的发展和人类社会文明的进步。

---

① 山西省自然资源厅官网。

（七）植物园管理服务

指以调查、采集、鉴定、引种、驯化、保存、推广、科普为目的，并供游客游憩、观赏的园地管理服务。

白马寺山植物园以白马寺沉陷区生态综合整治工程荣获"中国人居环境范例奖"。白马寺山植物园已经种植了油松、华山松、白皮松等大常青树，以及国槐、栾树、银杏、樱花、紫薇等大落叶乔木和大花灌木3万余株、小灌木15万余株，收集树种近300种。园内建有月季园、樱花园、紫薇园等20多个专类园，种植了各种不同花期、不同花色的植物，供人们感知植物、认知植物，成为晋城市最大的植物综合公园和市民亲近自然、认知植物的科普教育基地。同时，白马寺山植物园将白马寺山沉陷区治理与城市公园建设相结合，对生态环境进行综合整治和恢复，不仅增加了城市绿地面积，提升了城市品位，还有效改善了市区生态环境，对防止水土流失、净化空气、调节气候有着重要的意义。

三、休闲观光游览发展现状分析

休闲观光游览服务包括休闲观光活动和观光游览航空服务。

休闲观光活动，指以农林牧渔业、制造业等生产和服务领域为对象的休闲观光旅游活动。观光游览航空服务，指直升机、热气球等游览飞行服务。目前山西省还未发展相关的观光游览航空服务。

目前大同市平城区具有一定规模的现代休闲观光农业园区60多家，每年接待游客2万多人次，旅游观光生态农业收入突破200多万元。今后计划打造以农业为主的农业博物馆项目。新荣区以方山永固陵、得胜堡、助马堡等古堡古迹为主线，沿古长城旅游线，打造包括餐饮民宿的休闲观光农业和乡村旅游。云冈区利用地方政府债务资金350万元，区级配套40万元，实施全家湾园区电力设施改造项目等9个休闲观光农业园区提档升级项目。[①]

[①] 今年大同市三个区继续发展休闲观光农业 (2018-6-21)[2019-11-19].http://www.sxrb.com/sxwww/dspd/dtpd/xwlb/7530747.shtml

第二节 山西省文化休闲娱乐服务行业发展的问题及面临的挑战

2016年9月,文化部印发《关于推动文化娱乐行业转型升级的意见》,对扩大文化消费,推动文化娱乐行业转型升级,促进行业健康有序发展起到了积极的推动作用。一些歌舞娱乐和游戏游艺企业先行先试,在拓展消费人群、参与公共文化服务等方面进行了成功探索。这些都为文化娱乐行业转型升级积累了有益经验。但是也不能忽略文化休闲娱乐服务行业的发展仍存在诸多问题。

一、市场发展不完善的问题亟待解决

目前,我国的文化休闲娱乐行业仍处于转型升级阶段,市场发展不完善的问题亟待解决。

(一)同质化现象严重

文化休闲娱乐行业飞速发展,各类型产品纷纷涌现,导致了供大于求的局面,同质化问题突显。这在网吧、游戏游艺厅、歌舞娱乐厅、游乐园、旅游景区上体现得尤为明显。山西省主题公园发展快速,但其内容和硬件设施方面尚有巨大的提升和创新空间。山西的主题公园虽然游乐设施齐备,规模大,集旅游、休闲、餐饮服务为一体,但却没有文化内容作为支撑,无法形成文化认同,更无从走出国门。游玩过后高端的娱乐设施带来的兴奋刺激感很快消失殆尽,能够让你记住和回味的东西几乎没有。这是因为文化内涵、地方特色方面的缺失造成的。反观迪士尼乐园的成功源自世界各地的人们对它的文化认同。而山西乃至我国尚未有针对主题公园发展的行业发展规划,相比国际大型主题公园,国内主题公园开发商仍然将目光集中在如何提高游客量,而忽视提高零售、游戏、餐饮以及体验产品的附加值。同样的问题还存在于旅游景区中。低端旅游产品充斥市场,无法获得游客的青睐,而中高端产品严重供给不足,供给侧结构不合理、不平衡无法适应需求侧多元化、升级

型的市场消费需求。各个室内游乐场及电玩游艺厅的游戏游艺机与游乐设施同样存在同质化、缺乏创新和特色的问题。行业虽然处于快速成长阶段，但是存在无序发展的现象。升级为网咖的网吧行业也同样面临着无法突破常规经营模式的境遇。一个区域甚至一个城市的文化休闲娱乐场所千篇一律，缺乏清晰的定位，最终只能承受同质化带来的低层次竞争的结果。实际上山西是一座有着悠久历史文化的古城，只有将特色文化与文化休闲项目做到真正的融合才能在观众心中产生强烈的认同感。

（二）专业化人才缺乏

文化娱乐服务行业的关键在"创意"，最核心的资源是人才。目前山西省文化娱乐服务行业文化创业力量单薄，文化创意人才不足，文化产业专业人才、文化娱乐服务企业经营管理人才匮乏。景区由于竞争机制的缺乏导致人才断裂，人员素质整体过低，相关岗位缺少专业培训，因此从事景区相关岗位的人员多数是外行转业的非专业人士。人才的缺乏直接影响了企业的创新和发展。同时，旅游景区还存在管理模式比较死板，待遇水平较低，造成招人难、留人难的问题。同样的问题也普遍存在于KTV、游戏游艺、网吧、主题公园等文化休闲娱乐行业中。

（三）商业化现象泛滥

文化休闲娱乐行业在发展的过程中既应该注重经济效益，也应该兼顾社会效益，然而很多休闲娱乐行业存在盈利模式单一，一味追求经济效益，商业化现象泛滥的问题。以景区的门票经济为例，是其盈利模式单一、过度商业化的典型代表。门票收入是景区收入的主要来源，每逢节假日价格必涨成为一种常态。虽然抬高票价可以在短期内快速增加收入，但从长远来看，票价的突然上涨丧失了游客的信赖度，直接导致重游率的降低。景区内云集了形形色色的商贩，充斥着各种品质低下的旅游产品。景区还存在着超负荷接待、变相开发、管理混乱等问题，长此以往，既对游客的利益造成伤害，也对景区的形象和声誉造成严重的破坏。

二、行业服务品质亟待提升

服务是文化休闲娱乐服务行业非常注重的品质，服务品质的优劣直接影响甚至决定行业是否能够健康持续发展。消费者的消费体验很大一部分来自服务本身的品质，因此提高行业的服务质量，越来越成为从业者关注的焦点。向消费者提供优质高效的服务是文化休闲娱乐服务行业从业人员应有的义务和责任。但是目前从业人员普遍缺乏服务意识，具体表现为对不同消费层次的客人不能一视同仁，重视高消费群体，轻视普通消费者；管理不当带来服务空白地带频显；面对顾客投诉态度强硬，服务严重滞后等问题。由此可见，文化休闲娱乐服务业经济数字上的飞速增长，并不能掩盖其服务质量参差不齐的事实，成为阻碍行业发展的壁垒。如KTV和网吧片面注重硬件数量，而服务质量却跟不上。网咖的兴起恰好说明了传统娱乐休闲行业发展的突围之路在于服务品质的提升。

三、技术创新和产业融合亟待完善

据国家旅游局统计数据显示，近年来我国国内旅游人数一直保持10%以上的上升趋势，仅在2017年上半年旅游人次达25.37亿次。早在2015年，国家旅游局发布的《"旅游+互联网"行动计划》中明确提出，到2018年，将推动全国所有5A级景区建设成为"智慧旅游景区"，到2020年，将推动全国所有4A级景区实现免费Wi-Fi、电子讲解、在线预定、信息推动等功能全覆盖。[①]但是2020年将至，相关技术还在不断完善建设之中，要想实现以上功能的全覆盖仍需更长的时间。以游戏游艺行业为例，其自诞生以来就与科技密切相关，如4K、体感传感器、虚拟现实技术等，这些新技术在游戏游艺行业的应用为其发展开辟了一条创新突围之路。但山西省整体娱乐环境呈现企业资金不足、玩家市场疲弱、技术水平有限、游戏的市场不够成熟的态势，加之高科技应用大幅增加了成本，开发难度大，山西省游戏游艺行业尚处在不断摸索的阶段，相关技术与产业的融合仍处于发展完善阶段。

四、文化内涵亟待充实提高

习近平总书记在十九大报告中指出：中国社会主要矛盾已经转化为人

---

① 数据来源：《2018中国文化产业年度报告》。

民日益增长的美好生活需要和不平衡不充分的发展之间的矛盾。如今人民群众的需求已不再仅仅局限于单纯的物质层面,反而对精神文化的需求呈现日益增长之势。文化休闲娱乐服务行业是山西省文化产业重要的组成部分,行业的发展应遵循"双效统一原则",始终将社会效益放在首要的位置。提高文化休闲娱乐行业的文化内涵,以满足人民群众对美好生活的期待。

文化内涵是景区人文景观的核心,然而山西省景区的同质化、商业化现象严重,古街古镇、游乐园千篇一律缺乏创新意识。同时,由于政府缺乏监管,盲目引进商户,使得原本应当着重发展高质量文化旅游的景区沦为商业街区,无法使游客在旅游的途中得到文化的陶冶。主题公园基本只有"旅游+地产"一种商业模式。以方特为例,主题公园需要配发房地产项目作为资金支持,否则很难实现收支平衡。开发商的重点很难在文化营造上下功夫,同样的问题是我国主题公园的通病,这种模式的组合直接导致主题公园的文化主题不突出,很难实现迪士尼那样的游客认同感和黏性,更无法打造全产业链的运营模式。无论是旅游景区还是其他文化休闲行业,只有突出特色文化、个性化需求等内涵,加强宣传推介,形成文化+的产业模式,才能够通过文化休闲娱乐行业的文化魅力提升山西省知名度和美誉度。

五、法律法规亟待发挥保障功能

目前山西省文化休闲娱乐服务行业的相关监管有待提升,立法也亟待完善。

为了保障旅游者、旅游经营者和旅游从业人员的合法权益,规范市场秩序,保护和合理利用旅游资源,促进旅游业健康发展,山西省应该出台相关的法律条例。但是部分娱乐场所还存在违法经营的现象,旅游景区内一些倒卖门票、非法载客、欺诈、隐形附加费用的现象仍旧存在。政府的监管力度严重不足,对于违规行为处罚机制有待完善,对于不法商家和游客的不文明行为缺乏相应的管理措施。

完善相关法律法规,增强政府的监管职能,是保障山西省文化休闲娱乐服务行业健康发展的必由之径。

第三节　山西省文化休闲娱乐服务行业发展的创新路径

一、提高服务品质，实现品牌化运营

随着经济社会的发展，我国的消费结构正在发生转型升级，物质消费为主的时代正在迭代升级，文化消费将成为新的经济增长点。山西省为支持文化产业的发展出台了一系列的政策。有着"无烟产业"美誉的文化休闲娱乐服务业是促进文化产业发展的中坚力量，未来文化休闲娱乐服务行业的竞争将越来越体现在服务质量的博弈上。

2017年6月，国家发改委印发《服务业创新发展大纲（2017—2025年）》（以下简称《大纲》），为今后一个时期深入打造中国服务新品牌、建设服务业强国以及加快服务业发展提供指引。山西省打造的"文化三晋、开放山西"品牌影响深入人心。将旅游景区文化与旅游深度融合。成功举办首届平遥国际电影节、平遥国际摄影大展、五台山文化旅游节、大同云冈文化旅游节等文化旅游节庆活动。推出《又见平遥》《太行山》《又见五台山》等大型实景演出，特别是《又见平遥》，截至2019年4月23日，大剧已累计演出4600余场，观演人数308万人次，演出收入达4.7亿元。[①]文化休闲娱乐服务行业未来的发展必将紧紧围绕提升服务质量，打造"山西服务"品牌。服务质量是服务类企业的立业之本，通过加强员工培训提升服务品质，推动整个文化休闲娱乐服务行业的升级，让每一位消费者享受到更加专业化、人性化的服务体验，进而实现品牌化运营，以服务打造品牌将是文化休闲娱乐服务行业在未来提升行业竞争力的有效途径。

二、多业态跨界融合，促进互动共生

文化部2016年印发的《关于推动文化娱乐行业转型升级的意见》中明

[①] 《又见平遥》6年观演人数达308万人次［EB/OL］.(2019-05-10)［2019-11-19］.http://wlt.shanxi.gov.cn/sitefiles/sxzwcms/html/xwzx/wlxw/27085.shtml

确表示:鼓励歌舞娱乐场所利用场地和设备优势,依法提供观影、演出、游戏、赛事转播等服务,办成多功能的文化娱乐体验中心。鼓励在大型商业综合设施设立涵盖上网服务、歌舞娱乐、游戏游艺、电子竞技等多种经营业务的城市文化娱乐综合体。鼓励娱乐场所跨区域开展连锁经营,鼓励连锁场所入驻城市文化娱乐综合体。鼓励连锁企业提升服务水准,引领行业创新,支持连锁企业上市,做大做强行业品牌。从政策和实际情况看,综合体是未来行业发展的趋势,也是业态集聚、强强联合的必然结果。①

山西省晋城汇邦现代城商业广场 3.0 模式,致力于打造一个集购物、休闲、餐饮、娱乐、居住、文化等多功能于一体的城市综合体。包括邦教育、邦生活、邦美食三部分。据了解,山西太原市正在筹建的远大购物广场,致力于建成一个复合型、多元化、现代化的大型城市综合体。据悉,这里规划建设远大购物中心、晋商街、甲级写字楼、高端公寓、五星级海湾酒店及高端品质住宅凤玺湾等多重业态,万象缤纷,融于一体。远大购物广场作为城市地段上的城市综合体,是以远大购物中心为核心,以晋商街为依托,集购物、餐饮、休闲娱乐、文化旅游、商务接待、创意办公、儿童教育、社区养老、高端居住等多功能于一体的复合型、多元化、现代化的大型城市商业集群。

未来山西文化休闲娱乐等服务业的跨越式发展应该以区域为依托,建成空间布局合理、业态结构相融、辐射区域特色鲜明的文化休闲娱乐等服务产业集群,形成独具特色的具有生命力的、生态化的综合体。

三、以数字科技促进休闲娱乐服务多样性发展

山西省文化休闲娱乐行业发展需与数字科技融合发展,加强数字化娱乐体验,加快数字化景区建设,提高数字化服务质量,提供智慧化服务,提升服务质量与服务效率,从而更好地让受众享受休闲生活、领略山西秀美自然风光、感受中华优秀传统文化的魅力。

当前,"智慧景区"的建设已经成为我国旅游业发展的一个新趋势。截

---

① 《2018 中国文化产业年度报告》。

至 2016 年,山西省 5A 级名胜风景区 6 个;4A 级 89 个;3A 级 41 个,2A 级 17 个,1A 级 2 个。①以景区为主体,以"互联网+"为平台,借助云计算和大数据等工具,实现了从人工到智能的转变:有了互联网,智慧景区实现了购票从线下到线上的转变;在游园方面,实现了从观光到体验的转变;在管理方面,实现了从粗放管理到数据管理的提升。还可以通过官方微信公众平台,实现景区微信购票、微信入园、语音导游、景区导航、后台管控等功能,为游客带来入园前到入园后的全新体验。"智慧景区"的建立,首先,融合互联网思维,加速景区服务的转型升级,以游客为中心,强化游客与景区的互动,提高游客的体验度;其次,能够提高景区的管理水平;而门票电子化、产品标准化以及营销方式多样化、精准化,也提升了景区的营销手段。

将互联网、数字化、人工智能等高新技术产品融入整个文化休闲娱乐服务业的建设中,通过科技的手段让人们获得临场的感官享受和神经的快感,扩大人们的视听和娱乐空间,强化交互式体验服务感受。平遥古城奇幻体验宫投资 5500 万元引进世界奇幻体验技术,体现"国际标准,中国元素,山西特色,文化支撑,项目原创"的特点,把晋商文化、孝德文化、黄土文化、根祖文化、一带一路文化用科幻手段实现互动体验。项目以文化体验、奇幻互动为主题,与科普、教育、艺术开发相结合;以文化传承为主轴、以互动体验为目标、以科技创意为手段、以魔幻娱乐为导向,集文化体验、休闲娱乐于一体。用科技的手段将山西文化以一种沉浸式的体验方式呈现给大众,体现了文化与科技融合的力量,这将是山西省文化休闲娱乐服务行业未来发展的重要方向。

四、优化供给结构,适应大众新需求

随着中国社会进入新时代,人民群众的消费需求迭代升级,山西文化休闲娱乐服务行业的发展应以现阶段人民群众的真实需求为目标,紧紧围绕人民群众当下的消费需求,对休闲娱乐产品品质和服务的供给做出相应

---

① 数据来源:《2017 山西文化产业发展概览》。

的调整，让供给水平适应居民消费结构升级的需求。优化供给结构是推动产业升级的必然选择，未来的发展方向主要体现在丰富经营业态和实现全产业链发展两个方面。

一方面，山西省政府鼓励娱乐场所拓展经营业态，发展连锁经营，推动文化娱乐行业转型升级，并给予相应的扶持。2017年，山西省文化休闲娱乐服务业的资产总额高达482.2688万元，在行业中占比24.2%，位居第一。① 同时为顺应"互联网+"发展趋势，鼓励行业与互联网融合发展，通过线上线下互动，增强体验式服务，成为拓展新型文化产业业态的新方向。

另一方面，整个行业需尽快实现内容资源的整合和衍生品开发，实现全产业链发展。例如，将"非遗"项目产品与旅游深度融合，利用"非遗"的文化魅力，提升旅游景区的文化内涵和品牌影响力。打造各景区的"非遗"明星，利用明星效应提升景区的知名度和美誉度。实现景区与"非遗"项目的合作共赢。旅游演艺活动正在成为山西旅游文化产业扩大发展的重要途径，它既体现了当前旅游业发展的主流趋势，又能够有效提升旅游产品内涵与景区质量，带来一系列的联动效应。王潮歌的《又见平遥》开国内景区大型实景演艺剧之先河，是"又见系列演艺项目"在我国北方的第一个成功范例，也是山西省转型发展做大旅游的重头戏。一部《又见平遥》，自诞生至今，不仅挣足了票房，更带动了旅游。自2013年春节后首演至今，盛况经年，历久不衰，不仅为平遥古城旅游锦上添花，带来巨大的经济收益，同时也打破了山西旅游景区演艺市场的沉寂。由此可见，行业的发展要以产品研发促进转型升级，以转型升级带动产品研发，逐步形成产业链上下呼应、合作共赢的格局。

五、实现"社会效益"与"经济效益"双效统一

党的十九大报告中强调："中国特色社会主义进入新时代，我国社会主要矛盾已经转化为人民日益增长的美好生活需要和不平衡不充分的发展

---

① 数据来源：《2017山西文化产业发展概览》。

之间的矛盾。"现如今人民的精神需求逐渐增长,一个精神消费、文化消费的时代到来了。文化休闲娱乐服务行业与民众生活息息相关,除了创造出巨大的经济效益,也应当在未来的发展中,更加重视发挥社会效益,提供高品质的文化产品和服务。

中央《关于推动国有文化企业把社会效益放在首位、实现社会效益和经济效益相统一的指导意见》(中办发〔2015〕50号),旗帜鲜明地提出国有文化企业要把社会效益放在首位,实现社会效益和经济效益相统一,是新时代推进文化改革发展的重要遵循。山西省贯彻落实意见,及时出台了《关于推动国有文化企业把社会效益放在首位、实现社会效益和经济效益相统一的实施意见》(晋办发〔2017〕8号),对全省国有文化企业实现两个效益相统一进行全面部署。一是加强省属文化企业"双效"考核。出台了省属文化企业负责人"双效"业绩考核、薪酬分配审核等制度,将社会效益考核指标细化量化。自2014年起每年开展省属文化企业"双效"业绩考核,依据考核结果确定企业负责人薪酬,确保国有文化企业始终坚持正确文化导向,实现社会效益和经济效益相统一。二是逐步建立起有文化特色的现代企业制度。省属文化企业集团均把社会效益第一、社会价值优先的经营理念和要求写入企业章程,全部实现集团党委书记兼任董事长。山西演艺集团和山西影视集团均成立了艺术委员会,山西出版传媒集团所属8个出版社均设立总编辑岗位,专门负责内容导向把关,具有一票否决权。

文化休闲娱乐服务行业未来的发展应坚持"社会效益"与"经济效益"双效统一的原则,为人民对"美好生活"的愿望贡献力量。以社会主义核心价值观为引领,坚持把社会效益放在首位,坚持正确发展导向,改善行业发展环境,增强企业社会责任,着力解决制约文化娱乐行业发展的关键问题,推动行业健康有序发展,不断丰富人民群众文化娱乐生活。

第七章　山西省文化辅助生产和中介服务发展研究报告

第一节　山西省文化辅助生产和中介服务发展现状

一、文化辅助用品制造的发展现状

根据国家统计局发布的《文化及相关产业分类（2018）》，文化辅助用品制造包括"文化纸张制造""手工纸制造""文化用信息化学品制造""油墨及类似产品制造"以及"工艺美术颜料制造"等内容。

据数据显示，2016年全国各地区规模以上文化制造业企业共有20361个，其中亏损企业2154个。同年，山西地区的规模以上文化制造业企业共有54个，在全国统计范围内的31个地区中排名第24，其中亏损企业22家，占总企业数将近半成。山西省文化制造企业营业收入为415531万元，利润总额为12209万元。因此，整体来看，山西省的文化辅助用品制造行业的发展无论是规模以上企业数量、企业盈利能力还是企业科技活动情况等，其发展水平都尚待提高。

近两年，随着社会发展，以及文化产业的不断发展，文化企业作为文化市场主体，正在进一步释放活力。此外，社会经济水平的提高和居民收入的不断增加，使人们在获得物质需求满足的同时，产生更多的精神文化需求。文化消费不断增加，文化消费质量更是得到不断提升，山西省的文化辅助用品制造行业发展也取得一定进展。

山西省文化辅助用品的头部企业包括山西恒泰隆纸业有限公司、山西鹰鲲科技有限公司、山西晋恒泰昌工贸有限公司等，2017年营业收入分别为46450万元、19509万元和18482万元。

二、印刷复制服务的发展现状

"印刷复制服务"中类归属于"文化辅助生产和中介服务"大类,包括"书、报刊印刷""本册印制""包装装潢及其他印制""装订及印刷相关服务""记录媒介复制""摄影扩印服务"6项小类。印刷复制服务业作为我国新闻出版业的重要组成部分,是文化产业的主要载体实现形式之一,兼具文化产业和加工工业的双重属性,是我国国民经济重要产业部门。印刷复制业还是国家文化产业和为国民经济配套服务的重要制造产业门类,面临着应对经济发展新常态,加快转型、融合升级,为人民群众提供更多、更好产品和服务的重要任务。

(一)相关政策陆续出台

围绕印刷复制服务产业的发展,国家先后出台了相关的金融支持政策,同时在供给侧改革的大背景下,开展了围绕印刷业、复制服务业等行业的亮剑督查行动。

2016年1月26日,中共中央总书记、国家主席、中央军委主席、中央财经领导小组组长习近平主持召开了中央财经领导小组第十二次会议,在研究供给侧结构性改革方案时特别强调,供给侧结构性改革的根本目的是提高社会生产力水平,落实好以人民为中心的发展思想。要在适度扩大总需求的同时,去产能、去库存、去杠杆、降成本、补短板,从生产领域加强优质供给,减少无效供给,扩大有效供给,提高供给结构适应性和灵活性,提高全要素生产率,使供给体系更好地适应需求结构变化。

2015年,"供给侧改革"就已经进入大众视野;2016年中央财经领导小组第十二次会议再一次强调供给侧改革,其重点在于对供给侧改革的落实。山西省作为煤炭能源大省,在此次会议讨论后,逐步确定和出台了具体的措施,使相关政策更加具有针对性和可操作性。同时,与山西省同步开展工作的还包括广东、重庆、江苏、浙江等地,这些地方都陆续发布了本省的供给侧结构性改革方案。供给侧结构性改革"去产能、去库存、去杠杆、降成本、补短板"的五大任务是相互关联的,各项任务目标在山西省的转型发展过程中是非常艰巨的,需要动态协调各项任务之间的作用,统筹兼顾并积极推进各项任务的完成。

(二)发展情况

据山西省统计局介绍,2018年1至5月,全省累计仍有八大行业全行业盈亏相抵后出现净亏损,合计净亏损2.48亿元,其中包括印刷复制行业。

山西省的印刷复印行业也培育出一些头部企业,包括山西臣功印刷包装公司、山西中亚包装印务集团公司等。山西臣功印刷包装公司的业务范围覆盖了山西省80%的市场和周边各省市,如陕西西安、内蒙古、河北石家庄、宁夏等地。2017年,该公司作为2017年山西转型综合改革示范区项目单位获得了山西省文化产业发展专项资金的支持,总投资15048万元,主要作为山西绿色环保印刷园区设备升级项目进行印刷设备的升级改造,使印刷技术和生产的印刷制品达到国际先进水准。山西中亚包装印务集团公司则是山西最大的包装和印刷设计、生产的公司之一。此外,山西闻兴印务有限责任公司、山西万佳印业有限公司,2016年分别实现营业收入62628万元和30457万元,是示范区营业收入前50名的印刷、复制企业。

山西转型综合改革示范区已经形成印刷复制企业集聚区,依托示范区的集聚效应和"文化+科技"融合发展的战略定位,印刷复制企业的绿色化、节能化的技术升级已经成为行业发展的趋势和目标。

(三)发展特点

"四化"的转型发展。山西省的印刷复制行业的转型发展主要突出"绿色化、数字化、智能化、融合化"的"四化"发展。全省在迎接十九大召开的专项行动中,积极推进印刷行业的"绿色化、数字化、智能化、融合化"的"四化"发展方向,以及加快调整光盘复制业的产业集约化水平和产业结构。

国际成本优势凸显。世界各国对印刷行业节能、降耗、减排、绿色、安全要求日渐提高。绿色印刷已经成为全球印刷业未来发展的主流,发展绿色印刷也已成为我国印刷业"十三五"发展的主攻方向。由于印刷业是我国新闻出版业中市场化程度最高的部分,经过多年的竞争磨砺,在国际市场具有明显的比较成本优势,市场份额稳步增长,具有较强的适应能力;而在国内市场,文化市场的繁荣和创意产业的发展,国民经济相关产业的稳定与持续增长,都将为印刷业提供更大的市场空间。

三、版权服务的发展现状

版权服务行业主要包括书、报、刊出版发行,音像及电子出版物出版发行和版权服务等内容。据统计,2016 年全国出版图书 499884 种,期刊 10084 种,报纸 3900666 种,音像制品 14384 种,电子出版物 9836 种等。同年,山西省出版图书 3513 种,期刊 147 种,报纸 60 种,音像制品 204 种,以及电子出版物 49 种等。可以看出,山西省的出版物主要集中在报纸的出版,其出版数量是北京出版数量的近 2 倍。但是在图书、电子出版物等门类,山西省的出版种数和数量则远低于全国其他地区,较为落后。

表 7-1　2016—2017 年山西省出版种类和数量

	出版物发行机构数(处)	电子出版物出版数量(万张)	录像制品出版数量(万盒)	书报杂志及电子出版物类商品零售价格指数(上年=100)
2016 年	2975	18.23	6.61	101.0
2017 年	2888	11.82	5.15	102.6

随着互联网的普及和快速发展,以网络为载体进行创作和传播的文化产品日渐增多,涉及的领域也非常广泛,包括以网络为载体进行的文学、电影、美术、音乐等网络"超文本结构"在内的若干作品类型。数据显示,2017 年中国版权产业的市场规模达到 6365 亿元,网络视频版权市场规模约占 10%,网络音乐版权市场规模约占 2%,网络文学市场规模约占 2%,网络广告和游戏约占 85%。

党的十九大以来,提出了强化知识产权创造、保护和运用等重大部署。版权产业的发展已经成为国家发展战略,山西省围绕十九大以来关于版权产业的部署,进行了山西省版权产业发展的重要部署,同时为山西省转型综改试验区的建设提供良好的网络版权环境,积极落实党中央、国务院的重要决策。据此,山西省在 2018 年开展了第 14 次"剑网行动",对网络侵权盗版等不法行为进行专项治理。

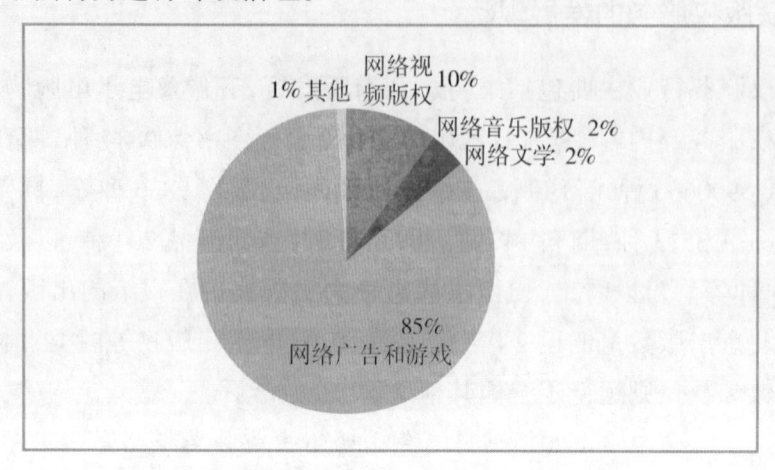

图 7-1　2017 年中国版权产业市场规模

2017 年 11 月,山西科学技术出版社、语文报社、英语周报三家单位被评为"山西省版权示范单位",作为首批版权示范单位,在版权保护建设、版权消费引导等方面进行示范。其中,由山西师范大学主管、山西师大教育科技传媒集团创刊于 1983 年的《英语周报》,作为一份面向全国大中小学生的英语教育教学辅导类报纸已经成为国内重要的教学辅导品牌。2010 年,《英语周报》社完成了转企改制,注册成立《英语周报》社有限公司。此外,《英语周报》在 2015 年还率先成为全国"数字出版转型示范单位",代表了山西省数字出版行业发展的重要方向。另外,在山西转型综改示范区内,率先形成了以《英语周报》社有限公司、山西同方知网数字出版技术有限公司等龙头企业为主的文化产品生产产业集群。

山西同方知网数字出版技术有限公司作为同方知网出版集团的数字资源基地、技术研发基地以及面向山西全省各行业的数字出版发行与技术服务中心,自 2012 年来共申请了 4 项专利以及 12 个软件产品著作权。由该公司筹建的山西同方知网产业基地将成为全国最大的数字出版、知识服务和数据加工产业园区。

除此之外,成立于 1998 年的山西春秋电子音像出版社也是一家专业的数字传播机构,隶属于山西出版传媒集团。随着互联网的不断深入,新媒体行业的不断变革发展,融合、创新早已成为媒体发展的主流。传统出版单位在互联网快速发展的背景下,寻求数字化转型发展早就成为生存、发展的重要课题。山西春秋电子音响出版社在数字化的转型实践中,逐步建立了二维码手机数字阅读的服务系统,并成功出版了多媒体电子出版物,将图片、文字、声音、影像等视听内容进行全面融合,展现了数字技术生动的表达特点。

2017年,中国数字出版产业的收入规模超过7000亿元,其中互联网期刊收入20.1亿元,数字报纸收入达8.6亿元。2018年是中国改革开放40周年,同时也是山西数字化出版转型项目的建设年。特别是着力于推进出版与数字图书馆的融合发展,以及推动传统媒体与新媒体的融合发展,辐射带动自主知识产权的数字出版产品的开发。山西省版权服务发展不断地向着规范化、数字化的方向升华转型升级。

图7-2 2017年数字出版产业收入情况(单位:亿元)[①]

四、会议展览服务的发展现状

会议展览服务业在全球范围内取得的发展非常显著,作为现代服务业的重要产业内容,会议展览产业通过产业联动效应,对当地的基础配套设

[①] 数据来源:中国数字出版产业年度报告。

施、旅游业、餐饮业等都能起到促进作用,从而对地区的经济能够起到有力的带动作用。

目前,全国范围内具有发展会议展览服务业的省市不在少数,其中山西省将会议展览服务作为重要的发展内容。2015年,山西省会展业经历了重要的困难发展阶段,政府主导型的会展逐渐退出,以市场为主体的会展业发展刚刚起步。会展企业、行业规范以及市场竞争力等都成为山西省会展产业发展的难点。

(一)相关政策

山西省在产业转型发展中,逐渐向服务经济进行转型。2016年,山西省颁布了《山西省人民政府关于促进会展经济发展的若干意见》(晋政发〔2016〕59号)。同年,山西省为加快落实《关于加快实施自由贸易区战略的实施方案》,推动落实自由贸易试验区的建设,在会议展览产业方面进行了重要布局。其中包括积极参与对外的文化交流活动,通过举办赏析文化产业博览交易会、"山西品牌中华行"和平遥国际摄影大展等大型文化会展活动,扩大山西文化在国际上的影响力,并通过重点展会打造山西省会议展览服务的特色品牌。此外,山西省还通过深圳文博会、北京文博会、东盟文化产业博览会等重要展会平台进行品牌塑造。通过与国外知名文化企业、文化机构的合作与交流,并积极借助新媒体、互联网等平台进行文化品牌的传播。

2017年,山西省发布《山西省财政厅山西省商务厅关于印发省级会展业发展专项奖补资金管理办法的通知》(晋财建二〔2017〕78号)。根据《山西省人民政府关于促进会展经济发展的若干意见》(晋政发〔2016〕59号)和《山西省财政厅山西省商务厅关于印发省级会展业发展专项奖补资金管理办法的通知》(晋财建二〔2017〕78号),山西省商务厅对省内举办的具有较大规模、广泛影响力和良好收益的展览活动进行资助,此外还对具有国内外影响力的会展项目进行适当奖励,资助金额30万元到100万元不等。

山西省在能源产业博览会、世界晋商大会邀请韩国、澳大利亚等为贵宾国的基础上,邀请RCEP协定其他成员国家轮流作为贵宾国,推动RCEP谈判进展。积极申请承办加快自由贸易区建设的相关活动,提高服务水平。

通过发挥山西省在会展业的合作优势,积极争取有助于自由贸易区发展的能力建设项目。

(二)发展情况

根据山西省会展业"十三五"发展规划,在"十三五"期间,山西省将会展产业的发展作为全省文化产业发展的工作重点。将充分激发会展业促进当地消费、产业结构调整、增加就业、增加中心城市功能、带动经济增长等目标。根据数据显示,截止到2018年,山西省展会服务公司有2710家。到2020年,山西省规划年展数量要超过150场,年展览面积超过100万平方米,并努力培育具有国际影响力的会议展览,实现5亿元的直接收入。

表7-2 2017年山西省文化类重点展会[①]

序号	展会类别	展会名称	单位
1	引进会议	2017数字出版与数字图书馆融合发展国际研讨会	山西同方知网数字出版技术有限公司
2	政府展	第三届山西文化产业博览交易会	中共山西省委宣传部
3	政府展	第17届中国平遥国际摄影大展	中共山西省委宣传部 山西省文化厅 中共晋中市委、市人民政府
4	政府展	2017山西(汾阳 杏花村)世界酒文化博览会	吕梁市人民政府

根据山西省人民政府相关文件和数据显示,2017年山西省共有重点的引进展、引进会议、组织参加展和政府展27个。此外,2017年山西省成功举办了第三届山西省文化产业博览交易会(以下简称"文博会"),致力于打造文化产业合作发展和交流的重要平台。文博会自2013年起,每两年举办一届,发展至今已经成为山西省重要文化盛会。第三届山西文博会以"文化三晋,开放山西"为主题,共有来自23个国家和地区的上千家参展商。山西省

[①] 资料来源:根据山西省人民政府网站资料整理。

会展产业的影响力进一步扩大,并在交易性、专业性、开放性等方面进一步提高。

2018年,山西省开展了"千企百展"的行动计划。据估计,2018年的境内外展会共有105个,其中境外展会数量所占比重远超境内涉外展会,达到100个。山西省的会议展览服务在发展中更加注重对外的展会平台搭建,以及国际化展会平台的交流和国际市场的拓展,不断培育新主体。围绕山西省的能源特色以及历史文化特色进行特色的展会开发。充分发挥中国(太原)国际能源产业博览会、山西非物质文化遗产博览会等综合性会展平台对文化科技业态发展的推动作用,为文化科技企业、文化科技产品的展示交流、推介贸易等活动搭建平台。此外,2017年还举办了首届山西艺术节,致力于打造全民参与的大规模文化艺术品牌。

山西省除了搭建会展平台外,还利用深圳文博会等国内重要的文化交流平台与世界各国的企业、机构进行学习和交流。通过参加深圳文博会,打开山西文化走出去的重要窗口,让世界了解山西文化。此外,山西省除搭建"山西省会展"的大品牌外,各个城市的会展活动也开始纷纷布局。目前,山西省的会展产业布局主要集中在太原、大同、晋中、阳泉、运城五个城市。

五、文化经纪代理服务的发展现状

根据文化产业最新分类标准,文化经纪代理服务包含6个小类,即文化活动服务、文化娱乐经纪人、其他文化艺术经纪代理、婚庆典礼服务、文化贸易代理服务和票务代理服务。

随着我国文化产业的快速发展,与文化产业发展相伴诞生的文化经纪代理产业也逐步发展起来,为文化产业提供相关的中介服务。《国家"十一五"时期文化发展规划纲要》提出,"发展文化经纪代理、评估鉴定、技术交易、推介咨询、担保拍卖等中介服务机构,引导其规范运作,向品牌化、专业化方向发展",以此作为重要节点,文化经纪代理产业开始发展。在文化经纪人方面,自2015年来,山西省文化厅开始委托山西省演出行业协会进行演出经纪人培训考试,为文化经纪代理产业发展培养大批专业人才。

在文化贸易代理服务方面,根据《国务院关于加快发展服务贸易的若干意见》的相关政策,山西省在省内外充分调研的基础上,召开了重点服务贸易企业座谈,走访了文化贸易代理服务行业的头部企业,并根据企业发展的现状、困境等问题,制定了《山西省关于加快服务贸易发展的实施意见》。国务院发布了《关于促进服务外包产业加快发展的意见》,山西省商务厅在山西省服务外包产业和企业现状的基础上,制定了《山西省关于促进服务外包产业加快发展的实施意见》。为贯彻落实《国务院关于加快发展对外文化贸易的意见》,针对山西省文化产业发展、文化"走出去"现状及问题进行研究,山西省商务厅与发改委、文化厅共同起草了《山西省关于推进文化创意和设计服务与相关产业融合发展的行动计划》及《山西省关于支持文化产业加快发展的若干措施》。

大力扶持文化服务贸易出口企业。针对文化服务贸易出口企业的发展问题,以企业问题为导向,根据企业所需,进行点对点的帮扶工作。帮助企业解决发展困境,有效促进企业的发展。一方面,帮助文化服务贸易出口企业进行国内外市场的拓展。另一方面,积极促进技术创新,以及新技术在项目建设中的应用,以务实高效的面对面帮扶,助力企业更好更快发展。山西省商务厅深入走访了相关企业,对企业发展的现状进行深入了解,对症下药。例如,文化服务贸易企业可能会面临的扩大再生产选址、改扩建项目用地规划等困难和问题,需要山西省商务厅与政府各个部门进行统筹协调,高效帮助文化服务贸易企业快速发展。

人才培训和调研学习相结合。目前,世界已经进入服务经济时代,文化服务贸易成为促进经济复苏新引擎,大力发展文化服务贸易,是山西省优化对外贸易结构、加快转变经济发展方式的重要战略任务。山西省商务厅特别举办了全省各市商务局、各开发区、服务贸易重点企业近150人培训班,对服务贸易相关知识、政策,先进省市发展经验等进行了面对面的培训交流。在参加各种会展期间,省商务厅还组织参展参会企业调研学习,通过这一系列举措的实施,山西省全省上下形成了学习文化服务贸易、重视文化服务贸易和促进文化服务贸易发展的共识,营造出了文化服务贸易发展良好环境。

六、文化设备（用品）出租服务的发展现状

文化设备出租服务包括休闲娱乐用品设备出租和文化用品设备出租两大类。据数据显示，山西省文体娱乐设备出租公司约54家，大部分为小型文体娱乐设备出租公司。文化设备（用品）出租服务对小微型企业的发展具有重要作用，通过融资与融物的结合，使小微型文化企业能够快速获得生产设备或用品。此外，文化设备的融资租赁可以使文化企业在短时间内具有生产能力，可以帮助企业获得经纪效益，同时提高企业的生产效率。山西省的文化设备出租服务业的发展力量较为薄弱，但随着文化产业的深入渗透和发展，越来越多的小微型文化企业需要文化设备出租服务的支持。

七、文化科研培训服务的发展现状

（一）文化研究与社团服务

从山西省文化研究与社团服务发展的整体状况来看，文化科研机构数量、文化科研机构从业人员等数据显示都比较乐观。2016年，全省共有35个文化科研机构，文化科研机构从业人员1398人。2016年全省文化类社会组织有1271个，2017年则增至1462个，其中包括1082个社团、10个基金会、370个民办非企业类型。[1]

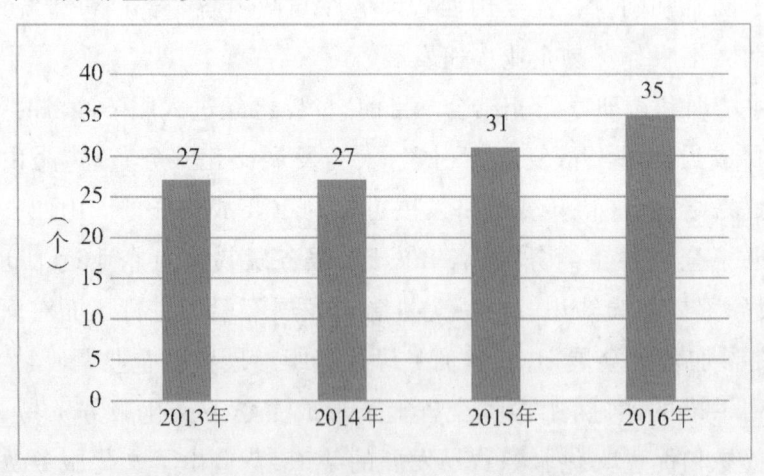

图7-3　2013—2016年文化科研机构数量

[1] 数据来源：山西省统计局。

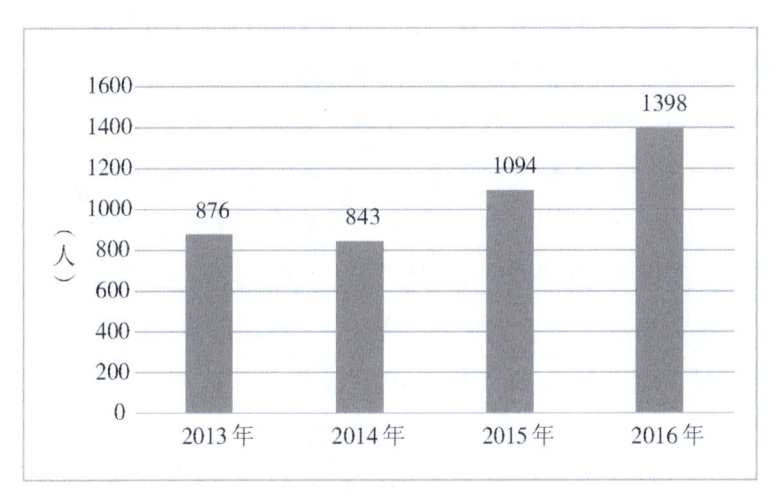

图 7-4　2013—2016 年文化科研机构从业人数

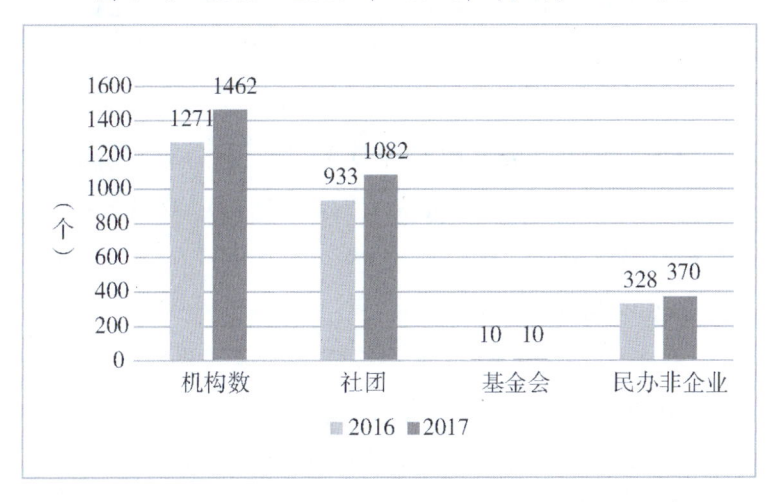

图 7-5　2016—2017 年山西省文化类社会组织情况

由山西省人民政府主管的山西省社会科学院,其前身是 1959 年成立的中国科学院山西分院哲学社会科学研究所。作为一个全额拨款的事业单位,山西省社会科学院下设五个副厅级单位:经济研究所、能源经济研究所、历史研究所、社会学研究所、国际学术交流中心;七个处级研究所:思维科学与教育研究所、语言研究所、文学研究所、哲学研究所、党的建设与政治法学研究所、马克思主义研究所、晋商文化研究中心;两个杂志社:《经济问题》杂志社、《晋阳学刊》杂志社;一个《五台山研究》编辑部。另外还设有一个图书馆和一个山西社会科学报刊社等等。山西省社科院主要从事哲学社会科学综合研究,在学科建设方面,沿着特色鲜明、与时俱进的方向,重点突出传统优势学科、全力强化应用学科、积极扶持新兴学科。如今山西省社会科学院已初步形成基础研究与应用研究并重、传统学科与特色优势学科并举的良好态势,拥有农业经济学、能源经济学、历史学、社会学、人口学、语言学、哲学、马克思主义哲学、文学、旅游经济学、民俗学、政治学、法学、思维与教育科学、谱牒学、图书情报学、五台山研究、晋商学等18个学科,涉及学科方向32个,在省内外具有一定的影响力。

山西省社会科学院科研人员每年出版学术专著约20余部,在国内外核心期刊发表学术论文近200篇,其中发表在CSSCI来源期刊的论文约占1/10,多篇文章被《新华文摘》《人大复印资料》全文转载。2019年山西省第十次社会科学研究优秀成果评奖揭晓,山西省社会科学院获一等奖1项,二等奖1项,优秀奖2项。其中,艾斐研究员的论文《核心价值观为实现中国梦提供思想保证》获一等奖,韩淑娟副研究员的专著《资源型地区人口城市化发展研究》获二等奖。温端政研究员和温朔彬副研究员的合著《语典编纂的理论与实践》以及常瑞助理研究员的论文《从惩戒腐败历史经验看严明党的纪律》获优秀奖。①

(二)文化艺术培训服务

近年来山西省的文化艺术培训服务得到繁荣发展,山西省群众艺术馆馆内常设多项免费服务项目,主要有:社会文化老年大学,主要为老年人提供书法、美术、声乐、合唱、戏剧、琵琶、舞蹈等活动和培训;少儿公益艺术培训,主要为少年儿童提供书法、美术、声乐、舞蹈、琵琶、电子琴等活动和艺术培训;数字阅览,面向大众提供网络信息服务、数字资料查询、网络基础培训;艺术长廊,向大众展示展出包括馆藏各类优秀艺术作品、职工摄影作品等;报刊阅览提供各种报纸、期刊;艺术视听,提供各类艺术资料欣赏、优秀影片欣赏、卡拉OK;民族民间艺术展示宣传山西省民族民间艺术,展示民族民间艺术精品。平遥县文化馆免费开放成人艺术培训班正式开课,包括国画、书法、二胡、舞蹈和声乐合唱等课程,共招收160多名学员。当今社

---

① 数据来源:山西省社会科学院。

会的主要矛盾已经发生了变化,人民群众的精神需求不断增长,满足人民群众精神文化需求,保障人民群众基本文化权益,提高公共文化服务水平,是政府需要给予持续关注与重视的工作。

第二节　山西省文化辅助生产和中介服务发展过程中遇到的问题

根据山西省文化辅助生产和中介服务的发展过程来看,行业存在一些普遍性问题,主要包括行业发展的空间布局问题、行业人才匮乏和机制不健全、产品质量一级市场表现有待提升以及品牌化建设等方面的问题。

行业人才匮乏的问题是目前贯穿文化产业发展始终的根本性问题。山西省在文化辅助生产和中介服务业中,创新型人才、技术型人才以及经营管理人才的缺失成为各产业门类发展中存在的共性问题。问题的根源主要在于人才培育机制以及引进机制不够完善,人才作为行业发展的根本性要素是掣肘山西省相关产业发展的重要原因。

无论是文化辅助用品制造还是复制印刷行业,对市场环境要有充分的考虑,以需求为导向对产品进行优质化、个性化、精致化、智能化的升级。会议展览服务行业在发展中也要注重行业市场表现的提升,从原来的政府导向的模式进行转型发展,明确项目或产品的定位,在宣传营销环节需要借鉴国内外经验。

一、文化辅助用品制造发展过程中遇到的问题

创新能力低下。文化辅助用品制造和发展的过程中,创新力低下的问题是山西省乃至全国范围内面临的普遍问题。创新能力低下意味着文化辅助用品制造缺少自主知识产权,大部分核心技术和装备主要依赖国外进口和引入。另一方面,创新能力低下所反映的深层次问题是创新人才的缺失问题,自主研发能力薄弱。纵观国际文化辅助用品制造行业的发展可以发现,技术创新是国家竞争力的重要因素,同时又是衡量经济效益的重要因素。

竞争能力层次低。山西省文化辅助用品制造行业的发展存在竞争能力层次低下的问题，很多纸业制造、工艺美术原料制造尚且以劳动密集产业为主，无论是技术还是市场竞争都处于较低层次，尚未上升到附加值、增值能力等竞争维度。因此，与技术创新能力环环相扣，竞争能力层次较低也成为行业日渐凸显的问题。

产业结构不合理。山西省文化辅助用品制造企业的规模普遍比较小，且较为分散，缺乏在国内具有知名度、国际竞争力较大的大型企业。文化辅助用品制造行业存在产业结构不合理，以及产品结构不合理等问题。行业市场竞争主要围绕低价竞争进行，对产业发展效率并没有相应的促进作用。此外，企业的市场进入和退出方式并不顺畅。最后，山西省文化辅助用品制造企业整体的专业化水平较低。

二、印刷复制服务发展过程中遇到的问题

行业发展增速下降。印刷复制服务产业的发展已经经过了黄金发展时期，在"绿色化、智能化、融合化"的发展方向上进行不断的调整和提升。潜力市场的挖掘以及发展目标的调整，以及面对增速下降的行业发展现状，如何实现转型发展成为令传统印刷复制企业掣肘的问题。

数字出版人才匮乏。印刷复制服务的发展正在面向数字化转型，数字出版人才成为印刷复制产业发展的关键，同时高质量的数字出版和印刷人才的培养和队伍建设成为决定印刷出版企业发展的关键要素。目前，山西省印刷复印服务的行业人才极其匮乏，人才队伍的建设亟待加强，还未建立有效的数字出版专业人才引进机制。

运营成本提高。山西省印刷复制行业的快速发展很大程度上依赖于低廉的人力成本、材料成本等。这些影响行业发展的重要因素已经不再是行业发展优势，人力成本不断提高，原材料价格不断攀升，在环境治理的最严格监管下，印刷复制企业的运营收入逐渐降低。

三、版权服务发展过程中遇到的问题

版权保护的市场环境有待提高。版权保护在文化和经济上都具有重要

性,以电影产业为例,完善的版权保护市场环境可以促进电影的商业化发展和更加规范化和大规模的投资。首先,法律保护和执法力度不够。我国著作权相关法律是从1994年逐渐起步发展的,著作权的登记数量也从1994年的零的突破,直到2017年达到275万件。著作权登记数量的增长也反映了我国文化产业版权服务的发展过程。著作权登记的增长需要法律作为支撑,但是反观中国著作权法的发展历程发现,我国已经形成多层次法律,以著作权法为核心。2015年1月国家新闻出版广电总局印发《关于推动网络文学健康发展的指导意见》,同年7月发布《关于责令网络音乐服务商停止未经授权传播音乐作品的通知》,11月开始实施的《中华人民共和国刑法修正案(九)》中明确了网络侵权行为的刑事责任,这一系列的文件对网络版权保护起到了重要作用。随着著作权法律的不断完善,并不断与国际著作权法接轨,国内著作权保护的状况也得到一定改善。此外,著作权法存在着对网络著作权保护等新型网络侵权方式没有明确规定,部分权力内容的相关规定不够明确,侵权惩治力度不够严格等问题。同时,著作权法中对网络版权保护的相关概念界定存在空白,网络数字版权保护薄弱。网络版权侵权方式不断涌现,跨国界等案件大幅增多,司法实践中对维权行为以及信息网络传播等行为的认定存在争议。

民众的版权意识薄弱。中外民众的版权意识存在一定差异,同时不同地区民众对版权意识的认知程度也不尽相同。相较于国外长时间以来培养的民众版权意识,我国民众的版权保护意识非常薄弱。

四、会议展览服务发展过程中遇到的问题

会议展览品牌有待提升。山西省的会议展览产业虽然已经取得一定成绩,已经有一些具有国际知名度的摄影、电影节展。但是山西省的会议展览服务经济的转型发展,还需要进一步塑造山西省会展的大品牌,各个城市以此为基础进行特色会展活动品牌的挖掘和提炼。

会展产业链尚不完善。会展产业的发展,其主要功能是实现对地区经济、地区就业的增加,通过品牌性的会展活动进行城市形象塑造,通过会展行业的辐射力带动餐饮、休闲、住宿、旅游等行业的发展。

缺乏整体空间布局。目前,集中在太原、大同、阳泉、晋中、运城五大城市的会展业都表现出巨大的发展潜力。但是从会展产业在全省的空间布局情况来看,各城市之间的规划发展缺乏整体资源整合和结构性布局。

五、文化经纪代理服务发展过程中遇到的问题

文化经纪代理服务作为文化市场的细分市场,是伴随着文化产业发展以及文化产品进入市场后出现的中介服务。山西省在2014年正式成立了山西省演出行业协会,是由演出经营主体以及相关从业人员自发形成的行业组织。山西省演出行业协会成员包括演出经纪公司、票务公司、器材舞美制作公司等。目前,该协会已经在文化经纪代理服务中逐渐发挥重要作用。但是,总体来看,我国文化经纪代理服务处于发展起步阶段,行业的发展还存在很多问题。

市场规模小。文化经纪代理服务发展的情况实际上可以反映出地区的文化产业发展水平。中国东部城市随着快速发展的文化产业,文化经纪代理服务发展迅速。山西省作为中西部城市,文化产业资产拥有量占全国的较少部分。因此,山西省文化经纪代理服务发展市场规模较小,体现了中西部地区与东部地区发展不平衡的特点。

法律法规尚待完善。目前国内关于文化经纪代理的相关法律还不够完善,没有出台专门性的法律法规,用以规范文化经纪代理行业市场。此外,虽然现存的《经纪人管理法》颁布时间较早,但是该法规的适用范围较小,不能涵盖整个文化经纪代理服务的发展。关于版权经纪代理,国内已经颁布的法律法规有《著作权涉外代理机构管理暂行办法》和《外国著作权认证机构在中国设立常驻代表机构管理办法》两项,尽管如此,文化经纪代理的法律法规还有很大空白等待完善。但是,法律法规尚不完善的问题并非山西省自有的问题,而是中国文化经纪代理产业发展的普遍问题。

人才队伍素质良莠不齐。文化经纪代理产业的发展离不开人才的支撑,但目前我国高校关于文化经纪代理专业的建设还不完善,只有少数高校设立了相关专业,但专业教材的缺失、行业考核准入门槛低、选拔机制不够公开透明等问题制约了文化经纪代理行业的人才队伍建设,进而不利于文化经纪代理产业的快速、健康发展。山西省的人才引进政策力度需要不断加强。

六、文化设备(用品)出租服务发展过程中遇到的问题

市场规模较小。山西省文化设备(用品)出租服务业的相关企业数量较少,行业市场规模也非常有限。在已有的文化设备出租企业中,小型企业占主导地位。行业的发展情况一定程度上反映了市场需求情况,文化设备出租服务在山西省的需求尚且不足。

服务方式和类型较少。山西省文化设备出租服务以传统设备出租方式为主,尚未引入新的文化设备出租业态。目前,提供融资租赁的山西金融租赁有限公司开展的租赁业务中,文化设备只涉及了印刷设备的出租。可见,以融资租赁为代表的新型融资融物的金融工具还有很大的发展潜力和空间。

七、文化科研培训服务发展过程中遇到的问题

(一)技术运用丰富文化科研培训服务形态

随着科学技术的发展,互联网的兴盛,文化科研培训服务也走入了互联网时代,行业格局发生改变,相关领域市场逐渐走向多元化。科技改变了传统的文化艺术培训的经营模式,以视频或直播等新型媒介进行在线授课的模式得到人们的喜爱,这种授课的方式,打破了时间与空间的局限,让人们能够更自由、开放地学习。未来全国将推行实施艺术考试纳入中考这一形式,这也会促进文化艺术培训市场的繁荣增长。如今的家庭以及国家越来越重视文化素质教育,传统的线下文化艺术培训在未来将全面走向线上教育。山西省文化馆、美术馆等公共文化机构也依托互联网进行线上培训服务,让广大群众足不出户就能跟着老师学艺术。在互联网的影响下,传统的文化艺术培训方式得到重构。在未来,文化艺术培训线上规模也会进一步扩大,这时候培训机构所面临的问题就是需要培养大量的专业互联网技术人才、互联网营销人才等等方面。

(二)消费升级优化文化科研培训服务品质

文化科研培训服务品质随着消费升级得到极大的优化,在政府一系列促进公共文化服务均等化、文化惠民等措施中,文化科研培训机构以个性化、订单式服务满足了人民群众多元化的需求。随着新技术和平台的涌现，人们对高品质的产品以及高质量的消费体验的期待也越来越高，这种由消费升级驱动品质消费的现象也扩展到文化科研培训服务的各个消费领域。文化馆、博物馆、美术馆都根据自身特点优势，致力开展多样的公共教育活动以面向不同的受众群体。

第三节 山西省文化辅助生产和中介服务的未来发展趋势

一、文化辅助用品制造的未来发展趋势

根据相关调研数据显示，中国文化辅助用品制造的市场竞争不断加强。目前，我国的文化辅助用品制造业的发展仍处于起步阶段，随着我国经济的发展，文化辅助品制造的消费不断增加。未来文化辅助用品制造的发展趋势将主要围绕信息技术融合、新能源等情况和传统产业结构升级进行。

信息技术融合发展。云计算、物联网、人工智能等新一代信息科技技术在未来将广泛融入文化辅助用品制造中，实现传统技术的革新和传统文化辅助用品制造产业的升级。

二、印刷复制服务的未来发展趋势

数字化技术环境。印刷复制服务的发展是以技术为导向，需要不断借助新兴技术进行升级发展的。山西省在倡导能源转型发展的基础上，应该实现传统印刷技术到新技术环境的转变，完成全数字、集成化的印刷技术变革。与此同时，未来对印刷复制产品的质量要求将不断提升，对生产效率的要求也将不断提高，市场对产品形式的需求也更加多元化，因此印刷复制行业的发展应积极拓展对高新技术的应用，以此来满足印刷复制对技术的高精度要求。微电子、新能源功能，以及生物工程等功能在未来将成为印刷复制的技术基础。

印刷电商新模式。"互联网＋印刷"，以互联网、大数据、云计算为代表

的新一代信息技术正在与印刷产业深度融合。随着互联网信息技术的不断发展,"互联网+"思维不断被引进各个领域和行业范围内,形成了一种全新的经济形态,而这一经济形态引发的商业格局变动,使各行业领域内的企业面临着前所未有的挑战和机遇。为了抓住发现机遇,适应当前的发展需要,很多行业开始技术革新。就包装印刷行业来看,"互联网+"时代的到来,一方面为行业带来了人们新的包装印刷需要,进而引导其技术应用和开发的导向;另一方面,行业为了满足市场需求和自身的发展需求,也会进行包装印刷技术上的调整和改变。而包装印刷行业想要把握好机遇,获得持续的发展,就要对当前时代背景下包装印刷技术的发展趋势做出预测,以作为自身技术发展的客观依据。

更加多元化的市场需求。随着社会经济的快速发展,市场需求也在快速变化,以技术为主导的印刷复制行业需要以更加快速和更加灵活的方法来进行更多产品的开发,以满足用户更加精细化、优质化的产品需求。这也就要求这些产品的制造企业采用现有的印刷技术或通过印刷技术的改良来满足特定产品功能的实现,比如应用高精度丝网印刷技术来进行多层复合结构彩色显示面板的印制,应用高精度喷墨技术来进行器官组织的再造等。

产品需求升级。目前,很多高新技术产品已经渗透到人类生活的方方面面,服务目标的产品化已经成为企业占领市场的重要手段,已经从早期产品外观的美化转变为功能的完善和功能的定制,从大体积转变为微型化,从刚性材料的几何体转变为柔性材料的自由曲面,从外部供电转变为独立能源生成。进而要求产品各种功能的实现能够通过更薄、更小、更省电和更环保的方式来完成,而功能印刷恰恰可以满足这些需求。

智能化发展趋势。山西省的印刷复制业的发展仍然以内容印刷为主导,印刷复制企业在生产、营销等环节的发展并没有随着互联网发展发生改变。传统印刷复制企业的设备升级、智能化、数字化的发展仍需不断提升,以顺应时代发展的大趋势。

加强印刷复制服务转型升级发展。印刷复制服务行业转型升级发展主要是从追求数量规模到追求质量效益的转变。

三、版权服务的未来发展趋势

相关法律日趋健全。2017年来，中国版权方面的政策不断完善，立法日趋健全。从国家层面来看，中国版权保护管理水平不断提高，特别是在国家经济转型升级，强调创新驱动发展的大背景下，完善著作权法成为未来工作重点。

数字版权管理不断强化。针对数字化内容的版权管理会成为未来版权保护领域的重要内容，版权工作也将迎来跨越式提升。以"大版权"的概念贯穿版权管理工作始终，在版权登记、版权保护、版权贸易等众多方面进行版权管理，不断强化数字版权保护，对数字化内容的网络版权的保护和管理也将不断深入。

版权产业发展增速快。中国的版权产业增长速度不断攀高，目前中国版权产业的增速已经超过GDP增速。虽然版权产业发展与发达国家还有很大差距，但是我国版权产业未来对国民经济的作用越来越重要。

统一标准规范。目前对商业版权保护的方案制订和实施并没有统一的规范和标准，大部分商业版权保护方案都是由各个公司拟定的。当下较为普及的数字版权管理标准包括OMA DRM，OMA（Open Mobile Alliance，开放移动联盟）是应用于移动通信终端的数据内容保护。未来，我国将致力于推动数字版权的统一化标准建立，为数字化内容提供良好的市场环境。

四、会议展览服务的未来发展趋势

加强会展服务业国际化品牌建设。从文化传播角度来看，山西省未来的会议展览服务需要通过品牌化建设来提升会展行业的影响力，进而提升山西省文化的传播力，通过会展服务的国际化品牌建设实现山西省各城市的文化发展定位和树立城市文化形象。从经济发展角度来看，会展服务业在形成品牌后会对城市经济发展起到重要的带动作用，未来山西省各城市应该依托本城市的区域文化特色发展符合城市定位的会展服务，并以此形成更多的稳定客源，带动现代服务业的发展，获得较高的收益。以德国为例，德国汉诺威国际信息技术博览会、柏林消费类电子产品展以及莱比锡电玩展览会等大型会展项目已经形成品牌驱动力和一定的规模效应,为德国会展业的发展带来巨大收益。山西省未来会展业的发展需要首先明确品牌特色和定位,进行差异化、特色化的会展品牌建设。

联合发展优化市场结构。山西省的会展业发展将趋向资源的优化整合,即部分小型的会展公司被大型会展公司并购,并逐渐退出市场。在众多规模、经营情况不同的会展公司中,将通过资源的优化整合产生规模效应。大型头部会展公司可以通过强强联合的发展模式进行市场的竞争。

增加权威中立机构认证。国际上有很多具有较高知名度和权威性的会展认证机构,是独立于参展方、主办方、观众之外的中立机构。通过增加全机构认证机构,可以借此提升会展项目的国际知名度,并以此吸引更多关注。通过获得认证或者选择加入相关国际组织,以此为平台加强山西省会展业的国家化交流。

科技手段广泛应用。随着信息网络技术的发展,新的技术手段将被广泛应用在会议展览行业。基于现代网络发展和数字化技术的智能化的虚拟会展可能成为未来会展业的重要探索方向。山西省的会展业发展过程中,在发展传统会展业态的同时应该关注科技发展动向,将新技术手段积极融合到会展业的发展中。

延伸产业链条。未来山西省的会展行业发展需要纵深产业链条。特别是与会展相关的信息咨询、物流、宣传策划等相关行业的产业链,通过互联网进行资源的优化配置,形成围绕会议展览行业的配套的服务体系,进而推动会议展览行业的发展。

五、文化经纪代理服务的未来发展趋势

政府加强引导,行业法律日趋完善。现有的文化经纪代理服务的相关法律中,都没有对文化经纪代理服务的界定、经纪人员的资格认定以及督导方式等。应对文化经纪代理服务的从业人员的性质、工作职能、权责划分等进行明确规定,并依法对从业人员权益进行保障。山西省的文化经纪代理服务将在文化产业的深入发展中不断完善,通过政府加强引导,贯彻落实文化经济代理服务的相关政策。

文化经济代理服务的行业约束。山西省文化经纪代理服务的行业协会应该在行业发展中起到重要监督、管理的作用，目前已经自发组成的山西省演出行业加强对文化经纪代理服务行业的约束。英美国家早在20世纪末就成立了专门的文化经纪行业协会，专业的版权代理人行业协会在政府、出版商、作者、消费者之间搭建沟通平台，对行业的发展、行业规范的形成以及业务管理等方面起到了重要的作用。山西省应该在文化产业的各行业领域建立行业协会，增加行业自律，促进行业协会的统筹管理和交流服务功能。

搭建文化经纪信息平台。山西省的文化经纪服务行业需要顺应网络时代发展的特点，通过搭建文化经纪信息平台，使文化经纪服务信息充分流通，发挥中介服务功能，使文化经纪的各方参与主体在信息平台中获取最新资讯，供求双方信息流畅，降低交易沟通成本。

六、文化设备（用品）出租服务的未来发展趋势

政策支持力度增大。山西省在文化设备出租服务的发展中需要通过政策的奖励、风险补偿等多种方式，引导文化设备出租行业的良好发展。创新业务模式。将文化设备（用品）出租服务与"互联网+"相结合，建设租赁物和二手文化设备（用品）的流通市场。

结合融资租赁发展。融资租赁可以作为辅助业务为文化企业生产和经营中对文化设备（用品）等购买租赁业务。相较于传统的出租服务，融资租赁使承租设备或用品的文化企业以占用融资成本的时间计算租金。由于现在社会对融资租赁的认知度较低，还没有广泛应用这种融资方式。

七、文化科研培训服务的未来发展趋势

（一）通过政策激励社会资本介入文化科研培训服务

文化科研培训服务自身具有较多的公共文化服务属性，有政策的保障可以实现文化科研培训服务的可持续发展。政府通过颁布政策方式强化政府的主体责任，对列入文化科研培训服务领域的国家或地方发展规划和成立的专项项目进行专项投入，促进文化科研培训服务建设。政府通过创新投融资、搭建服务平台、设立专项资金、政府补贴、贷款贴息等形式，来引导

和激励社会力量进入文化科研培训服务领域,吸引群众力量主动参与、引导民间资本融入建设文化科研培训设施,这些现象打破了以往政府单一主体运作的形式。国办在2017年1月发文提出引导社会资本以政府和社会资本合作的模式参与文化设施、体育设施的建设运营。相信在未来,政府、群众以及民间资本等多元主体参与文化科研培训服务建设的多元主体格局将会不断发展成熟。

(二)"互联网+"拓展文化科研培训服务空间

在新时代,文化科研培训服务领域的各项内容都要自觉地走上与互联网深度融合发展的道路,通过线上服务平台集合文化资源,通过互联网应用的主要形式微博、微信、App、客户端等实现文化科研培训服务主体之间的交流互动。文化科研培训机构可以通过建设线上线下结合的信息共享平台,加强各类文化科研机构的沟通交流,开展联合服务。除此之外,构建文化科研培训服务全媒体平台,线上文化艺术培训产业链。线上文化艺术培训产业链是由内容提供方、平台提供方、教学运营提供方、第三方服务提供方、平台人口以及最终用户所组成的。文化艺术培训的视频制作商内容提供方,负责将自制或者采购的培训视频内容销售给自营网站或者平台提供方,是属于产业链的上游,也是产业链的关键所在。平台提供方则是自营网站或者第三方播放平台,主要为用户提供教学视频等服务,而第三方播放平台则是作为一个联系培训机构和最终用户的中介身份。这些创新使得文化科研在更加宽广的领域实现了服务的便利化、高效化,在与互联网的深度融合之下,文化科研培训服务逐步实现了用户自主化、服务移动化、工作网络化,文化科研培训服务机构通过互联网共处于一个云端空间,用户可以在任何时间、任何地点,以任何方式获取任何内容。

第八章 山西省文化装备生产行业研究报告

文化装备产业，是指为满足文化生产与传播需要而提供的各类专用材料与设备的研发、制造以及相关配套系统集成服务的产业经济形态的统称。具体包括广电影视装备、移动互联装备、印刷装备、舞台演艺装备、影院装备、游戏（艺）娱乐装备、文化教育装备等。[①]根据《文化产业分类（2018）》分类方法，文化装备生产行业作为一个单独的行业大类，被划分成印刷设备制造、广播电视电影设备制造及销售、摄录设备制造及销售、演艺设备制造及销售、游乐游艺设备制造及销售、乐器制造及销售六个行业中类。

第一节 文化装备生产行业现状分析

随着改革开放的深入，市场经济的繁荣，我国文化装备生产行业的市场规模不断扩大，增长率也保持在较高的水平。但是，山西省的文化装备生产行业无论是企业数量、规模还是盈利能力、发展水平都处在全国同行业的落后位置。另外，根据《山西文化产业普查调查市场主体数据报告》（2018）的数据，山西省文化装备生产行业跟山西省文化产业的其他行业相比，也是需要大力支持和发展的行业。

一、从区域发展状况来看，文化装备生产行业在各区域整体发展状况落后，与其他行业发展水平差距大

具体来说，山西省文化装备生产行业的法人单位数量与山西省文化产

[①] 李菁.用科技诉说中国文化，上海将办中国首个国际文化装备博览会.澎湃新闻网,[引用日期 2018-06-12]

业其他行业相比,数量相对较少,所占比重低,发展状况在全省文化产业行业大类中处于垫底的位置。

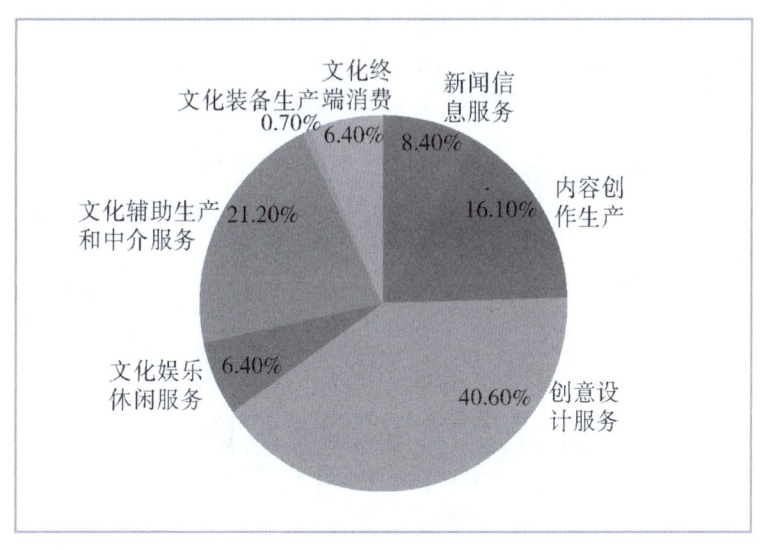

图 8-1 2017 年太原市文化产业法人单位行业占比图①

细分到文化装备生产行业的各个行业中类,在各地市文化产业法人单位中,印刷专用设备行业的法人单位数量在各地市文化产业法人单位总数的占比都比较低,在大部分地市印刷专用设备行业都没有法人单位存在。说明这一行业的发展集中,处在刚起步的阶段,规模和企业数量有限。广播电视电影设备制造及销售行业法人单位数量占各地市文化产业法人单位总数比重也都很低,同样的,在大部分地市也没有这个行业的法人单位分布。舞台照明设备批发行业在各地市都有法人单位的分布,但是法人单位数量有限,企业实力较弱。乐器制造及销售、游乐游艺设备制造这两个行业中类在各地市也几乎没有法人单位的分布。综合来看,这反映了文化装备生产行业在各地市文化产业的总体发展情况中处于末端水平,发展状况很不理想。从数据上看,文化装备生产行业在各地市都不是文化产业发展的突出行业,是各区域应该重点照顾和扶持的行业。

---

① 数据来源:《山西文化产业普查调查市场主体数据报告》(2018)。

二、从行业发展状况来看,行业企业数量差异大,整体发展水平低;行业结构有待优化,竞争力急需提升

(一)行业法人单位的数量状况

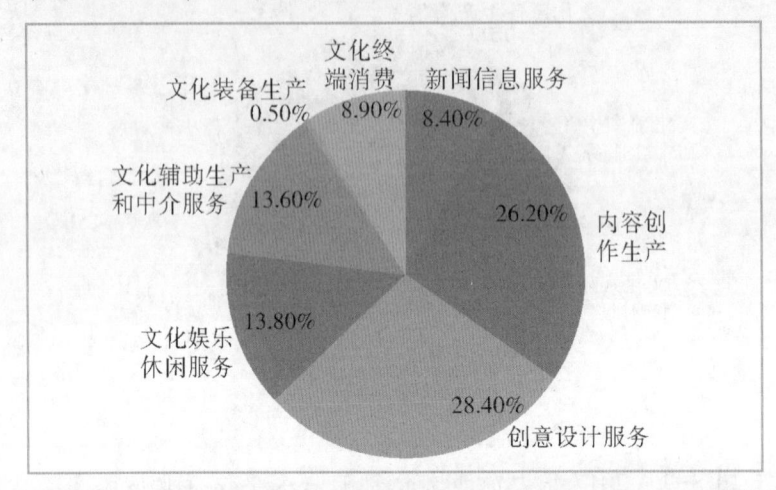

图 8-2 2017 年山西省文化产业法人单位的行业占比图[1]

文化装备生产行业截至 2016 年 12 月 31 日,只有 165 家法人单位,在山西省所有文化产业法人单位中占比 0.5%;2017 年新增 11 家法人单位,占山西省文化产业所有新增法人单位的 0.2%。无论是法人单位的数量、占比还是新增法人单位数量都不是一个行业发展的理想状态。对于山西省来说,文化装备生产行业法人单位数量与山西省的地位是不匹配的。而且近年来文化装备生产行业新增法人单位数量很少,占比很低,行业发展没有呈现出扭转当下发展状况的态势和潜力。这是目前急需解决的问题,也是未来山西省发展文化装备生产行业的瓶颈。

在山西省文化装备生产行业的各个行业中类,法人单位的分布都是很少的。广播影视设备批发行业的法人单位数量是最多的,到 2017 年也不过只有 77 家,在所有文化产业的法人单位中占比 0.2%。可见,文化装备生产行业的市场主体数量有限,在整体市场竞争中处于劣势。

---

[1] 数据来源:《山西文化产业普查调查市场主体数据报告》(2018)。

通过对《山西文化产业普查调查市场主体数据报告》(2018)的数据分析,发现山西省文化装备生产行业的法人单位中企业法人占比很高,达到86.3%,是文化装备生产行业的中坚力量。企业占比高但数量却不占优势,是山西省目前文化装备生产行业发展的短板。而且行业中事业单位、社会团体、民办非企业组织、基金会等的数量少,占比低。这体现出行业整体发展缺乏政府和公益组织机构的助力,行业整体发展水平不高,社会参与度较低的状况。

(二)从行业法人单位的地区分布来看

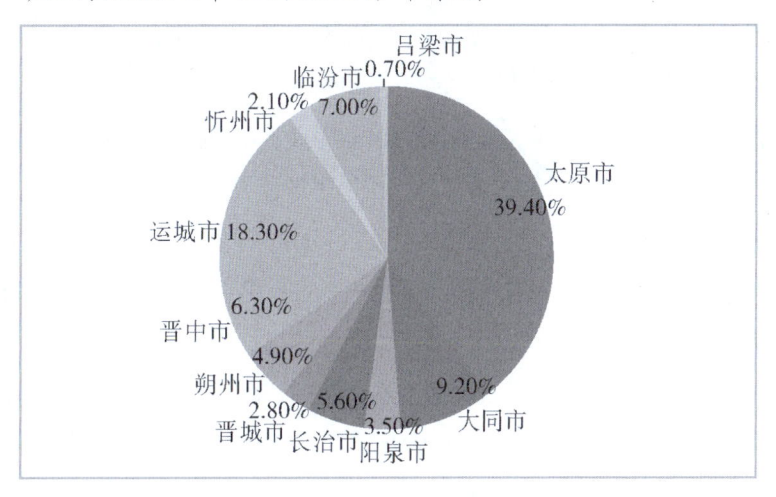

图 8-3 2017 年文化装备生产行业在各地市的占比图[①]

根据图 8-3 可以看出,山西省文化装备生产行业在各个地区总体发展情况是不平衡的。具体到文化装备生产行业的各个行业来看,参考《山西文化产业普查调查市场主体数据报告》(2018),发现印刷专用设备制造行业主要分布在太原市、晋城市、朔州市、运城市、临汾市这五个地市,其中发展最好的是运城市。广播电视电影设备的制造行业法人单位主要分布在太原市、长治市、晋城市,其中太原市和晋城市发展水平相当,处于全省的领先位置。游乐游艺设备制造行业的法人单位主要分布在吕梁市,占山西省游乐游艺设备制造行业法人单位总数的 40%。乐器制造及销售行业的法人单

---

① 数据来源:《山西文化产业普查调查市场主体数据报告》(2018)。

位主要集中在长治市，占山西省乐器制造及销售行业法人单位总数的53.8%，说明山西省的乐器制造及销售行业的发展主要集中于长治市，行业的地区分布不合理，许多地市都没有这个行业的法人单位分布。

由此可见，各地市文化装备生产行业的具体行业发展状况不同。很多地市还未建立健全文化装备生产行业的所有行业类型，而且文化装备生产行业各行业总体发展水平差距大。太原市是山西省文化装备生产行业发展最好的地市，其他地市行业的发展水平较低。

(三)行业法人单位的经营状况

从表8-1来看，四个行业规模以上的法人单位数很少，只有一家。可见整体的发展是处在起步阶段。这四个行业中发展情况最好的是幻灯及投影设备制造行业。对于山西省贡献最大的行业是广播电视接收设备制造行业。印刷专用设备制造行业和影视录放设备制造行业的营业利润都是负数，因此这两个行业在山西省的文化装备生产行业中是处落后地位的，对于山西省文化产业的整体发展来说没有发挥出应有的作用。这四个行业从业人数也都是维持在100多人，整体行业规模有待提升。说明山西省文化装备生产行业需要大量的人才支持。这些行业的营业收入主要依靠主营业务收入，这是行业发展不成熟的表现。总体来看，这四个行业反映了山西省文化装备生产行业的整体发展是稳步上升，但是因为缺乏基础而短板明显，水平较低。

另外，从行业收入情况来看，根据《山西文化产业普查调查市场主体数据报告》(2018)，文化装备生产行业的年收入、年主营业务收入、年营业税金及附加、年主营业务税金及附加、资产总额、从业人数、期末人数这些科目在山西省文化产业的所有行业大类中处于最低的水平，所占比重也都是最低的。这些指标充分说明山西省文化装备生产行业的总体发展水平落后于山西省文化产业的发展，无法为山西省文化产业的发展提供有力的装备支持和技术保障。

在行业大类中，文化装备生产行业营业收入50万元以下的法人单位数占比超过70%。只有8.8%的行业法人单位营业收入超过千万级别，行业总体营业收入水平低。具体来说，文化装备生产行业只有10家行业法人单位营业收入超过1000万元,行业营业法人单位总数不过114家,属于企业数量少,整体竞争力低的行业。

表 8-1 2017年山西省文化装备生产行业的四个具体行业规模以上法人单位基本情况[①](文化及相关产业)

指标名称	代码	法人单位数(个)	从业人员期末人数(人)	资产总计(万元)	营业收入(万元)	主营业务收入(万元)	税金及附加(万元)	主营业务税金及附加(万元)	营业利润(万元)	利润总额(万元)	应交增值税(万元)
印刷专用设备制造	3542	1	170	3701.3	4720.4	4657.9	36	36	-325	-337	83
广播电视接收设备制造	3932	1	108	20683.8	9801.9	9801.9	14	14	846	879	186
幻灯及投影设备制造	3472	1	180	54393.7	15354.0	15354.0	119	119	1163	1234	59
影视录放设备制造	3953	1	155	15723.3	2061.5	2061.5	10		-908	-909	

①数据来源:山西省2017年文化产业年报。

从资产总额的等级和数量分布来看,文化装备生产行业 1000 万元以上资产总额等级的行业法人单位只有 7.5%,普遍在 200 万元以下的资产总额等级。具体表现是山西省只有 9 家千万级别资产总额的文化装备生产行业企业,行业资产总额少,大资产总额的企业少。行业缺少资产的投入和集中,对于整个行业的发展不利。而且山西省正是经济发展转型期,文化装备生产行业的发展基础先天不足,加上文化产业轻资产的属性,导致文化装备生产行业的资产投入不足,研发创新能力有限,行业发展动力不足,前景堪忧。

从行业从业人员状况来看,文化装备生产行业 1—10 人的法人单位有 116 家,占行业法人单位的 81.7%,从业人数 100 人以上的法人单位只有 6 家,总体从业人数对比其他文化产业行业大类较少。另外,山西省一直以第二产业为主产业结构,使得文化产业的从业人数严重不足,以至于发展状况堪忧的文化装备生产行业,更是人才严重缺乏,人力支持不够。

三、从行业企业规模状况来看,行业规模结构不合理,规模普遍较小,行业发展缺乏引领

全省文化产业的企业法人中,微型企业占比为 86.9%,小型企业占比为 12.1%,中型企业占比为 0.9%,大型企业占比为 0.2%。

表 8-2 太原市各个规模文化企业占山西省各个规模文化企业总数的比重[①]

城市	微型		小型		中型		大型	
	计数	占比	计数	占比	计数	占比	计数	占比
太原市	6255	34.10%	588	23.10%	47	25.40%	9	25.70%

由表 8-2 可见,太原市文化产业的企业在各个规模的占比都是在全省

[①] 数据来源:《山西文化产业普查调查市场主体数据报告》(2018)。

处于领先的位置,山西省文化装备生产行业发展集中于太原,太原的整体发展水平较高。与其他地市的行业发展差距大,也体现出文化装备生产行业在山西省的发展状况是处于发展的初级阶段,需要通过省会优先发展壮大来带动其他城市的发展。

由图8-4可知,山西省文化装备生产行业的企业数量较少,只有120家,其中大型企业只有一家,微型企业最多也不过112家。这一行业企业总体数量少,规模普遍较小,对于山西省文化产业发展的贡献实在有限。微型企业虽然占比高,数量相对较多,但是微型企业的数量还是不够多,对于全省文化产业营业收入的贡献也不够。

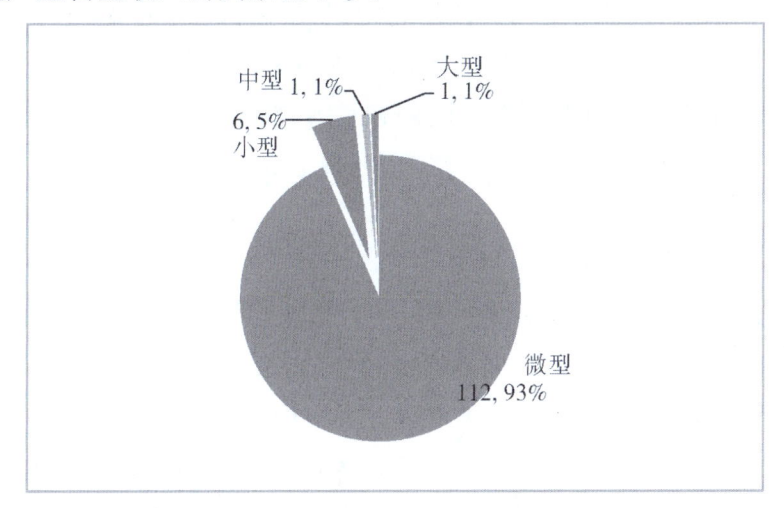

图8-4 2017年山西省文化装备生产行业各个规模企业数量和占比图[①]

通过《山西文化产业普查调查市场主体数据报告》(2018),我们发现在山西省文化产业法人企业中规模以上企业共计848家,占全省法人企业的4%。文化装备生产行业规模以上企业只有三家,占山西省所有文化产业规模以上企业的0.4%。规模以下企业虽然有117家,但是这些企业只占山西省文化产业规模以下企业总数的0.6%。综合来看,文化装备生产行业是山西省文化产业发展中虽然重视但仍未得到良好发展的边缘行业。发展状况与其在文化产业发展中的重要地位不符。山西省文化装备生产行业的企业

[①] 数据来源:《山西文化产业普查调查市场主体数据报告》(2018)。

规模普遍较小,缺乏大企业的引领,行业整体竞争力低下。行业规模构成不合理,缺乏强大的发展动力和科学有序发展的基础。这些都是山西省文化装备生产行业的现实。

第二节 山西省文化装备生产行业存在的问题

山西省文化装备生产行业作为山西省文化产业的重要组成部分,理应被重视。然而其发展状况却与本身的地位不符,行业发展问题繁多,行业快速发展的条件不成熟,很难为山西省的文化产业发展做出应有的贡献。同时,这一行业发展的滞后也在一定程度上影响了山西省文化产业其他行业的发展。

文化装备生产行业发展存在的问题是多方面的。有一部分是行业自身的原因,也有一部分是山西省整体发展环境造成的。

一、整体环境

山西省作为一个煤炭资源大省,一直以来以煤炭产业为主,第二产业比重居高不下。随着国家发展战略的转变,山西省也随之进行产业结构调整,然而全省经济发展的传统和发展方式根深蒂固,造成产业结构的转型升级需要很长时间才能完成。而且山西省产业结构调整的布局较晚,现在正处在转型阵痛期,经济发展依然需要第二产业支撑,第三产业缺乏足够的发展基础和发展环境,更不用说依靠文化产业支撑起GDP的发展。

(一)行业发展缺乏好的环境条件

在第三产业发展整体水平不高的条件下,文化产业的发展环境也并不优越。对于文化装备生产行业来说,文化产业发展的总体情况直接影响着这一行业的发展。文化装备生产行业是为文化产业发展提供装备支持的行业,没有文化产业的快速发展,这一行业发展的动力也就不足。同时,文化装备生产行业作为一个需要技术研发投入巨大的行业,成本的降低需要规模化生产来实现。在文化产业发展并不快的环境下,这一行业的成本无法通过规模化生产降低,因此文化装备生产行业就很难在短期内得到快速的发展。

(二)行业发展缺乏足够大的市场需求

首先,在产业结构转型升级的大环境下,文化产业没能在山西省产业结构转型升级的过程中脱颖而出,表现出良好的发展势头和经济贡献力。再加上山西省本身在文化产业发展方面缺乏经验,导致文化装备生产行业在山西省的市场需求不足,也就造成行业的生产成本较高。其次,山西省整体的经济发展水平较低,人民的收入水平不高,文化消费能力有限。在文化消费水平不高的状况下,文化产业的整体需求必然不够旺盛,导致文化产品和文化服务需求不足,相应的文化产品和服务的生产也有限。文化装备生产行业作为文化产业发展的支持行业,在文化产品生产不足的前提下,文化装备也就没有足够的市场需求。最后,山西省装备制造水平、科研能力、人才资源相比其他优势省份存在较大的差距,在省内市场需求有限的情况下,很难开拓省外市场,从而造成山西省文化装备生产行业整体的市场需求不足。

(三)行业发展缺乏针对性政策支持

文化装备生产行业是山西省文化产业发展中政策支持不足的行业。一直以来省政府对于文化产业的关注就集中在新闻出版、广播电视电影等行业,而忽视了对于文化装备生产行业发展情况的关注。省政府没有将文化装备生产行业的发展放到与其重要性相对等的位置。对于这一行业的发展现状,政府没有进行深入的了解和调研,对行业发展的障碍和困难,行业的发展能力,政府掌握得不够,所以就无法提供立足行业自身发展实际的政策支持,缺乏对于行业发展有效的指导。行业发展没有政策的支持,缺乏政府的帮助,再加上基础薄弱,那么发展起来举步维艰。

二、行业本身

文化装备生产行业是一个需要大量投入的行业,足够的研发投入才能保持产品的更新换代,时刻紧跟科技进步的潮流和文化产业发展的浪潮,及时完成文化产业发展要求的技术攻关,提供文化产业发展所需的装备支持。但是文化装备的生产是一个需要长期投入的生产过程,这也就注定了它的成本回收和收益取得需要很长的周期。而且装备生产行业是一个固定资产比重相对高的行业,这就使得行业投入的大量资金无法进行快速的周转。

（一）行业特性导致缺乏足够的资金投入

行业本身的特点造成了行业集资困难。首先，文化装备生产行业是重资产的行业，固定资产投资较多，而文化产业又是一个轻资产的行业，因此资金不愿意投入这个为文化产业提供装备支持的行业。没有足够的资金投入，行业发展所需的技术研发经费就存在问题，技术迭代速度缓慢，导致生产出来的设备技术水平落后，难以满足文化生产工作对于文化装备的要求。缺乏有科技含量的设备，竞争力自然低下，在市场竞争中处于劣势，所以利润就会处于较低的水平。如此下去就形成了恶性循环，造成了文化装备生产行业发展滞后，且发展状况短期内很难改善。

其次，政府资金支持力度不够。政府每年对于文化产业发展有着专门的资金和财政支持，但是政府把资金大都投入了文化产业的其他行业，投入了发展速度较快的行业。没有文化装备生产行业专用的资金支持，没有得到政府应有的重视，这一行业发展基本处于自生自灭的状态。缺少了政府的扶持，行业发展举步维艰，民营企业时刻经受着生存问题的考验，也就没有精力和能力投入于新技术的研发和装备的更新。造成行业目前大都是小型企业在做着很低端的加工制造工作，产品没什么竞争力，赚取的利润很微薄的现状。少数大型企业也没有足够的能力和精力去带动行业整体的发展，只能是为了自己企业的生存而呕心沥血。这些状况的存在必然制约着这一行业的发展，而且会使得这个行业的吸引力逐渐降低。

（二）行业资金周转率低

文化装备生产行业从设备的开始研发到最后生产的产品卖出收回成本、获得利润是一个很漫长的过程，而且在这个过程中资金无法通过其他途径撤出，只有等到产品售出实现市场价值，才能完成资金回收。因此，文化装备生产行业的资金周转率很低，资金周转率低的行业往往不能够得到资本的青睐。同时企业因为固定资产投入较大且无法周转，从而缺乏足够的流动资金去扩大再生产，企业规模难以扩大，如此循环下去，企业就很难在短时间内得到快速的发展和壮大。企业规模小，实力有限、能力不足，自然就无法为文化产业发展提供所需的设备支持，对于山西省文化产业整体的发展进程也是贡献甚微。

(三)行业发展基础差,缺乏发展经验

文化装备生产行业在山西省不是传统优势产业,发展时间也不过几年,关于行业该怎么发展没有什么经验可以借鉴。而且山西省在机械设备等的制造上有基础,但在文化装备的生产上是缺乏发展基础的。这些现状也是制约着行业发展的障碍,同时这些问题无法在短期内得到解决。这些问题反映到具体的行业发展过程中,表现为文化装备生产行业的技术水平不过硬、人才条件不具备,最重要的是人们对于文化装备行业的重要性和发展思路认识不够,所以在这一行业中从业人员很少,也是因为这一行业中企业数量有限,能提供的就业岗位数量较少。行业发展缺乏基础和经验的综合效应造成了目前山西省文化装备生产行业对于山西省文化产业发展贡献度低,没能发挥好装备支持的作用。

(四)行业发展类型单一,地区发展不平衡

目前全国的文化装备生产行业总体向集约型、质量效益型转变,但山西省的文化装备生产行业仍旧是处在粗放型发展阶段。入门门槛较低的行业,还是采用劳动密集型的发展方式,但却缺乏从业人员;对于进入门槛高的行业,山西省的自主研发能力不足,在市场竞争中处于劣势。单一发展类型的同时,文化装备生产行业中许多细分行业在一些地市都还没有法人单位的存在,在各地市文化产业的整体发展中也是落后于文化产业的其他行业。

三、行业企业:缺乏竞争力和专业人才

(一)企业产品竞争力较低

首先,文化装备生产行业的企业面临的发展环境、行业的本身特点导致企业整体竞争力不足。最突出的表现就是在产品上,产品的技术含量低,产品的更新换代、生产效率、成本控制与竞争商品相比处于劣势。其次,在行业整体发展现状处于山西省文化产业末端的情况下,行业很难得到政府的关注,缺乏政府的资金支持去提升企业产品的科技含量和质量水平。而且,山西省除了资源密集型产业比较发达以外,对于文化装备生产行业的发展没有经验,也就无法为企业提供直接的指导,只能通过企业自身去研

究和学习,想办法提高产品的竞争力。

(二)企业市场开拓能力不足,市场占有率低

一个企业如果没有有竞争优势的产品,那么它就很难在市场竞争中脱颖而出,自然就很难占领较大的市场份额。山西省的文化装备生产行业企业普遍是中小规模企业,这些企业没有充足的资金、缺乏高质量高技术的产品,只能通过基本的生产劳动来赚取微薄的利润。在省内整体文化产业发展水平并不高、文化市场需求不足的前提下,就需要去拓展省外市场甚至是国外市场,这就需要产品这个核心竞争要素发挥作用。在产品没有竞争优势的状况下,就很难去打开市场。没有足够的市场规模,那企业的发展就像是在夹缝中求生存。

(三)企业管理存在问题,发展规模难以扩大

山西省的文化装备生产行业企业大都是小规模企业,缺乏现代企业管理经验和专业管理人才,企业没有足够的能力去进行管理人才的聘请。由于企业从事简单的体力劳动,产品技术含量低,附加值低,获取的利润有限。这种方式就会导致企业的管理过程中经常出现问题,发生员工和管理层的冲突。而且因为缺乏管理知识和人才,企业没有明确的目标和计划,无法通过科学有效的方式进行企业规模的扩大。企业因为缺乏长期的战略规划,成长潜力有限。

(四)企业缺少专业的人才

企业发展最重要的因素是人,因为有了人才,企业才能顺利进行各项经营活动。在这方面,文化装备生产行业存在很大的人才缺口。这个行业中的企业技术人才缺乏,企业研发能力有限,无法实现产品的及时更新和改进,产品无法适应市场的需求,缺乏根据用户需求改进产品的能力。

另外,企业缺乏专业的营销和管理人才,企业产品需要专业的营销人才去进行市场需求的发现和满足。营销活动对于企业获得利润和扩大再生产有着无比重要的作用。最重要的是企业缺乏吸引人才的能力,企业规模小,利润不足,发展前景不明确等问题都制约着人才向这一行业,向这些企业流动。没有可预期的未来和优厚的回报,企业在人才吸引上就没有说服力,这成为制约企业发展重大的问题和障碍。

第三节 山西省文化装备生产行业的未来发展趋势

文化装备生产不是一个单独的工业门类,而是涵盖了多个工业门类的产业集群。它既包括重大的先进基础装备,即制造装备的工作"母机",如工业机器人、电子制造设备等;也包括重要的机械、电子基础件等和文化生产所需要的成套技术装备。文化装备生产行业是提升国家文化软实力的重要任务。[①]因此未来的发展要紧跟文化产业发展的步伐,时刻关注国家的技术突破和应用,围绕文化消费的新需求,不断进行创新、研发、投资和经营,才能提高文化生产的效率,满足人们的文化需求,推动文化消费市场升级。

一、立足市场需求,调整供给结构

山西省文化装备生产行业的市场大小与省内本身的文化产业发展状况相关。市场需求足够大,那么企业就有足够的机会去收回成本,获取利润。山西省的文化产业市场的需求有限,相应的所需的文化产业装备也不多。在这有限的市场需求中,首先要考虑本省的文化装备生产行业企业能不能完全满足省内的市场需求。需要进行深入的市场调研,了解省内对于文化装备的具体需求,评估本省文化装备生产行业企业能不能满足这些需求,还有哪些需求是急需满足且本省不能满足的。针对这些未满足的需求建立专门的企业或者引导企业进入这一行业,通过相关政策的支持,让企业能够迅速形成生产能力。

另外,通过调研找到需求旺盛的设备类型,根据需求量和需求的紧迫程度,进行文化装备生产行业的需求等级划分,依据这些调研结果,对文化装备生产行业进行供给结构调整,对行业企业进行科学合理的引导。帮助企业的生产分工更合理,生产的产品类型更能适合市场的需要,那么企业生产出来的产品就能够走向市场,实现成本的回收和盈利。当然,文化装备

---

① 花建.加快发展我国文化装备产业[J].上海财经大学学报,2017,19(06):83-93.

生产行业的企业不仅要着眼于本省的市场,还应该考虑到全国的市场范围。最重要的是要做好市场分析,对于全国市场进行全面的分析和把握。

二、丰富产品类型,产品与服务相结合

文化装备生产行业要不断进行研发和创新,大量科技型文化装备的研发和应用,可以迅速地提高文化生产力,催生出许多文化产业的新业态和新模式。如人工智能正在成为推动文化产业的一个强大引擎,具有跨界融合、深度学习、智能识别、人机协同、自主操控等新特征。这些新业态的出现推动了很多新产品、新装备的研发和应用,让文化装备生产行业可以不断保持新需求。企业要积极参与文化装备生产行业产业链的各个环节,可以先进行领先企业设备的组装生产,争取先从制造水平上达到良好的水准。而后结合企业的能力和现状进行产品线的扩展,丰富产品的类型。同时应该明确市场需求的层次,将产品定位做好划分,可以满足高中低等各个层次的装备需求。

文化装备其实相对来说是使用周期很长的产品,需要进行维护和修理。这对于生产厂商来说是非常重要的发展机会。将自己的产品与后续服务挂钩,以高质量的服务激发市场的购买热情。同时经过产品和服务的一条龙,将产业链延长,企业可以在一个使用者身上得到两倍甚至几倍的汇报。从而为企业的科研投入提供经费,为企业的扩大再生产积累资金。

三、发挥政府作用,打造龙头企业,创建山西品牌

品牌形象越来越成为企业发展的重点关注行业,它的作用往往大于产品的任何营销策略。因此促进行业发展的有效途径是建立行业的优秀品牌。品牌的建立不是一朝一夕能够完成的,因此需要多方面的努力。

首先,政府的作用是不可或缺的,政府的资金政策支持是关键。工业和信息化部、文化和旅游部在北京联合召开了文化装备行动指南专家论证会,审议论证《文化装备发展应用行动指南(2018—2020年)》。全国发布的文化装备生产行业发展的行动指南可以作为山西省文化装备生产行业发展的指南。在此基础上,省政府应该借鉴指南和各地政策的经验,结合山西省文化

装备生产行业的实际情况，出台山西省文化装备生产行业发展的指导意见，助力打造山西文化装备生产行业的品牌。其次，政府是发展和促进文化装备生产行业的中坚力量。政府有资金和能力去推进文化装备生产行业的供给侧结构性改革，引领企业走正确的发展道路。而且政府需要提供好公共服务，对于文化装备的标准认定和应用服务是政府未来工作的重点之一。最后，政府对于文化装备生产行业的发展应该给予政策支持。比如：减税减租等帮助企业成长和壮大，同时针对大企业进行政策优惠和要求并行。利用大企业的优势去帮助小企业发展，突出其对于文化装备生产行业发展的引领作用。

四、发挥社会机构力量，建立行业规范

山西省文化装备生产行业的法人单位中企业所占比重很高，其他机构组织数量少，行业结构类型不合理。因此需要社会机构的力量去改善现状。行业发展需要非市场主体参与其中，维持行业发展秩序。文化装备生产行业的发展不能够让企业竞争破坏发展秩序，需要社会机构的调节和监督。山西省未来需要建立更多的社会机构和组织，对行业发展进行评估和指导。最重要的是建立起行业的发展规范和标准。虽然山西省的文化装备生产行业发展问题很多，与其他行业差距明显，但也不能因此而放任企业的随意进入和恶性竞争。应通过非营利机构、社会组织制定科学的标准和规范，保障各行业企业公平合理竞争，共同促进发展。同时通过规范的建立和实施，营造行业良好的发展环境。吸引其他企业进入文化装备生产行业，为文化装备生产的发展增添力量。

五、建立生产基地和产业集群，进行规模化生产

山西省文化装备生产行业的发展需要集中力量打造优势。因此，需要进行生产基地和产业集群的建设。在基地可以实行统一的政策，统一的规范，更好地管理和运营，减少管理成本和资源占用。同时通过产业集群，将上下游企业集合，既能够节约成本，同时又方便了上下游企业的沟通。另外可以吸引人才进行集聚，为文化装备生产行业的发展积累人才基础和创新条件。

通过产业集聚，可以实现规模化生产，做好配套服务。存在发展困境的

企业能够直接通过兼并、重组,将其并入发展良好的企业,既能够壮大企业的实力,又能避免资源浪费。企业实力不断壮大,规模得到扩大,生产成本下降,在市场竞争中可以发挥价格优势,从而帮助企业占据更大的市场份额。集聚的产业群能够为企业发展提供资源整合平台和信息共享平台,从而带动行业整体竞争力和吸引力的提升。

结语

文化装备生产的发展对于文化产业的整体发展具有重要作用,文化装备生产是我国文化产业发展的短板,对于山西省来说,这个短板更为明显。因此,山西省在重视文化产业整体发展的前提下,要着力解决文化产业发展中这一短板行业的发展。山西省文化装备生产的发展要结合山西省的整体发展现状,发挥山西省自身的优势,以创新为发展动力,建立规模化的生产基地和产业集聚区。注重政府与企业之间,企业与社会机构、组织之间的互动,营造良好的发展环境。大力培养文化装备人才和销售人才,从生产、销售的各个环节提升竞争力,打造一大批山西省的文化装备品牌,全面提升山西省文化产业发展的质量和速度。

在太原国家级文化和科技融合示范基地发展情况评估报告中,提出了文化装备水平提升工程的计划。未来山西省应该加强文化领域科技装备研究,鼓励以先进技术支撑文化装备、软件、系统研制和自主发展。依托山西汉威激光科技股份有限公司、山西中网信息产业股份有限公司,加强文化装备系统的技术供给,推动形成一批公共文化服务、文化创作生产、文化产业细分领域的技术解决方案与装备系统。加强公共文化服务与传播、展演、展映、展播、展览的科技装备与系统平台开发应用,支持舞台机械类、演艺灯光类、演艺音响类、观演视效类、乐器类的关键部件和系统装备的研发,加快数字化、智能化、网络化进程。[①]

[①] 太原国家级文化和科技融合示范基地发展情况评估报告,2017年。

第九章 山西省文化消费终端生产发展研究报告

第一节 山西省文化消费终端生产服务发展现状

据国家统计局数据显示：2017年全国文化及相关产业增加值为34722亿元，相比上年增长12.8%，占GDP的比重为4.2%，比上年提高0.06个百分点，文化及相关产业增加值保持平稳快速增长，占GDP比重稳步上升，新时期以来我国文化产业发展态势已经趋于稳健。在这样的行业形势下，文化消费终端生产行业的发展也呈现出了稳中向好的步调，在2017年文化消费终端生产创造的增加值为4268亿元，占文化及相关产业增加值的比重为12.3%。2018年上半年，全国各文化相关产业中，文化消费终端生产营业收入最高，达7911亿元，占总营收的19%；文化辅助生产和中介服务次之，营收7783亿元，占全产业营收的18%。

通过对全国规模以上企业的调查，2018年第一季度文化消费终端生产企业实现营业收入3677亿元，比上年同期增长5.4%；2018年上半年文化消费终端生产企业实现营业收入7911亿元，比上年同期增长4.2%，而2018年前三季度，其营业收入已经攀升至12170亿元，比上年同期增长2.8%。这组数据更是说明了我国文化消费终端生产行业正处于稳定增长的良好态势中。从消费者的角度来看，笔、墨、玩具等是最易得、普遍且日常的文化用品，因此文化消费终端生产行业也获得了巨大的市场空间。而伴随着科技的进步、人们文化素养的提升以及互联网技术的普及，目前的市场环境已经发生了很大的转变，文化消费终端行业的发展也随着这一系列的转变而呈现出了新的特点或趋势。

文具制造及销售：文具制造及销售行业总体上呈现稳步增长的状态。从消费群体规模来看，超过2亿的学生和1亿左右的办公人士构成文具产品的存量消费群体，从而形成了文具制造行业广阔的市场空间；从数据上来看，我国文具市场的销售收入从2012年的604.55亿元，增长到2017年的1191.04亿元，规模以上企业数量从2012年的626家增长到2017年的823家，并出现了晨光文具、真彩文具等具有国民性质的产品品牌。由于文具制造自身的特性，我国文具制造企业数量众多，但行业集中度较低，众多小微型企业的生产力、创新力与竞争力都有所欠缺，所生产出的产品也较为粗劣。伴随着人民消费需求的转型升级，这一类型的文具产品往往不能够满足消费者需求。在这样的市场背景下，我国文具制造企业逐渐走上了创新发展之路，在保障产品质量的同时，一方面不断革新设计理念，提升产品所承载的文化价值、审美价值，致力于打造出制作精良、品类丰富、附加价值高的产品体系；另一方面则从渠道端着手，顺应互联网发展的潮流，探索建立"线上+线下"的销售平台，以更好地满足人民多样的消费需求。经过不断的创新与探索，文具制造及销售行业的竞争格局正在发生变化，以晨光文具、齐心集团、广博股份和真彩文具为代表的文具企业逐渐发展成为龙头企业，并引导着文具产品向品牌化、个性化、高端化的方向发展。

玩具制造：我国一直以来都是玩具生产大国，同时也是全球最大的玩具出口国，现有玩具生产企业85%以上都是出口企业，国内玩具产出的50%以上都将用于出口，因此根据玩具企业出口发展的情况就基本可以描绘出我国玩具生产行业的发展状况。2017年中国生产的玩具产品，出口产品金额达441.5亿美元，同比增长31.2%，世界玩具市场上销售的产品超过70%由中国制造，欧美市场更是超过80%。此外，随着我国国民经济稳定增长，人均可支配收入不断提高，我国人民对于玩具的消费能力也随之提高，玩具内销市场也不断扩张。2017年国内玩具市场销售同比增长5%，消费约为680亿人民币。而全国玩具制造行业的主营业务收入达到了2357.1亿元，同比增长8.5%；利润总额达127.8亿元，同比增长8.8%。

我国从事玩具生产行业的企业众多。根据数据统计，2016年我国玩具出口企业的数量就已经达到了9659家。但我国玩具生产企业在地域分布上呈现出显著的集聚性,以广东、浙江、江苏、上海等为代表的东部沿海城市都聚集着大量的玩具制造企业。广东省是我国最大的玩具生产和出口基地,其产品出口量占据全国出口总量的62.03%,其中汕头市作为广东玩具生产企业最为集中、科技创新能力和产品科技含量最高的地区之一,已形成了较成熟和完整的产业链,产业集群效应明显。

综合来看,我国玩具制造行业出口势头依然强势,且内销市场也逐渐成熟,产业链完善,产业集聚程度高,玩具制造的生产力水平远远领先于全球平均水平。从文化产业创意、融合的角度来看,玩具制造业也从自身的行业特性做出了相应的探索。首先,"玩具+动漫""玩具+游戏",从某种程度上来讲,玩具、游戏、动漫等行业的消费群体具有一致性,因此有着天然的亲密关系。玩具制造与相关产业的融合,是通过对游戏、动漫中形象要素的提取,这不仅是对产品生产理念的突破创新,也将在极大程度上拓宽市场空间,提升产品的附加价值,最终实现各业态之间的协同发展。其次,"玩具+科技"这样的搭配直接催生出了智能化、高科技玩具,这一类型的玩具也正弥合了广大家长的心理需求。

综合来看,我国文化消费终端行业整体发展状况良好,潜在市场发展空间巨大,企业生产力、竞争力、品牌力都愈加强势,显露出无限的发展活力。同时在大众创业、万众创新的时代背景下,企业作为市场主体也迸发出强劲的创新力量,无论是互联网线上服务平台的建设还是新零售模式的兴起,都在推动着产业的转型升级。

近年来,随着文化强省战略的深入推进,山西省文化产业的发展态势逐渐明朗。2017年全省文化及相关产业增加值突破了300亿元大关,达到329.78亿元,占全省GDP比重为2.12%。全省文化产业法人单位数量达到33275家,增长率达到14.6%,占据全部产业主体数量的54.6%。总体来看,山西省文化产业的发展呈现出欣欣向荣的局面,文化服务业、文化制造业以及文化批零业的增加值相较以往全线上涨,文化旅游、广播影视、新闻出版等各个文化业态也频传捷报,而文化消费终端行业作为文化产业的组成部分,相应地也呈现出了一定的特点。

一、各个业态发展齐全

从业态分布来看,文具、笔墨、玩具、节庆用品以及信息服务终端制造等行业在山西省都有分布,其中文具、笔墨等办公用品生产与销售的企业数量较多。从总体来看,2017年各个业态的发展形势都相对见好,除节庆用品制造企业的数量保持不变外,其他业态的企业数量都有所增长,其中玩具制造型企业实现了零的突破。

二、经营活动以销售为主

从企业经营活动的性质来看,山西省消费终端生产行业基本以批发销售型活动为主,而制造能力稍显欠缺。如在2016年从事视听设备制造的企业数量为12家,同期从事文化用家电销售的企业数量高达306家。而在2017年制造型企业数量虽然有所增加,但无论是总量还是增长量或是增长率都低于销售类型企业,山西省文化消费终端生产行业生产制造力与批发销售力之间存在着严重的不平衡、不协调。

表9-1 山西省文化消费终端部分行业企业法人单位数量对比

	制造业					批发零售业		
	办公用品	玩具	视听设备	焰火、鞭炮产品	其他	文具乐器等器材	家电	其他
2016年	12	0	4	8	30	1164	306	997
2017年	13	2	5	8	32	1321	349	1107

三、规模以上企业数量少

2017年,山西省文化产业法人企业中规模以上企业共计848家,约占全省法人企业的4%。规模以上企业所占比例虽然较低,但是往往代表了该地区行业内的顶尖水平,具有强劲的生产力与竞争力。但根据山西省统计局统计数据显示,山西省从事文化消费终端生产的规模以上企业数量极少,其中文具、笔墨、玩具、节庆用品制造行业内尚且没有规模以上企业的出现,而信息服务终端制造行业内仅有一家从事影视录放设备制造行业的企业达到了规模以上的标准。此外从事文具用品批发的规模以上法人单位数量为6家,文化用品零售10家,家用视听设备批发1家,家用视听设备零售7家,总计数量为24家。山西省文化消费终端规模以上的企业合计25家,占全省的3%左右,这一数据一方面显示出山西省消费终端生产企业以小、微型企业为主,缺乏龙头型领军企业,另一方面也彰显出山西省在这一领域生产力的薄弱。

四、地域分布上相对分散

从区域分布的角度来看,山西省文化消费终端生产的法人单位相对分散。视听设备生产的法人单位主要分布在阳泉、晋中、运城、临汾四地;办公用品制造的法人单位除去太原市41.7%的比例外,其余则分布在运城、忻州、临汾和吕梁市。焰火、鞭炮产品制造则相对集中,运城市法人单位的数量达到50%,长治与朔州分别占25%的比例。一般情况下,我们认为企业的集中度越高,其产业发展越成熟,这是由于相同或相关的产业自发集聚会优化产业链各个环节的承接协作能力,从而降低生产过程中的消耗和成本;而另一方面企业间协同合作也极有可能实现技术创新、管理创新,从而产生溢出效应。但就山西省文化消费终端生产行业来说,各个业态的企业呈现出相对分散的区域布局,相应地也未能形成科学的、完善的产业链条。

第二节 山西省消费终端生产行业问题探究

通过上述的分析与讨论,可以明确的是山西省文化消费终端生产行业在文化强省战略的带动下有了一定程度的发展,但总体形势仍然不容乐观。无论是各个业态发展,还是整体行业的结构布局;无论是相关企业的数量,还是企业发展规模都有很大的提升空间。因此根据山西省自身的资源、区位因素,厘清其文化消费终端生产行业的问题所在,是我们进一步推动行业发展的基础。

一、山西省文化消费终端生产行业整体竞争力弱

就目前山西省文化产业业态的结构与布局来看,文化服务业、文化制造业与文化零售业的增加值在文化产业中的比重分别为76∶14∶10,文化制造业与零售业的增加值之和才达到服务业三分之一的水准。而文化消费终端生产行业是以制造业为主、零售业为辅的行业形态,在这样总体的发展态势下,它的发展存在先天的弱势。另一方面,如前文中所提到我国文具生产行业已经形成了晨光、真彩等具有全国乃至国际性质的优秀品牌,玩具行业的集聚特征也十分明显,产业链上中下游的企业相互配合,同时也在积极跨界,与相关业态触电合作,探索新的发展模式与发展路径。因此从全国市场着眼,再结合山西省文化消费终端行业的发展特点,可以明确的是山西省文化消费终端行业尚处于初级阶段,既缺乏生产力,也缺乏创新力与竞争力。具体来看体现在以下几个方面:

(一)文化消费终端生产行业整体结构不均衡

行业整体结构的不均衡一方面表现在制造与零售之间的不均衡,无论是规上企业还是规下企业,无论是文具制造抑或是节庆用品制造,零售类企业数量都远远高于制造类企业。这样的差距虽然有因行业性质不同而存在的合理性,但山西省两者之间的巨大差异已经不能仅仅归因于此。从市场运营的规律来看,制造类企业从属于供给端,而零售类企业作为商品流通的重要渠道则能够反映出需求端的概况,由此来看,山西省文化消费终端产品的供给与需求之间存在巨大的不平衡。而其结构的不平衡性还表现在传统制造类企业与高新制造类企业的数量之间存在着差距。在2018年国家统计局发布的文化及相关产业的分类中,将可穿戴智能文化设备制造以及其他智能文化消费设备制造归入文化消费终端制造的范围中,这一行业相对笔墨、文具产品的制造而言意味着需要更高水平的科技、人才以及更大量的资金注入,同时也意味着更大的发展空间,代表着更高水平、更高层次的文化消费需求。但目前山西省文化消费终端行业的业态集中在传统制造业领域,产品的附加值低,市场空间小,加之企业多以小微型为主,从而形成了山西省文化消费终端生产行业竞争力低的直接诱因。

(二)企业小散乱,缺少有竞争力的企业主体

2017年,山西省规模以上文化产业法人单位以其2%的单位数量占比创造了210亿元的营业收入、508亿元的资产总额,在全省文化产业法人单

位中其占比分别达到58%、39%。从这一统计数据中可以明确的是规模以上企业代表着行业发展的最高水平,且对行业及文化产业的发展都有着强劲的带动作用。而对于山西省文化消费终端生产行业来讲,行业内法人单位数量少,大型的、规模以上的法人单位更少,2017年该行业内的规模以上企业仅占全省数量的3%,而其中从事制造业的法人单位仅有一家。从企业经营质量上来看,2016年山西省从事家用电器批发与家用视听设备零售的法人单位共12家,从业人数合计801人,当年营业收入87517.3万元,主营业务收入为86905万元,抛除经营成本后,共计营业收入为363万元,而重要的是家用电器行业当年不盈反亏,亏损额达到12万元。该组数据所表明的不仅是企业竞争力弱、经营能力弱,还表现出企业规模一般较小,且同产业链上企业之间存在一定程度上的脱节,从而导致了整体经营质量的低下。

(三)生产经营活动处于产业链中下游,产业发展空间小

从产业链的角度来看,一般情况下中上游企业是整个链条的核心,并占据了链条上绝大部分的产值,中下游企业主要承担产品流通、销售等环节。由此来看山西省文化消费终端行业内以零售型企业为主,在产业链条上处于下游,相对来讲其发展潜力与空间具有天然的壁垒与限制。而对于省内各制造企业来讲,由于技术落后、基础薄弱等多项原因,该类企业的产品研发能力、产品设计能力都相对欠缺,不能够参与产品生产的核心环节,所以其主要业务主要停留在产品组装、包装等阶段。如此,山西省文化消费制造业的发展空间也就很难得到扩张。

二、山西省文化消费终端生产行业发展环境较差

山西省文化消费终端生产行业发展状态欠佳,企业小、产业分散、总体竞争力弱,而这一发展态势形成的原因是错综复杂的,我们一方面可以将其归因于历史因素,另一方面也有现实原因,硬件因素与软性条件同样欠缺,如此种种都是文化消费终端生产行业所面临的环境问题。

(一)山西省轻工业基础薄弱,行业起步时间晚

山西省位于我国中部,拥有丰富的煤矿资源。在这样天然的资源优势下,山西省一直以来都是我国重要的能源基地和老工业基地,并孕育了大

同、阳泉、朔州等典型的资源型城市。近年来我国经济发展进入新常态,这对资源型城市转变经济发展方式,深入推进创新、绿色发展提出了新的要求。2017年国务院发布的《国务院关于支持山西省进一步深化改革促进资源型经济转型发展的意见》中提出:深入实施"中国制造2025",加快信息化与工业化两化深度融合,推进两化融合管理体系贯标试点。这一文件的下发为山西省制造业的发展指明了方向。但总的来看,山西省相较于广东、浙江、江苏等东部沿海省份,起步时间晚,基础薄弱,技术落后。同时文具制造、笔墨制造、玩具制造等行业的市场空间也已经为这些城市占领,市场处于相对饱和稳定的状态,山西省在这些传统的领域中的发展条件、发展空间都相对处于劣势。

(二)文化消费终端行业的政策支撑相对乏力

推动文化产业发展是山西省深化改革,推动经济转型升级的重要手段,因此山西省文化政策相对完善健全。在2003年颁布的《山西省建设文化强省发展规划纲要(2003—2010)》中就提出要在2010年基本建设成文化强省。此后山西省相继出台《关于深化文化体制改革的实施意见》《"十二五"时期文化产业翻番计划》(征求意见稿)《2013—2017艺术创作五年规划》《山西省人民政府关于印发山西省支持文化产业加快发展的若干措施通知》《山西省"十三五"文化改革发展规划》《山西省"十三五"红色文化传承保护与发展规划》等相关政策。但综合来看山西省发布的文化政策一方面属于宏观指导类,如深化文化体制改革、加大财政资金扶持力度、完善文化产业人才培养机制等;另一方面则偏向于文化核心领域内的相关业态,而对于文化相关领域内的辅助用品、文化装备尤其是文化消费终端生产的扶持力度显得较为乏力。

(三)文化消费终端行业相关产业园建设落后

产业园区是某个产业的集聚区域,从某种意义上可以称之为孵化平台。为推动产业发展,壮大企业力量,政府等相关部门一般会有计划地建立产业园区,并对入驻企业提供土地、税收、租金等方面的优惠以及金融、技术、人才等方面的支撑。山西省在推动文化产业发展过程中十分重视产业园区的建设与运行,目前已经运转成熟的园区类型十分丰富,如祁县红海玻璃文化园、神农中医药文化园、晋泉酒文化园区、山西省陶研所陶瓷创意园等。从山西省文化消费端生产的相关法人单位的分布状态来看,这一类型的产业园区尚未发展成熟。

(四)互联网技术的应用稍显不足

互联网技术的成熟与应用对经济、社会的运行和发展产生了巨大的影响,尤其是移动端的普及更是拓宽了人的视野,甚至改变了人们的生活方式与思维方式,相应地也改变了文化产业运行发展的市场环境与社会环境。2015年,李克强总理在两会政府工作报告中,提出要制定"互联网+行动计划",推动移动互联网、云计算、大数据、物联网等与现代制造业结合,促进电子商务、工业互联网和互联网金融健康发展,引导互联网企业拓展国际市场。2016年商务部提出了"互联网+流通"行动计划,提出要大力营造电子商务发展环境,促进互联网与流通业深度融合。在这样的政策背景与社会背景下,文化消费终端行业同样掀起了"互联网+"的风潮,一方面聚力打造线上销售、展示、反馈平台,打造"线上+线下"的全方位立体化销售渠道,另一方面聚焦于数据的开发应用,洞察消费者需求,不断丰富产品种类与形态,打造科学、持续的运行管理能力。但对山西省文化消费终端生产企业而言,互联网的应用还只是停留在线上销售渠道的建构上,对于消费端数据的管理和应用仍未实现。

第三节 山西省文化消费终端生产创新路径

就目前山西省文化消费终端生产行业的发展现状与问题困境来看,该行业的发展路径既要着眼于全国市场环境,明晰自身在市场中的位置,又要从自身资源基础出发,确定宏观的发展战略;既要从外部着手,打造健康、完善的行业发展环境,又要从企业自身出发,推动其向品牌化、规模化发展。

一、山西省文化消费终端生产行业的政策规制

(一)制定文化消费终端生产行业发展整体规划

针对目前山西省文化消费终端生产行业小、散、弱的发展现状,首先需

要政府在宏观政策方面做出规制,针对行业未来的发展战略、发展方向以及最终的发展目标做出整体、科学的规划。而这一规划一方面要从市场的思维来对文具、玩具、笔墨等行业的发展现状做出准确的判断,同时也要从自身基础出发,从企业的发展现状出发,明确自身在市场中的定位,并据此确立对应的市场战略。具体来讲,我国东部沿海地区生产制造能力领先于全国其他地区,包括文具、玩具、电视等产品在内的生产制造企业已经在这一区域形成了高度的集聚,同时结合现有企业的经营状态与分布状况,最终可以确定的是山西省文化消费终端生产行业要以追随者的身份参与市场竞争。基于这一市场定位就可以摸清其整体规划的大致思路,即通过优化行业发展环境、规范行业发展秩序、调整行业结构布局,鼓励外地优秀企业进驻山西,并从租金、税收等层面给予其一定的优惠,鼓励本地企业积极引入高新技术、学习先进经验,不断提高技术水平和生产力,加快追赶国内先进企业的步伐,争取在未来一段时间内打造出具有全国竞争力的龙头企业,形成一定规模的产业集群。

(二)继续完善扶持小微企业的相关政策

山西省文化消费终端生产行业内的企业基本属于小型乃至微型企业,同时也不排除有作坊式的生产主体。小微型企业的发展往往会面临金融、技术、人才等方面的限制,但却形成了行业发展的基础性力量。山西省为推动小微企业的发展发布了《关于进一步促进中小微企业创业创新转型发展的若干措施》用来鼓励中小微企业创业创新,引导中小微企业转型升级发展。其中提出对认定的省级"专精特新"中小企业给予最高不超过30万元的一次性奖励,并自2017年起,对年主营业务收入首次达到规模以上并纳入统计部门联网直报的小微工业企业,省级财政给予30万元的一次性奖励。同时也从公共服务体系着手,要求搭建起适合小微企业的公共服务平台。这样的扶持政策为文化消费终端生产企业的发展营造了良好的环境,但从该行业发展的特性来看,文具、玩具、节庆产品的制造行业都很难达到省级"专精特新"的标准,因而很难享受政策红利。因此要继续完善、细化小微型企业的扶持政策,进一步推动政策的落地。

二、山西省文化消费终端生产行业的发展重点

(一)集聚优势资源,突击重点行业

根据上述的分析与思考,山西省文化消费终端生产中各个行业的发展都处于初级阶段,虽然同处于初级阶段,可智能设备的制造却有其自身的特性。随着互联网技术、信息数字技术的迅速进步,智能制造逐渐成为各国竞争的新领域,2011年美国实施"先进制造伙伴计划",2013年德国提出"工业4.0"计划,2014年英国开展"高价值制造"战略,2015年日本颁布"机器人新战略",我国也发布《中国制造2025》文件,指出要以推进智能制造为制造业发展主攻方向,构建以智能制造为重点的新型制造体系。未来文化消费终端生产行业内,智能设备制造将异军突起。同时在《国务院关于支持山西省进一步深化改革促进资源型经济转型发展的意见》中也指出:支持山西省开展国家智能制造试点示范。从行业发展来看,在国家政策的引导激励下,我国对智能设备的投资呈逐年增长的趋势,投资所获得产出也由2010年的不足4000亿元飙升到2016年的1.2万亿元。因此山西省要集中优势资源,大力发展智能设备制造,并将此作为本省文化制造业突围的重点。

(二)重点企业重点扶持,实施品牌计划

统一梳理现有企业的经营状况,从中挑选出技术水平高、创新能力强、发展潜力大的企业作为重点发展对象,并以此作为试点,探索山西省在行业中突围的方式方法。对政府来讲,一方面要建立科学的评价标准与评价体系,以保证重点企业自身的能力与资质;另一方面则要建立起具体的、可落实的扶持措施,以鼓励企业大胆创新,勇于创造;最后也要建立相应的监督评估机制,对于企业的运营给予一定的约束力。从企业方面来讲,要树立明确的市场思维,通过学习先进的技术与经验提升自身的业务能力,通过洞悉消费者的消费意愿来扩大自身的市场占有率,不断创新,不断突破,逐渐实现规模的扩张。同时也要树立明确的品牌思维,虽然玩具、文具、节庆产品的制造已经形成了具有国民性质的企业品牌,但企业仍可立足于自身的文化特色、习惯习俗,创造出为本地人民所喜闻乐见的产品,并最终实现

品牌化经营。

三、山西省文化消费终端生产行业的集聚路径

实现山西省文化消费终端生产行业的产业集聚，亟须加快产业园区的建设步伐。基于山西省文化消费终端生产制造与批发零售企业的性质与特点，以及其分布的业态与地域，需要有针对性地进行园区的规划和建设。一是建立以办公用品生产为主业的产业园区，推动文具制造与笔墨制造企业的集聚，通过产品之间的交融协作，共同形成大型的办公用品生产基地，同时兼顾文具、笔墨等批发零售类企业，打通上中下游的各个环节，减少产品的流通成本，建立起大型的办公用品生产基地。二是建立智能设备制造产业园，由于山西省智能设备制造业尚未起步，因此该园区的规划与设计应以国内外大型科技型产业园区为参照，一方面要完善适合高科技设备制造的环境，其中不仅仅包含了硬件设施与生态环境，同时要给予入驻企业税收、地租抑或是资金奖励等方面的优惠条件，另一方面也应建立起软性的金融服务平台、技术交流服务平台、知识分享平台，同时更应大胆创新，简化流程，推动园区管理方式、管理模式的变革。

第十章　山西省文化产业园区研究报告

第一节　山西文化产业园区发展现状

一、情况概述

在习近平总书记所做的党的十九大报告中，以深邃的历史视野，非凡的战略智慧，将文化发展放到兴国强族的高度，用近2000字的篇幅，系统阐述了进入中国特色社会主义新时代，我国文化发展的历史使命、行动纲领与战略路径，气势恢宏、催人奋进。纵观中华文化的发展历程，我们正迎来一个历史性的繁兴时代。

从全球文化产业的发展历程来看，通过促进文化主体在特定空间的集聚，进而构建产业集群、培育创意阶层、加速城市更新，是世界各地共同的经验。2017年是我国文化产业园区创新发展的重要年份。在中华文明走向伟大复兴的历史背景下，在满足人们对美好生活的新需求中，各地园区坚持"双效统一"，积极创新发展模式、优化服务品质、构建创业生态，在探索实践中形成了突出的特色与亮点，我国许多省份已经将发展文化产业作为经济发展的重中之重，逐步打造成国民经济的支柱产业。

山西省文化产业园区起步虽然较晚，但是星火燎原，发展强劲。近年来，随着文化部与地方政府的支持，省内文化产业园区数量正快速增长。2017年山西转型综合改革示范区成立第一年，管委会即按照中央及省委、省政府的总体安排部署，结合利用各园区现有的坚实产业基础，发挥环境优势，秉承"创新、协调、绿色、开放、共享"的发展理念，使得文化产业发展环境不断优化，许多重大文化项目取得了突破性进展，文化产业规模持续扩大。

据 2017 年文化企业调查数据显示，2016 年全区全年文化产业共有企业 1080 家，占太原市文化企业总数的 26.9%；总资产 1142415.612 万元，占太原市文化总资产的 30.2%。示范区文化产业已成为全市文化产业发展的新高地，成为带动全市加速转型发展、深化供给侧结构改革的重要助推力量。2016 年，全区文化产业全年实现营业收入 833912.53 万元，其中主营业务收入 820650.554 万元；全年上缴营业税金及附加 9842.974 万元，其中主营业务税金及附加 8402.004 万元；全区文化产业从业人员 19536 人，占太原市企业期末从业人员数的 25.9%，其中期末在岗人员 18866 人，全年实现营业收入 783759.1 万元，其中主营业务收入 771688.4 万元；全年上缴营业税金及附加 8067.84 万元，其中主营业务税金及附加 7361.13 万元；总资产 924402.5 万元，从业人员 7322 人，分别占全区的 93.98%、94.03%、81.96%、87.61% 和 37.48%。

学府园区文化产业集群初步形成。学府园区有文化产业企业 1408 家，占示范区的 77.9%，全年实现营业收入 704166.474 万元，其中主营业务收入 693412.979 元，年营业税金及附加 7778.441 万元，其中主营业务税金及附加 6629.165 万元，资产总额 931019.054 万元，从业人员期末人数 14319 人，在岗职工人数 13754 人，占示范区的比重分别为：84.4%，84.5%，79.0%，78.9%，81.5%，73.3% 和 72.9%。基本形成四大产业集群，即：以赛鼎工程有限公司和山西智博文化传播有限公司为龙头的文化创意和设计服务产业集群，以山西广电信息网络集团、山西广电新媒体有限公司等为龙头的文化信息传输服务产业集群，以山西七彩科技股份有限公司、山西太原四季风旅游有限公司为龙头的文化产品生产的辅助生产产业集群，以太原特玛茹电子科技有限公司等为龙头的文化用品生产产业集群。

唐槐园区文化产业集群正在形成。唐槐园区有文化产业企业 304 家，占示范区的 16.8%，全年实现营业收入 124933.055 万元，其中主营业务收入 122494.376 万元，年营业税金及附加 2062.533 万元，其中主营业务税金及附加 1770.839 万元，资产总额 211060.658 万元，从业人员期末人数 4649 人，在岗职工人数 4544 人，占示范区的比重分别为：15.0%，14.9%，20.1%，21.1%，18.5%，23.8% 和 24.1%。唐槐园区形成了以山西中亚包装印务集团有限公司、山西太报传媒有限公司、山西臣功印刷包装有限公司为龙头的印刷出版包装产业集群,以山西华禧电力工程有限公司为龙头的文化创意和设计服务产业集群正在形成。

表10-1 示范区分园区文化产业基本情况(资金单位:万元)

区域	从业人员期末人数	在岗职工人数	年营业收入	年主营业务收入	年营业税及附加	年主营业务税金及附加	资产总额	企业数量
学府园区	14319	13754	704166.5	693413	7778.4	6629.2	931019.1	1408
唐槐园区	4649	4544	124933.1	122494.4	2062.6	1770.9	211060.7	304
阳曲园区	568	568	4813	4743.2	2	2	335.9	96
合计	19536	18866	833912.5	820650.6	9843	8402	1142415.6	1080

全区文化产业企业涉及了市场经济的多种类型,基本形成了中小微型文化企业梯次发展格局。总体来说全区文化产业企业以内资企业为主,外商投资企业较少。内资企业中,私营企业共有1203家,占全部企业总数的66.53%。其中,私营有限责任公司有1116家,占全部企业总数的61.73%。有限责任公司有566家,占全部企业总数的30.75%。其中只有一家属于国有独资企业,其他有限责任公司占到总数的30.70%。

全区私营企业和有限责任公司加起来占到了全部企业总数的97.28%,其余所有制类型的企业如国有企业、股份合作企业等所占比例较低。[①]

二、发展特点

观察山西省最大的综合改革示范区以及其他文化产业园区的发展情况可以看出,全省文化产业园区发展呈现出以下几个特点。

(一)引进龙头企业,培育自主品牌

目前,太原国家级文化和科技国家示范基地集聚了《英语周报》社、山

[①] 数据来源《山西转型综合改革示范区文化产业发展报告(2017)》。

西同方知网、山西汉威激光、山西丰达企业形象设计等一批文化科技龙头企业，形成了以龙头骨干企业为支点、大中小企业紧密配合、专业分工与协作完善、具有国际国内市场竞争力的产业集群。

表 10-2　全区文化企业按所有制划分情况

企业登记注册类型	数量	比重
内资企业	1805	99.83%
国有企业	19	1.05%
集体企业		
股份合作企业	6	0.33%
联营企业	2	0.11%
国有联营企业		
集体联营企业	1	0.06%
国有与集体联营企业	1	0.06%
其他联营企业		
有限责任公司	556	30.75%
国有独资公司	1	0.06%
其他有限责任公司	555	30.70%
股份有限公司	19	1.05%
私营企业	1203	66.53%
私营独资企业	32	1.77%
私营合伙企业	7	0.39%
私营有限责任公司	1116	61.73%
私营股份有限公司	21	1.16%
其他企业	27	1.49%
外商投资企业	3	0.17%
外资企业	2	0.11%
外商投资股份有限公司		
其他外商投资企业	1	0.06%

其中，山西广电未来科技股份有限公司创作的《壶口瀑布 VR CAVE》作品，作为全国文化和科技融合的代表作品，在 2018 年深圳文博会上代表文

化和旅游部展出,受到广泛关注和好评,广电未来公司也成为2018年博鳌亚洲论坛独家VR技术服务商、百度地图全景技术服务商、SPIIDEO(视毕得)中国独家VR技术服务商。

山西广电新媒体有限公司秉持着将技术体系融入文化生活的理念,在IPTV增值业务系统上进行多项技术攻关,利用大数据为运营提供数据依据。目前山西IPTV平台VIP板块已开发六个专区,单个专区单月平均播放量已破百万。积极开发多终端应用,将手机端、电视端、电脑端打通,构建了"人人参与"的良性互动平台。2015年9月上线运行的山西广电新媒体有限公司党员远程教育平台依托IPTV集成播控平台,基于互联网和IPTV电视双平台首页的位置,明确思想导向,传递党的声音,双平台之间互动传播,起到了良好的宣传效果。

山西同方知网数字出版技术有限公司是同方知网数字出版集团的数字资源基地、技术研发基地和面向山西各行业的数字出版发行与技术服务中心,2012年先后成功申请"学术文献自动识别"等4项专利,2014年以来取得学术文献知识服务系统等12个软件产品的著作权。目前,公司筹建的山西同方知网产业基地,将成为全国最大的数字出版、知识服务和数据加工产业园区。

《英语周报》作为国内老牌的英语学习报纸,近年来积极探索数字化转型。2014年,《英语周报》与科大讯飞合作,利用英语周报优秀的内容资源和1600万读者用户的群体优势,融合科大讯飞语音合成、语音识别及图像识别等核心技术优势,共同研发数字化产品"掌上周报"——悦作业。2017年,报社整合旗下所有新媒体平台和网站,组建了数字出版中心,建立统一标准,进行统一管理,规范统一出口,将成为报社资源供给、定向宣传、教研辅助的新渠道和新平台。

山西汉威激光科技股份有限公司致力于RGB激光在显示领域的研发与应用,在高端激光投影仪的设计、加工及制造等领域具有领先优势,公司自主研发的LRGB激光投影显示技术,将散斑抑制技术与大功率激光光源集成技术相结合,实现了色彩炫丽、高亮度、无可视散斑的投影显示效果,是国内唯一一家拥有3DLP技术授权的厂家,自主开发设计了全球首款

0.95英寸3DLP纯激光家庭影院投影机及工程投影机产品。

山西辰涵数字传媒股份有限公司在影视制作、视觉设计、软件开发等方面具有技术优势,公司独立开发的具有自主知识产权的"数字旅游可视化系统"入选科技部科技型中小企业技术创新项目,"增强现实(AR)文物智能展示系统开发及项目制作与规范"纳入国家文物局"互联网+中华文明"示范项目库,"多功能3D文物展示柜"等数字展示设备在深圳文博会、京交会等国内外专业展会上广受好评。[1]

(二)文化与科技融合趋势进一步凸显

文化与科技双轮驱动,艺术与科学有机结合现已成为许多园区发展的战略选择。国家级文化和科技融合示范基地建设加速,发展了一大批新型文化科技产业,培育出了一大批文化科技骨干企业。山西省全省范围内越来越多的园区和企业看到了科技对文化发展的推动力,选择依托云计算、大数据、虚拟现实、物联网等新兴科技成果,逐步实现与新技术和新媒体的融合发展。

山西传媒学院文化科技园成立于2014年9月,园区以"山西转型发展,文化发展重大需求"为导向,积极鼓励大学生创新创业和教师科研活动,为全省培育了文化创意企业38家。

表10-3 园区企业名录

序号	名称
1	山西梓楠文化艺术有限公司
2	晋中市新生力文化传媒有限公司
3	山西吉祥灯文化传媒有限公司
4	晋中思为文化传媒有限责任公司
5	山西盈丰广告有限公司

---

[1] 资料来源《太原国家级科技和文化融合示范基地发展情况评估报告》。

续表一

序 号	名 称
6	晋中快意宣扬动漫文化制作有限责任公司
7	山西优游互动软件科技有限公司
8	晋中鑫淼科技有限责任公司
9	山西蓝火信息技术有限公司
10	晋中中方朗智文化传媒有限公司
11	山西黔程锦绣文化传媒有限公司
12	晋中莘禾文化传播有限公司
13	山西灵创映画文化传媒有限公司
14	晋中红白蓝文化传媒有限公司
15	山西格格物文化艺术有限公司
16	晋中大雁文化传媒有限公司
17	山西大魏风声影视制作有限公司
18	晋中艺诚文化传媒有限公司
19	山西龙池文化艺术有限公司
20	晋中嘉禾映画文化传播有限公司
21	山西大晋虹锐文化艺术有限公司
22	晋中青松文化传媒有限公司
23	山西博纳润泽文化传媒有限责任公司
24	晋中一墨点文化传媒有限公司

续表二

序 号	名 称
25	山西纵天科技有限责任公司
26	晋中音韵文化传媒有限公司
27	山西筑梦科技有限公司
28	晋中易凯科技有限公司
29	山西博瑞思网络科技有限公司
30	晋中新奇文化传媒有限公司
31	山西华视文华网络科技有限公司
32	晋中思博特商务咨询有限公司
33	山西昂森文化艺术有限公司
34	晋中卓川商务咨询有限公司
35	山西鹰凰宏艺文化艺术有限公司
36	晋中源泉文化传播有限公司
37	山西鼎泰汇信文化艺术有限公司
38	晋中维皇商贸有限公司
39	晋中晋风工艺品有限公司
40	晋中大漫人文化传媒有限公司
41	晋中大潮汐文化传媒有限公司
42	晋中穿石软件科技有限责任公司

续表三

序 号	名 称
43	晋中索普文化艺术有限公司
44	晋中灵绘创影文化艺术有限公司
45	山西佰农尚品电子商务有限公司
46	晋中登启文化艺术有限公司
47	山西乐酷传媒有限公司
48	晋中白水文化艺术有限公司
49	山西灌木文化传媒有限公司
50	晋中含光网络科技有限公司
51	山西觉喜文化传媒有限公司
52	晋中伊莎贝位文化艺术有限公司
53	山西西原万合网络科技有限公司
54	晋中羽翼网络科技有限公司

园区立足于文化的传播与创新、产业化发展，着力于文化资源的深度挖掘和创意引领，在文化遗产数字化保护以及文化与旅游、艺术、科技的融合发展等方面做出了卓有成效的贡献，全力打造出了"影视创意、新媒体创意、全媒体文化传播、动漫创意、品牌创意"五大文化创意核心领域文化创意产业集群。一直以来，山西传媒学院文化科技园都致力于文化创意产品的设计与开发、数字影像产品的制作与发行、高技术产品及软件的研发制作等，并多次利用 3D 技术建模还原古建筑。

山西巴克创奇文化有限公司是山西省首家融合科技体验和娱乐、观赏为一体的大型室内主题乐园,也是山西省唯一一家申请了原创IP人物的主题乐园。乐园在建设上致力于将现代科技与乐园本身设定的冒险主题情节相结合,运用激光多媒体、微缩实景、立体特效等高科技手法,为广大游客提供了集娱乐享受和知识学习为一体的游乐体验。此外,乐园内的封闭式新风系统实现了全院恒温恒湿状态,使乐园成为一座全要素、全天候的都市梦工厂。

(三)动漫IP与全产业运营协同发展

动画内容、制作技术以及衍生品产业运营模式成熟和不断升级,山西省内的动漫IP产业已积极迈向全产业链,并实现着跨行业、跨媒介、跨形态的高度融合发展。在此形式下催生出了各类主题动漫形象,融入了餐厅、展览、周边商店等多种商业模式中。

山西晋商行文化传媒有限公司,以"一心小和尚"动漫IP为基点组织起来的"一心文化"系列公众号及延伸领域,通过传播分享佛教文化,集聚起了140万粉丝,其中的"五台山佛学"公众号更是成为目前全国范围内最大的佛学公众号。在此基础上,公司集合了"一心小和尚"粉丝人气、公众号影响力,积极开展了电子商务运作,打造出"一心禅选"等电子商务平台,实现了电子商务的新模式。

除此之外,山西晋商行文化传媒有限公司还创作了"陈小醋""小醋家族"等多个原创动漫形象,推广公众号文章、动漫、漫画、表情包等文化产品,并以此为原型开展原创动漫品牌塑造、自主IP形象开发与授权、产品设计与周边衍生以及运营推广等多项业务,实现了将IP产品变现的有效运作,创造了全新的文化产业业态。

(四)依托平台加速推进发展

山西省在文化产业园区建设方面,充分利用了"国家级文化产业基地"和"国家文化与科技融合发展基地"两块金字招牌,大力推进文化产业的融合发展。充分利用互联网技术等现代高科技手段,以"互联网+""文化+"为重要依托,打造出了各种类型的平台,建立起了相互交流与沟通的便利渠道,更大程度上实现了资源的整合,产业新业态也不断涌现。

山西省太原高新区鼎盛文化创意有限公司打造的三晋文化创意产业

信息化服务平台项目,全力构建基于大数据、互联网技术和数字展示技术的智慧文化展示云平台。其中基于全媒体建设的"文化云"提供了包括物质文化遗产、虚拟游览体验、文化创意细节产品的品牌推广等。构建的三晋文化创意产业创意文化电子商务平台,通过文化故事来推广传统品牌,再通过打造文化创意品牌来深度挖掘品牌文化,打造了史上最有文化最有创意的电子商务平台。

通过"三晋文化创意平台"的引领,形成了传统文化旅游产业群、教育产品产业群、餐饮产业群等,促进了文化与旅游、教育、商贸等产业的融合,有效延伸了产业链条,激活了全省文化产业以及区域经济的发展。

(五)优势产业集群初步形成

经过多年的发展,示范区文化产业集群发展模式越来越成熟,集群效应正在逐步显现,成为示范区文化产业发展的新特点,全区初步形成了文化创意和设计服务、文化产品生产的辅助生产、数字文化出版印刷、软件开发、信息传输等产业集群。其中,文化创意和设计服务产业集群是全区规模最大、效益最好、影响最大的产业集群。2016年,文化创意和设计服务产业集群包括984家企业,从业人员达到9663人,全年实现营业收入54339.48万元,缴纳营业收入税金及附加5081.23万元,分别占到全区文化产业的65.5%、58.8%、65.2%和51.6%。文化产品生产的辅助生产产业集群包括422家企业,从业人员达4441人,全年实现营业收入75143.9万元,缴纳营业收入税金及附加1996.6万元,总资产164270.4万元;文化用品的生产产业集群包括103家企业,从业人员达1372人,全年实现营业收入79275.4万元,缴纳营业收入税金及附加754万元,总资产43878.2万元。①

三、政策环境

对于文化产业园区来说,2017年是极利于发展的一年。文化部公布了全国首批国家文化产业示范园区创建名单及创建办法,各省市也相继出台

---

① 数据来源《山西转型综合改革示范区文化产业发展报告(2017)》。

了扶持文化产业蓬勃发展的相关文件。2017年9月14日,《文化部办公厅关于进一步完善国家级文化产业示范园区创建工作方案》出台,对文化产业园区的建设、管理和发展,做出了适应现阶段文化产业发展情况的相关规定。4月11日,文化部《关于推动数字文化产业创新发展的指导意见》中提出,要引导数字文化产业集聚发展,发挥文化产业园区等创新创意资源密集区域的作用,打造完善的数字文化产业链,形成若干数字文化产业发展集聚区。

表10-4 山西省综改示范区文化产业集群效益(2016年)

	企业(家)	从业人员(人)	全年营业收入(万元)	缴纳营业收入税金及附加(万元)
文化创意和设计服务产业集群	984	9663	54339.48	5081.23
文化产品生产的辅助生产产业集群	422	4441	75143.9	1996.6
文化用品的生产产业集群	103	1372	79275.4	754

山西省打造了良好的政策环境,构建了有效的支持体系。首先是确立了"1+2+N"的工作思路,即通过建造一个全产业链的发展模式,完善政策和服务两大体系,搭建N个高端文化交流平台,以此吸引大批国内外文化企业,达到集聚效应。尤其是作为典型代表的山西综改示范区出台了一系列的政策,从多个方向为文化产业的经营发展提供制度保障,努力形成全方位、多层次的服务保障体系,为示范区内的企业营造出了良好的发展环境。

为深入贯彻落实《国务院关于推进文化创意和设计服务与相关产业融合发展的若干意见》以及《山西省文化产业发展规划纲要(2009—2015年)》等上级政策精神,综改示范区还在文化和科技类企业享有国家级高新区一系列优惠政策的情况下,适时出台了针对文化产业发展的专门政策,使得政策对企业的帮助作用更精确更有效,共同形成有利于企业发展的政策环境。

始创于2002年4月的山西中北大学科技园,伴随着中北大学的腾飞,依托学校强大的科研实力与资源优势,面向社会,兼容并蓄,博采众长,在技术创新、企业孵化、科技成果转移、创新人才培养等方面取得了不俗的业绩。为鼓励学校师生团队入驻大学科技园创新创业,中北大学科技园于2018年颁布了"鼓励高校师生入园创新创业优惠政策",政策涉及房租减免、宣传推广等各个方面。

表10-5　2018年中北大学科技园鼓励高校师生入园创新创业优惠政策

第一条　房租减免优惠政策
1.大学科技园为入驻团队免费提供办公场地及相应的水、电、暖、网,免费期限为两年。
第二条　商务代理优惠政策
2.大学科技园为入驻团队提供工商注册、税务登记、银行开户等商事办理服务,首次免费。
第三条　财务托管优惠政策
3.大学科技园为所有入驻团队提供财务托管服务,其中学生团队财务托管首年免费;非学生创队执行协议优惠价格。
第四条　人才服务优惠政策
5.大学科技园免费为所有入驻团队提供人才信息; 6.大学科技园为入驻团队提供人才录用、社保交纳等服务; 7.大学科技园为入驻团队提供人才培训服务; 8.大学科技园可协助入驻团队落实省市人才服务各项政策。
第五条　管理咨询优惠政策
9.大学科技园免费为入驻团队提供法律咨询、财务咨询、企业管理咨询等服务。
第六条　技术服务优惠政策
10.大学科技园免费为入驻团队提供网站制作、软件设计及APP开发等技术咨询服务; 11.大学科技园免费为入驻团队提供知识产权申报、科技成果转化、科技项目申报及高新技术企业申报技术咨询服务。

续表

第七条　宣传推广优惠政策
12.大学科技园免费为优秀团队提供网站展示、公众号推广、文化墙展示等宣传推广服务。
第八条　平台共享优惠政策
13.大学科技园内的各类公共服务平台对入驻团队开放。
第九条　公共设施使用优惠政策
14.大学科技园内的会议室、洽谈室、创业咖啡馆等免费向入驻团队开放； 15.学校的公共设施如实验室、分析测试中心、工程技术（研究）中心等向入驻团队开放，收费标准按照校内价格执行。
第十条　其他
16.对承担重大课题或前景较好的优质团队采取一事一议制度，可进一步给予优惠政策。 17.本优惠政策由山西中北国家大学科技园管理办公室负责解释。

山西省政府、太原市政府对科技园给予了极大支持，出台了一系列鼓励科技创新、技术进步的优惠政策，为大学科技园的做大做强创造了良好的政策环境。大学科技园及入园企业享受国家以及省市政府的多项优惠政策。

第二节　山西文化产业园区发展的现存问题

一、山西文化产业园区开发问题

(一)部分文化产业园区有地产开发倾向

当前文化产业园区在全国的发展呈燎原之势，短时间内全国各地涌现出了一大批新兴文化园区，如动漫产业园区、影视产业园区等等，但实际上大多数文化产业园区经营模式与传统的商业地产没有实质性的区别，仅是通过租借空间的方式获利，而运营主体在日常经营管理中仅仅起到"房东"的作用。加上整体环境下我国文化产业园区的概念界定尚处于比较模糊的状态,而且对于文化产业的分类仍存在一些分歧,所以部分文化产业园区入驻企业实则与"文化""创意"并无关系,甚至有借利好政策进行房地产开发的现象。

(二)集聚效应不明显,公共服务需提升

文化产业园区的创建,旨在能够最大限度整合公共服务资源,为进驻到园区内的企业提供创业孵化、人才培养、信息共享、知识产权保护等公共服务,进而发挥集聚效应。但目前在公共服务这块山西省的文化产业园区还存在许多的问题。一方面,主导运营的企业服务能力还不足够,缺少优质的增值服务;另一方面,园区内的企业难以与专业的管理咨询机构、金融机构、知识产权保护机构形成顺利的合作链条,同时也未能有效地将各种资源整合起来。

(三)产业链不完整,缺乏上下游企业支撑

文化产业园区是产业集聚的载体,其主要构成应该要有相关创意设计方面的企业,要有提供高科技技术支持的企业,要有信息咨询和策划推广等中介机构。除这些之外,还应该有从事文化产品生产的企业以及在文化经营方面有经验的公司等。这种相互交织的企业集群,构成了多重交织的产业链,对提高整个文化产业园区的创新能力、社会效益以及经济效益都具有实际意义。而目前大多数文化产业园区都是以行政区域划分的,或者是以行业分割方式构建的,这在很大程度上会受到传统利益格局和资源配置的影响,难以达到理想的要素组合和产业深化。

二、山西文化产业园区建设问题

(一)产业定位模糊,文化属性不明确

不仅是山西省,目前我国文化产业园区的概念界定也处于模糊的状态,而且关于产业的归属门类仍然存在分歧。在这样一种情况下,省内部分文化产业园区入驻企业实则与"文化"和"创意"关系不大,甚至有借相关政策利好进行房地产开发的现象。目前仍然有不少文化创意产业园区存在不同程度上的名不副实现象——进驻到园区内的产业与"文化"和"创意"不搭边,而能够搭边的企业又难以享受到园区有力的政策扶持。管理园区进驻的招商部门并未设立任何资质门槛的审查环节。

（二）同质化现象严重,忽略地域文化资源优势

当前文化产业园区发展面临着一个极其严峻的问题,即同质倾向严重。大量的文化产业园区发展还存在盲目追风的现象。这一方面是因为地方政府虽然对文化产业园区建设抱有极大热情,但对文化产业园区的发展建设规律了解得还不够深刻,因此在园区建设、产业定位、政策引导等方面存在认知缺失;另一方面要从园区本身来讲,一些园区企业运营者急功近利,没有深入考量自身的产业基础、资源优势、区位优势等,而只是盲目借鉴和模仿别的园区的成功经验,这常常会导致自身产业难以持续发展。

（三）缺少合理机制,职责分工不明确

园区为了能够更好地为入驻企业以及为创业者服务,一般来讲需要在当地政府的统一领导下,获得国土、财政、工商、税务、发展改革等相关部门的支持与指导,再由专门性管理机构具体实施,加上社会力量积极参与。但就当前形势来看,仍然存在大量园区缺少符合自身特点的合理的管理与协调机制,管理职责不明确,服务也不到位。

第三节　山西文化产业园区发展的创新路径

当前,我国正处在创意经济时代融合发展与创新驱动的新常态阶段,不论是传统的工业园区,还是具备现代化的高科技园区,都在通过融合创意转型升级为智慧型新型产业园区,以此来适应新常态下基于创新驱动和可持续发展的趋势性要求。

一、挖掘核心竞争力,培育核心竞争优势

对于文化产业园区的创新实践问题,其实在于培育核心竞争优势,努力实现创新成长。

目前山西省一些园区聚焦自身特色文化产业、打造全价值链、营造创新生态体系,在较短时间内基本实现了跨越式发展。示范区在2017年开启

的形象化动漫 IP 开发、新媒体融合运营建设及示范项目,由山西说走就走文化传播有限公司承制。项目核心依托动漫创意及动漫产品开发,利用新媒体运营的优势,推动"科技+""创意+""内容+"的融合,实现山西省原创自主动漫 IP 形象、内容及产业融合,整合资源,形成协同效应,达到良性循环,推动山西省动漫产业的优化升级,并在一定程度上形成了引领示范效用。

山西传媒学院文化科技园成立于 2014 年 9 月。园区以"山西传媒学院学科专业"为依托,以"山西文化产业发展重大战略需求"为导向,以"文化传承、创新、创意"为核心,以"大学生创新创业孵化"和"教师科研创作成果转化"为目标,以"文化产业公共服务平台建设"为保障,着力打造集"科学研究、人才培养、产品研发、文化传承"四大功能于一体的文化创意产业集聚平台,有力助推山西文化产业创新发展。

由于在创新创业及文化产业发展方面的成效,园区于 2014 年 12 月被山西省中小企业局认定为"山西省中小企业创业基地";2015 年 9 月,被山西省科技厅认定为"山西省科技企业孵化器";10 月,被山西省中小企业局认定为"山西省中小企业公共服务示范平台";12 月被山西省科技厅认定为"山西省众创空间";2016 年 7 月,被山西省教育厅认定为"山西省高校协同创新中心"。2017 年 12 月被国家科技部认定为"国家级众创空间""国家级科技企业孵化器";2018 年 2 月,被山西省中小企业局认定为首批"省级小微企业创业创新示范基地"。

二、弘扬优秀传统文化,贯彻双效统一

优秀传统文化是中华民族的精神命脉,是最深厚的文化软实力。习近平总书记说过,在 5000 多年文明发展进程中,中华民族创造了博大精深的灿烂文化,要使中华民族最基本的文化基因与当代文化相适应、与现代社会相协调,以人们喜闻乐见、具有广泛参与性的方式推广开来,把跨越时空、超越国度、富有永恒魅力、具有当代价值的文化精神弘扬起来,把继承传统优秀文化又弘扬时代精神、立足本国又面向世界的当代中国文化创新成果传播出去。

在全国3000多家文化产业园区当中，有一部分文化产业园区，立足于传统文化与非物质文化遗产，对优秀传统文化进行产业化运作与开发，并取得了较为丰硕的成果。

悠久、多元的文明历程是山西文化的第一大特色，三晋文明广泛地体现了山西作为中华民族文明史上发源地之一的深厚内涵，而太原文化是三晋文脉的核心组成和重要传承，特别是太原都市区2500年悠久的历史留给后人大量珍贵的历史遗存。太原文化科技融合示范基地身处太原都市区的大格局中，在发展中特别注重融合经济价值和文化价值，尊重历史，尊重环境，充分结合已有的文化遗产，进行特色化的空间塑造和产业发展，发挥文化示范作用，成为理清文化脉络、传承文化内涵的重要文化节点。

其中，具有代表性的有山西晋商行文化传播有限公司、山西文旅集团等标志性企业。山西晋商行文化传播有限公司作为山西最大的移动互联网公司，依托旗下的山西老乡俱乐部微信公众号，围绕佛学文化和山西醋文化，设计推出了"一心小和尚"和"陈小醋"两大动漫IP形象，总粉丝数超过了100万，总阅读量超过了4000万，并发展到动画故事、表情包、动漫、周边产品、形象授权等多方位产品线，创造了全新的文化产业业态，对山西传统文化的传播起到了巨大的推动作用。2017年，山西文旅集团在示范区注册成立，作为山西省着力打造的文旅产业龙头，打造了覆盖全省的"文化旅游产业的开发运营平台、投融资平台和智慧旅游信息化平台"，利用现代信息技术管理和经管旅游资源，旗下的云游山西股份有限公司把全省旅游的吃、住、行、游、购、娱等要素统一到集团平台上，通过一键指引，为游客提供更便捷、更经济的服务。[①]

山西省综改示范区一直贯彻双效统一方针，致力于将优秀传统文化融入整个园区的体系设计中。示范区内多家企业以弘扬优秀传统文化为理念，运用现代观念与技术彰显文化资源优势。山西览天下文化传媒有限公司，是一家从事融媒体研究的企业。公司业务涉及影视制作、VR运用、网络

[①] 资料来源《太原国家级文化和科技融合示范基地发展情况评估报告》。

直播、媒体融合运营等方面。公司整合文化资源,借助媒体优势,树立新理念,利用新技术,确立了"让中国走向世界,让世界认识中国"的目标,坚持用年轻人的视角解读山西传统文化,深耕文化旅游产业,建立起了完备的体系设计。

山西完美创意文化艺术有限公司2017年的"动漫+非遗"山西特色文创旅游产品开发项目,将山西全省范围内部分具有深厚历史底蕴的非物质文化遗产,深挖提炼出独特的传统文化元素,搭配可爱的卡通造型,开发出了极具特色的旅游产品。目前,项目充分运用五台山佛学文化、太原皇城文化元素以及通过对"忠义文化""红色文化"等特色文化的凝练,设计出了"五台山系列""唐风晋韵系列""关公系列""尧庙系列""铁蛋皮妞系列"五大部分,每一部分包含的产品几乎覆盖了我们生活的各个领域,总体数量达到了80多种。实现了旅游产品的设计开发和优秀传统文化传承的"双赢"。

三、创新生态建设,实现绿色发展

建设文化产业园区的理想模式,是坚持落实科学发展观,树立健康的产业价值观和伦理观,始终把社会效益放在首位,并努力使社会效益和经济效益实现最佳的平衡状态,追寻生态、经济、人文的平衡发展。要想实现这一理想模型,园区建设必须做到明确产业定位、创新生态建设、加强可持续发展能力、建立集约化经营模式,坚守生态底线,"绿水青山就是金山银山",无论是何种类型的产业园区,都应当将绿色发展意识践行于发展的每一环节。

2017年山西省示范区省市支持文化产业项目中,山西臣功印刷包装有限公司启动的山西绿色环保印刷园区设备升级项目,以原有的设备设施为基础,升级改造相关印刷设备、药食品包装生产线设备等。项目以"绿色印刷"为理念,全部采用目前先进、自控程度高的工艺设备生产线。项目实施后的技术和装备水平达到了国际先进水平。项目使用的原辅材料主要为瓦楞原纸、淀粉胶、水性油墨等,无须覆膜材料,印刷也全部采用计算机热敏激光图文成型,环保型免化学处理材料。

环保型主要原辅材料消耗情况如表10-6。

四、发展国际视野,促进文化交流

"一带一路"建设、京津冀协同发展、长江经济带发展,促进各地文化创意产业发挥自身优势,因地制宜,形成协调共享的新兴文化创意产业园区集聚发展的格局。在这一发展过程中,许多国际合作承载区不断涌现,促进了不同文化产业园区的良性互动。在这些园区的发展过程中,也涌现出了一大批拥有国际视野,以国际化发展为导向的文化产业园区,这些园区以及园区内的企业将在促进中外文化交流中发挥不可忽视的作用。

例如杭州白马湖生态创意城,其位于杭州高新区南部,与微软、英特尔等国际著名认证实验室、技术服务中心有着直接的信息共建共享,极大地提高了园区的国际化水平。同时,白马湖创意生态城是国家"十三五"规划重点扶持文化会展项目,并且成了中国国际动漫节永久举办地,是我国"文化走出去"的重要平台之一。园区在文化对外交流中发挥了重要作用。

表10-6 环保型主要原辅材料消耗情况

序号	名称	单位	年消耗量	备注
瓦楞纸板生产线				
1	瓦楞原纸	t/a	5400	
2	淀粉胶	t/a	200	
蜂窝纸板生产线				
1	瓦楞原纸	t/a	3600	
2	淀粉胶	t/a	200	
印刷食品包装生产线				
1	水性油墨	t/a	18.56	
2	胶印油墨	t/a	27.85	
3	CTP版	m²/a	5000	
4	专用清洗剂	kg/a	300	

入驻山西示范区内的山西灌木文化传媒有限公司，是一家集创意、制作研发和对外加工于一体的专业型制作公司，以打造最具影响力的中国原创动漫品牌为目标。公司拥有出色的创意团队和成熟的制作技术，并以此来吸引国内外的高素质人才加盟。其原创的动画片《APPLE》多次送往国外参赛，在俄罗斯 SARMAT 国际电影节、希腊 artfools 国际电影节、法国昂西动画节和美国休斯敦国际电影节等国外大赛中获得了各类大奖。除动画之外，由山西灌木文化传媒有限公司开发的哈密刺绣系列产品得到了国家文化部的高度重视，并将哈密刺绣作为国礼赠予外国友人，展示了我国优秀传统技艺。

五、注重人才培养，促进产学研紧密合作

人才是推动文化产业发展的重要动力。文化产业是关于人的产业，是尤其强调创意与才智的产业。据国家统计局数据显示，截至 2015 年底，我国文化产业法人单位共吸纳了相关就业人员 2041 万人，相比 2014 年增长了 0.6%。这一数据占全社会就业人员的比重为 2.6%，比 2014 年提高了 0.1 个百分点。从数据上就可以看出，文化产业很大程度上带动了就业岗位的增长，培养了大量的人才。随着文化产业的发展，全国范围内已经有 100 余所高校开设了文化产业专业，不断培育和发展文化产业专业人才，为文化产业提供了源源不断的新鲜血液。

文化产业园区作为文化产业人才内化型区域，是人才培养、集聚、流动的重要高地。现在，围绕核心知识、专业人才和创意生产机构，例如各大高校以及科研院所，促使产学研等多元力量整合，推动园区协同发展，正成为文化产业园区发展的一种重要路径。

山西大学科技园于 2017 年 12 月 13 日正式被科技部评为国家级科技企业孵化器。2017 年，山西省共认定了两家国家级科技企业孵化器，山西大学科技园就是其中之一。科技园于 2012 年正式开始运行，在初期有 33 家企业入驻，园区运行高度重视双创平台建设，加快推进科技成果转化，全部为校内老师通过"导师＋公司＋创客（学生）"的模式进行组合运作，为山西大学科技成果的转化和促进产学研发展发挥了极其重要的作用。目前，山西大学科技园已经成为山西大学师生创新创业和科技成果研发及转化的重要平台，对服务山西省转型发展和地方经济建设具有里程碑的意义。

六、文化与科技双轮驱动，提升产业科技效应

文化与科技双轮驱动，艺术与科学有机结合现已成为许多园区发展的战略选择。越来越多的企业、园区在开展项目时，看到了科技对文化发展的推动力，选择依托云计算、大数据、虚拟现实、物联网等新兴科技成果，逐步实现与新技术和新媒体的融合发展。众多的文化产业园区及企业通过培育移动多媒体、3D打印技术、网络电视、动漫游戏、艺术品线上交易、虚拟会展等文化科技新业态，完善产业链条，建构文化与科技融合承载体系，开发文化与科技融合衍生产品与服务，逐步使传统文化产业园区向文化科技园、文化科技企业孵化器、众创空间转型升级，并搭建各类文化科技服务平台，提供更为专业化的服务。

山西省综改示范区以学府产业园区、科技创新城、潇河产业园区为重点，实施五大重点工程，加快文化和科技融合步伐。

（1）文化科技融合提质工程，以学府产业园区为重点，全面推进信息网络、智能制造、虚拟现实、大数据、云计算、物联网、3D打印等高新技术融入文化领域。发挥文化科技引擎作用，全面支持文化创意融入实体经济，赋予实体经济更丰富的文化内涵，有效提升经济发展质量。近期，重点推进山西数字出版创意产业基地建设，在"中国知网数字出版与数字图书馆"项目基础上，建设全国领先、国际知名的传媒融合发展基地，打造以新闻出版产业、大数据应用产业、知识服务产业及版权贸易产业为支柱的产业体系，到2020年建成国内国际传播平台，实现出版传媒融合运营。

（2）文化科技融合标志性工程，以潇河产业园区为主战场，依潇河两岸进行投资建设潇河生态文化景观带，打造晋酿主题园、晋味农家院、国博会、花博会、广电小镇、三晋戏剧谷、酒文化诗词长廊等一批特色景观，构建世界级人文自然生态，把潇河一水两岸打造成为示范区的生态主脉，文化主轴，开放主线，活力主源，项目总投资估算为72.1亿元，于2019年启动，到2020年完成主河道整治、堤坝修建，搭建中心区段的景观框架（包括滨河配套文化设施),到2025年工程完工,实现全段景观提升及设施完善。

(3)文化科技创新平台工程。按照政产学研用一体化模式,在科技创新城建设1个区域文化创新研究中心,实施10项文化艺术应用对策研究及相关基础研究项目。扶持驻区文化企事业单位联合高校、研究机构申报国家现代服务业工程研究中心、国家重点实验室和企业技术中心。加快建设山西转型综合改革示范区学府产业园区国家级双创示范基地,通过载体建设和项目实施,支持高校与文化建设需求对接,进行现代学徒制试点,促进高校、研究机构参与文化创新活动。继续举办山西省创意设计大赛,以服务实体经济为出发点,吸引全国文创设计界关注山西文化,吸引全国的文化创意人才回流山西,进一步完善国家科技成果转化服务(太原)示范基地平台功能,建立开放的文化科技成果库,探索开展成果信息资源增值服务。[①]

2017年在山西省综改示范区实行增强现实(AR)文物智能展示系统开发及内容制作与示范项目,项目针对山西特色文化当前状态下数字化开发、保护、利用方面存在的现实性问题,以数字化保护为基本原则,以增强现实AR技术为核心,集成利用多媒体、数字动画、计算机成像、云存储等科技手段,形成了文化产品数字化开发利用与保护的创新实践方法,有效发挥了现代科技手段对文化保护式开发的积极作用,实现了文化内容与数字化展示传播的交互体验。在促进文化与科技完美融合之外,更大意义是实现了文化的可持续发展。

七、把握政策红利,推动园区蓬勃发展

对于文化产业园区来说,政策环境尤为重要。2017年就是政策利好迭出的一年。文化部公布了全国首批国家文化产业示范园区创建名单及创建办法,各省市也相继出台了扶持文化产业发展的相关文件。2017年刚开始,文化部出台了《"十三五"时期文化发展改革规划》,"十三五"期间,以文化产业成为国民经济支柱性产业为目标,支持实施一批具有示范带动效应的

[①] 来自《太原国家级文化和科技融合示范基地发展情况评估报告》。

重点文化产业项目,培育一批集聚功能和辐射作用明显的国家级文化产业园区。4月20日,文化部发文《文化部"十三五"时期文化产业发展规划》,增强文化创意产业的集群效应,形成节约化、集约化的发展模式,将不同产业门类与文化产业园区发展进行融合,提升城市公共空间、文化街区、艺术园区等人文空间的品质,丰富城市文化内涵,为城市文化创意产业发展赋能。9月,文化部公布了《文化部办公厅关于进一步完善国家级文化产业示范园区创建工作方案》,对文化产业园区的建设、管理和发展,做出了适应现阶段文化产业发展情况的相关规定。

山西省打造了良好的政策环境,构建了有效的支持体系。为了给企业提供良好的发展环境,加快企业发展,山西政府、太原市政府相继出台文化体制改革实施方案等10多个政策性文件,为文化改革发展注入了新动力,2016年,山西省政府印发了《山西省"十三五"文化强省规划》,提出要加快文化与科技融合发展,加快推进太原国家级文化和科技融合示范基地建设。2017年,山西省政府印发《山西省"十三五"文化改革发展规划》,提出了要实施文化创意产业基地建设工程,依托太原高新技术开发区、山西高校园区和太原科技创新城,建设山西文化创意产业基地和文化科技融合示范基地,《太原市"十三五"规划纲要》提出,要做大以高新技术手段和文化创意为支撑的传媒、动漫、网络等新业态,培育新型文化产业支柱,推进发展动漫游戏、网络文化等行业,培育科技型文化产业集群。

太原高新区先后出台了各项扶持政策。2015年出台了太原高新区管委会关于扶持企业使用研发(生产、运营)场所的实施意见》(并高新管〔2015〕36号)和《太原高新区管委会关于扶持"双百"企业发展的意见》(并高新管〔2015〕30号)等政策文件;2017年,山西转型综合改革示范区成立后,完成了"1+2+26"体制机制政策制度体系设计,对标先进,结合实际,集成创新,出台了26项体制机制政策制度,制定了106条优惠政策清单,从项目落地、土地供应、人才引进、设备购置、技术创新、产品研发、市场开拓到企业成长壮大,对文化科技融合的发展提供了全面的政策支撑。

"1+2+N"的工作思路,吸引大批国内外文化企业,达到集聚效应。尤其是作为典型代表的山西综改示范区出台了一系列的政策,从多个方向为文化产业的经营发展提供制度保障,努力形成全方位、多层次的服务保障体系,为示范区内的企业营造出了良好的发展环境。

为深入贯彻落实《国务院关于推进文化创意和设计服务与相关产业融合发展的若干意见》以及《山西省文化产业发展规划纲要(2009—2015年)》等上级政策精神,综改示范区还在文化和科技类企业享有国家级高新区一系列优惠政策的情况下,适时出台了针对文化产业发展的专门政策,使得政策对企业的帮助作用更精确更有效,共同形成有利于企业发展的政策环境。

八、搭建符合园区特色的投融资平台

山西省政府不断加大政府资金的支持力度,设立创新体系建设专项资金,重点支持创新平台、科技服务体系和园区创新能力建设。设立了科技成果转化基金。同时,山西转型综合改革示范区财政每年拿出3亿元专项资金,并随财力逐年增加,从科技研发、成果转化到产业化发展,给予全链条、系列化资金支持。经初步统计,近几年根据优惠政策为企业减免房租、奖励文化科技类企业金额累计不少于1亿元。2013年至今,基地内文化科技企业共获得各级政府支持资金近4000万元。其中,获得国家级专项资金2000万元,获得省、市、区级专项资金2000万元。[①]

随着产业园区的不断落地以及发展壮大,园区在促进区域经济发展中的作用日益突出。但就全国范围来看,目前大部分产业园区均收入小于支出,所以投融资已经成为建设产业园区的迫切需要。

产业园区投融资渠道,依据市场主体的不同可划分为企业投融资和项目投融资两类。目前,国内产业园区的基本运作主要还是以政府的政策性补助模式为主,而企业投融资、项目投融资的应用仍然十分有限。但随着园区运作的逐步规范化,未来产业园区的融资模式将逐步实现以市场投融资为主。

入驻产业园区内的企业应该将企业的发展阶段与融资需求合理结合,

[①] 数据来源《太原国家级文化和科技融合示范基地发展情况评估报告》。

选择合适的融资渠道。产业园区要实现更好更快的发展,从政府方面来看,一是需要制定积极的产业政策,拓宽企业投融资渠道,并加快风险投资发展;二是要积极发挥政府采购的市场拉动作用;三是应当提供积极有效的金融支持;四是努力营造浓厚的创业氛围。

第十一章 山西省红色文化产业发展研究报告

山西省有着丰富的红色文化资源,为红色文化产业的发展奠定了坚实的物质基础。从新民主主义革命时期、土地革命时期、抗日战争时期、解放战争时期,一直到社会主义改造和建设时期,山西都有着类型不同、数量众多的红色文化资源,包括红色文献、资料、实物、遗迹和文艺作品等。当然,文化资源要转化为文化资本,需要在政策、投入、生产、传播、管理等环节进行创新,同时也离不开制度、人才等保障。

第一节 山西省红色文化产业发展现状

一、红色文化资源基本情况

红色文化是马克思主义与中国优秀传统文化在新的时代融合之后形成的、由中国共产党倡导的、广大党员干部与人民群众共同践行的符合时代要求的中国文化。它有一个形成、发展、丰富、创新的文化演进过程,涵盖中国共产党领导的新民主主义革命时期、社会主义革命和建设时期、建设中国特色社会主义等各个历史时期,直到共产主义最终实现的整个历史进程。[①]

山西红色文化资源丰富,底蕴深厚。新民主主义革命早期,山西是建立党组织最早的省份之一;土地革命时期,山西是黄河以北地区创建工农红

[①] 李高山.让红色文化光耀千秋——写在《山西红色景点案例教学纲要》出版之际,http://news.163.com/16/0112/05/BD3TT7RF00014AED.html

军开展革命武装斗争最早的省份之一；抗日战争时期，山西是国共合作示范区、八路军前方总部和三大主力师所在地、华北敌后抗日根据地中心、中国抗日战争主战场之一；解放战争时期，山西是支援全国解放战争的重要战略基地、后勤保障基地和干部输送基地；社会主义改造和建设时期，山西是全国最早试办初级社的省份和工业基地；改革开放以来，山西是国家重要能源基地和资源型经济转型综合配套改革试验区。在不同历史时期，山西涌现出一大批英模人物和集体，催生出太行精神、吕梁精神、大寨精神、右玉精神等宝贵精神财富和先进典型。①

第三次全国文物普查以来，山西省查清红色革命遗址共计3490处，并掌握了红色资源的基本分布情况。在3490处红色革命遗址类别中，重要党史（历史）事件和重要机构旧址有1412处，重要党史（历史）事件及人物活动纪念地有727处，革命领导人（重要人物）故居有218处，烈士墓有197处，纪念设施有554处。其中，被列入全国重点文物保护单位的有麻田八路军总部纪念馆、黄崖洞保卫战烈士陵园、白求恩纪念馆、朱德总司令在陵川旧址、刘胡兰纪念馆、晋绥边区革命纪念馆、晋绥解放区革命烈士陵园、晋绥军区司令部遗址、晋西北行政公署遗址等。从红色资源区域分布看，形成了太行山、五台山、吕梁山、太岳山和大同、太原6个红色文化圈。

在各类红色文化资源中，抗日根据地是最为重要的组成部分。

抗日战争时期，晋中是中共中央北方局、八路军总部（前方总部）、八路军第一二九师师部、晋冀鲁豫边区政府等高级党政军机关活动时间较长的地区，留下了一批重要的革命遗址，在全市536处革命遗址中，与一二九师有关的就达200余处。长治市是革命老区，是太行、太岳敌后抗日民主根据地的重要组成部分，也是抗战胜利后解放区军民为保卫胜利果实打响的第一战上党战役的发生地，现留下了老一辈无产阶级革命家的光辉足迹和遗址519处。

卢沟桥事变之后，中国共产党高举抗日民族统一战线的旗帜，将陕北

---

① 山西省"十三五"红色文化传承保护与发展规划.http://www.shanxi.gov.cn/zw/ghjh/201701/t20170103_274206.shtml.

的工农红军改编为国民革命军第八路军，开赴华北抗日前线。八路军总部组建后，在朱德、彭德怀的率领下，立即挺进山西战场，依托山西指挥三大主力，独立自主地开展敌后抗日游击战争，为抗战的胜利做出了巨大的贡献。在此期间，八路军总部转战于山西35个县，82个村庄，因此山西成为华北指挥抗战的中枢和战略基地。

晋察冀抗日根据地，包括北岳、冀中、冀热辽三区，下辖108个县，人口约2500万。在聂荣臻率领下，以山西五台山为中心。抗战期间，粉碎日军多次"扫荡"，与日伪军作战3.2万余次，毙伤日伪军35万余人。

晋绥抗日根据地，包括山西西北部和绥远（今并入内蒙古自治区）东南部广大地区。下辖46个县，320万人口。由贺龙、关向应领导创建，后又与当地武装相结合，开辟大青山抗日游击根据地。自1937年至1944年春，根据地军民和日伪军作战10100多次，毙伤日伪军10万余人。

晋冀豫抗日根据地，以太行山为依托，西起同蒲铁路，东至平汉铁路，北接正太铁路，南临黄河北岸，是抗日战争时期中国共产党在山西、河北、河南三省边界地区领导创建的抗日根据地。它是中共中央北方局和八路军总部机关所在地，是华北战略要地之一。

二、红色文化产业发展基本情况

（一）现状

山西省高度重视红色文化传承保护与发展，各级各部门做了大量工作，推出一批红色文化史料征编成果，建成一批红色文化纪念设施和旅游景点，组织开展了弘扬红色文化的各类活动，创作展演了一批红色文艺作品，取得了良好的社会效益和市场效益。

红色文化产业的发展突出体现为红色文化旅游的发展。

2017年，国家发改委网站发布了《关于印发全国红色旅游经典景区名录的通知》，山西省9处景区列入其中。分别是长治市红色旅游系列景区（武乡县八路军太行纪念馆、武乡县王家峪八路军总部旧址景区、武乡县百团大战砖壁指挥部旧址，黎城县黄崖洞景区，沁源县太岳军区司令部旧址）；晋中市左权县麻田八路军前方总部旧址景区、左权将军殉难处；大同市红色旅游系列景区（大同煤矿"万人坑"遗址纪念馆、灵丘县平型关大捷遗址、平型关烈士陵园）；忻州市红色旅游系列景区（五台县晋察冀军区司令部旧址纪念馆、徐向前故居和纪念馆、代县雁门关伏击战遗址、夜袭阳明堡机场遗址）；吕梁市红色旅游系列景区（文水县刘胡兰纪念馆、兴县"四八"烈士纪念馆、晋绥边区革命纪念馆、临县中共中央后方委员会旧址、中共中央西北局旧址、陕甘宁晋绥联防军旧址）；太原市红色旅游系列景区（山西国民师范旧址革命活动纪念馆、太原解放纪念馆、高君宇故居、彭真生平暨中共太原支部旧址纪念馆、双塔陵园）；阳泉市狮脑山百团大战遗址；吕梁市石楼县红军东征纪念馆；晋中市昔阳县大寨展览馆及长治市平顺西沟展览馆。

我省对这些景区开展红色旅游活动所必需的旅游公路、景区内的步行道、露天停车场、供电线路、供排水线路、旅游厕所、消防安防设施、垃圾污水收集设施、展陈场馆改造等基础设施建设，以及必要的环境整治。

围绕红色景区文化主题，我省开发具有鲜明地域特色、适销对路的红色文化纪念品、工艺品、旅游食品，提高红色文化创意产品附加值，延伸产业链。建立红色产品售服中心。在城市地图、旅游交通图、电话号簿、街道路标、公益广告标牌、日历等产品中嵌入红色文化内容。

制定了《山西省"十三五"红色文化传承保护与发展规划》，对于红色旅游开发进行了专门的设计。

加强三条红色旅游品牌路线的开发。一是麻田八路军前方总部旧址—狮脑山百团大战遗址—太原国民师范旧址革命活动纪念馆—五台晋察冀军区司令部旧址纪念馆—大同煤矿遇害矿工"万人坑"展览馆—灵丘平型关战役遗址；二是太原国民师范旧址革命活动纪念馆—武乡八路军太行纪念馆—王家峪八路军总部旧址—百团大战砖壁指挥部旧址—黎城黄崖洞—沁源太岳军区司令部旧址；三是太原国民师范旧址革命活动纪念馆—文水刘胡兰纪念馆—孝义兑九峪战斗遗址—交口红军东征委员会旧址—石楼红军东征纪念馆—隰县决死纵队司令部旧址—永和红军东征纪念馆。依托八路军太行纪念馆、八路军文化园、游击战体验园、黄崖洞、麻田八路军总部纪念馆等红色景区，提升旅游基础设施和服务设施，打造"太行风骨·民族脊梁"红色旅游线路。依托永和红军东征纪念馆、石楼红军东征纪念馆、晋绥边区总部旧址、"四八"烈士纪念馆,修缮寨子山毛泽东同志路居纪念馆、双塔村后委纪念馆等红色遗迹,结合黄河、黄土地质景观与吕梁民俗文化,打造"抗日先锋"红色旅游线路。依托毛泽东同志自陕北经山西到西柏坡行程沿线的路居纪念馆系列,对有关红色遗迹加强保护和修缮利用,打造"胜利之路"红色旅游线路。依托黄崖洞兵工厂遗址,恢复修缮冀南银行印钞厂、被服厂、制药厂、化学厂、卷烟厂、造纸厂、鞋袜厂、印染厂、皮革厂等遗址,开发"中国军工寻根游"专题旅游线路。依托《新华日报(华北版)》《新华日报(太行版)》《晋察冀日报》《大众画报》《抗战日报》《晋西大众报》《中国青年(晋西版)》旧址,开发"追寻红色电码"新闻媒体专题旅游线路。以"共和国能源基地"为主题,开发一批煤炭和工业遗址主题公园与旅游景区。

红色题材影视剧也是红色文化产业发展的重要体现。

进入21世纪,山西革命历史题材的影视作品迎来了一个高潮。2005年,中央电视台、山西省委宣传部、八一电影制片厂和山西广播电视总台联合推出了25集电视连续剧《八路军》。《八路军》是一部系统地完整地全景式地反映中国共产党领导的八路军抗战的辉煌历程的优秀作品。获得了第26届中国电视剧"飞天奖"长篇电视剧一等奖和第10届全国精神文明建设"五个一工程奖"。同一年,《吕梁英雄传》也在央视一套黄金时段播放。《吕梁英雄传》反映了晋绥边区乃至整个山西敌后抗日根据地人民反抗日本侵略军的斗争,表现的是普通民兵和老百姓的故事,获得了第10届全国精神文明建设"五个一工程奖"。这一年,山西还推出了《抗日名将左权》(山西电影制片厂、八一电影制片厂联合摄制),也在中央电视台电视剧频道播出。2006年,山西电影制片厂以"夜袭阳明堡机场"事件为背景,拍摄了电影《夜袭》,无论故事情节还是拍摄技术都有了极大突破。2009年,山西作家影视艺术制作公司拍摄的电影《给我一支枪》以崭新的角度,再现了当外敌入侵时,普通中国人亲历战争,在战争中觉醒,逐步由自发到自觉抗击日军的变化过程,展现了战争的残酷和中国人坚强不屈的民族意识。2011年,红色系列数字电影《成成烽火》由太原市委宣传部、太原市成成中学联合摄制。这是一部系列剧,共10部,反映的是太原成成中学抗日游击队可歌可泣的悲壮历史故事。电影从技术上看,清晰度更高,主演全部选用新生代演员,更符合时代特征。2012年,山西省委宣传部牵头,联合八一电影制片厂、中共吕梁市人民政府、山西广播电视台重新拍摄的30集长篇电视连续剧《红军东征》首播。[①]《黄河在咆哮》是由山西影视集团广电影视艺术传媒有限公司出品的抗战剧,该剧于2015年在央视一套播出。

(二)存在的问题

山西红色文化历史悠久、种类丰富,但在传承与开发中却面临诸多问题:

1.红色文化资源点多面广,保护与利用的难度较大

我省红色文化资源大多分布在太行、吕梁等边远、贫困山区,点多面广、保护开发难度大,基础设施落后,缺乏科学规划,基础研究特别是理论研究没有形成大的规模和影响,许多重要遗址尚未得到有效保护,大量红色文物散落民间,红色文化传承保护与发展的体制机制尚未健全、氛围尚未形成,这些都与我省红色文化资源富集区的地位不相称。

2.红色旅游线路单一,基础设施建设有待加强

我省红色旅游路线之间未能形成较好的联动与融合,尽管有着行政区划不一、交通不便等客观原因,但旅行路线的设计不尽合理是其中的主要原因。同时,相较于传统精品旅游景点的基础设施建设,红色旅游景点的基础设施建设有待加强。

3.红色文化资源与其他产业融合发展程度较低

文化资源不能与当地优势农业、手工业结合起来合理地解决游客的衣食住行问题,从而促进经济的进步。红色遗址遭到破坏,与周边的旅游资源也不能形成优势互补。山西特有的黄河文化资源、绿色生态旅游资源、历史文物古迹资源与人文资源无法有机结合,这些资源政府不能及时给予开

[①] 山西抗战影视史辉煌三十年.http://www.chnjinju.com/html/tebieguanzhu/2015/0821/3437.html?1441154908

发、整理与保护,这些都需要不断地改进与完善。

4. 市场开发力度不够

目前我省红色文化产业开发的动力,更多来自政府的主导与投资,对市场的开发严重不足,如果缺少经济发展的内在动力,仅仅依靠政府推动,红色文化资源的转化也显得十分被动,文化产业的后续发展也存在诸多问题。

第二节　山西省红色文化产业发展路径

一、发挥旅游载体作用,带动红色文化产业发展

2018年山西全省共发生文旅消费5.01亿人次,消费金额6000.26亿元,人均消费1198.63元。省内、省外游客量分别占比43.7%、56.3%。红色文化旅游呈现方兴未艾的势头,有着巨大的发展潜力。红色旅游具有社会效益与经济效益双效统一的特征,尤其对于国民素质的提升和公共服务设施的建设具有重大的推动作用,是旅游发展的重要方向。

同时,红色文化旅游要做好与其他业态和资源的融合发展。以红色文化为核心,依托现有红色景区及文化资源,开发以红色故事、革命历史、英雄人物、红歌、红色影视剧、红色演艺剧目、手工艺品等为载体的系列文化旅游产品,实现红色文化旅游融合发展。

坚持高起点规划、高标准建设,依托全省"三纵十二横十二环"高速公路和主要交通干道,统筹规划红色旅游资源,开发适合团体游与自驾游的精品线路。加强产品创新,丰富体验活动,提高红色旅游项目的参与性。结合爱国主义、革命传统和党风廉政教育基地特色品牌建设,打造红色旅游精品线路。重点对沿太行山、吕梁山、五台山、太岳山、中条山和雁门关、娘子关、平型关等重点旅游线路进行资源整合,依托晋察冀、晋冀鲁豫、晋绥、太行和太岳抗日根据地以及大寨、西沟、右玉、大泉山等红色文化符号,打造一批红色文化名山、名关、名镇、名村和名街等。

同时,要加强红色演艺项目的策划与创作,推进红色演艺进景区、景点

的工作。

革命老区武乡县打造的《太行山》实景演出是我国北方第一部以革命历史题材为内容的大型实景剧。①它将真实革命情景与乡土风情演艺相结合,融体验、观赏、教育于一体,参加演出人员有600多人,其规模之大、样式之新,足以在众多红色旅游模式中独树一帜,成为太行山参观、学习、接受教育的一个红色旅游新亮点。《太行山》实景剧特邀中国电影家协会主席,电影导演李前宽担任总导演、总策划,众多专家加盟强力打造。该剧以抗日战争为背景,以太行山水为依托,利用现代化的声、光、电相结合的方法,再现当年八路军将士与太行山人民浴血奋战,共同抗击日军的感人史实。演出主题内容包括:《序幕》、第一章《太行血》、第二章《太行魂》、第三章《太行情》、第四章《太行泪》、第五章《太行剑》六部分。《太行山》自2011年8月首演以来,产生了良好的社会效益和市场效益。该演出由村民表演,平均每晚演出每个演员收入100元,每年将近200天的演出,一年收入将近2万元。该项旅游品牌使当地9个村庄近700名村民走上了增收致富的道路。《太行山》使得当地红色旅游产业的"吃、住、行、游、购、娱"六要素得到全面开发,带动本地50余家饭店、酒店,500余户农家乐,6大类40余个品种的民间手工艺品、地方土特产品、红色旅游产品等相关服务业的发展,改善了游客逗留时间较短的问题,使得原来"一日游"的旅游线路变成"二日游"或"多日游"线路,游客接待量、景区门票收入、百姓劳务收入、服务行业收入皆得到大幅度提升。②

按照2018年6月印发的《山西省太行板块旅游发展总体规划》,在抗战时期华北最大兵工厂和黄崖洞保卫战的发生地中太行山旅游景区(黄崖洞),建设以黄崖洞景区为核心,由黄崖洞景区、善陀景区、桃花寨景区、板山景区四大板块组成的,以"千面黄崖奇观、雄奇中太行山"为主题定位,以创建国家一流5A级景区和山岳景区新标杆为目标的中太行山旅游景区,

---

① 江山. 山西武乡有个中国北方第一部大型实景剧《太行山》.http://www.crt.com.cn/news2007/News/jiangshan/179499169D0HE6CFF5ECJD25DAFJ.html
② 王志峰,吴颖.《太行山》助力山西红色文化旅游产业.经济问题,2017(8).

形成年接待游客超 200 万,旅游综合收入超 3 亿元的龙头景区。同时,以中太行山旅游景区(黄崖洞)为龙头,联动广志山、九龙山等周边景区,配套太行小镇、白云洞—源泉度假区、清泉度假区,打造中太行山国家旅游度假区,形成太行山旅游度假区的核心区域。实施六大工程(投资匡算 35 个亿):一是打造双品牌,实行"红"+"绿"双品牌战略,以绿色带动红色,以红色影响绿色,二者相辅相成,形成观光、科普、爱国主义教育、康养、探险、运动以及轻度假为一体的综合性旅游目的地。二是联动周边景区,打造中太行山国家旅游度假区与太行小镇,规划期内启动白云洞—源泉度假区的开发建设,目标是建成中太行山国家旅游度假区。三是丰富旅游产品维度,打造丰富产品体系,突出山地休闲观光、优质生态度假、红色文化教育、地质科考研学、太行民俗体验等旅游项目的组合优势。四是按照 5A 级景区标准,建立标准化服务体系。以"人性化服务"打造为目标,提高游客服务水平,完善景区内部旅游公共服务设施,成为和游客最亲近的旅游景区。五是加强与周边红色旅游景区的联动,共同将太行山打造成为北方红色旅游胜地。六是借助优势资源,打造中国第一个大型悬崖激光实景演艺"传奇·崖秀"。通过精心的设计和良好的管理,将中太行山旅游景区(黄崖洞)建设成为国内顶级"红 + 绿"旅游生态旅游目的地。①

《山西省太行板块旅游发展总体规划》中还设计了精品旅游线路"红色太行,中华脊梁"经典游。河北(以太行山为腹地,以西柏坡为代表的保室—石家庄—邢台一线形成一条著名的京南红色走廊)—山西(北起平型关,经中太行山旅游景区,到武乡路军总部,连接晋察冀和晋冀鲁豫根据地)。串联的重点景区景点包括,河北西柏坡红色旅游区、易县狼牙山景区、阜平城南庄晋察边区革命纪念馆、邢台中国人民抗日军事政治大学陈列馆、晋冀鲁豫烈士陵园、沙县晋冀鲁豫边区政府旧址、涉县一二九师司令部旧址、武安八路军 129 师战地医院旧址等;山西平型关战役遗址、雁门关伏击战遗址、夜袭阳明堡飞机场遗址、太和岭口周阎会谈旧址、忻口战役遗址、徐向

---

① 山西省文化和旅游厅. 山西省太行板块旅游发展总体规划.http://wlt.shanxi.gov.cn/site-files/sxzwcms/html/xwzx/tzgg/14977.shtml

前故居和纪念馆、五台山毛主席路居纪念馆、白求恩模范病室旧址、五台县晋察冀军区司令部旧址、昔阳县大寨展览馆、阳泉市狮脑山百团大战遗址、左权县麻田八路军前方总部旧址、黄崖洞革命纪念地、"百团大战"砖壁指挥旧址、王家峪八路军总部旧址、武乡县八路军太行纪念馆、八路军纪念园、平顺西沟展览馆等。

二、着力改善红色文化产业基础设施

基础设施是发展红色文化产业的基础条件。

（一）加强交通运输、通信设施建设

红色旅游景点多处于经济不太发达的地区，交通条件不是很便利。要形成一定规模的红色旅游产业，必须使交通、通信先行。通过加大基础设施建设的投入力度，建设成较为完善的基础设施，不仅使红色旅游的基础性条件得到解决，更促进了旅游经济发展和对外交流。

山西黄河峡谷与红色文化旅游片区包括晋陕黄河峡谷与红色文化交汇区，南起河津龙门，北至兴县，包括紧靠黄河边的兴县、临县、柳林、石楼、永和、大宁。在道路交通网络建设规划中[1]提出，以快旅慢游为出发点，加强板块的旅游道路交通网络建设，将慢字理念融入旅游公路规划当中，打造快慢结合的板块旅游交通体系。构建以高铁、高速公路和民用航空共同组成的快进体系，构建以规划的旅游公路为主，国省道和农村公路为辅助的慢游系统，快进体系和慢游系统共同构成安全便捷的"城景通""景景通"交通网络。构建以"两纵十二横"为主体，国道、省道为连接线，县乡道为辅助的旅游道路交通网络体系。其中，两纵为山西省黄河一号国家旅游专用公路和西纵（右芮高速）两条南北向道路，十二横为灵河高速、沧榆高速、静兴高速（拟建）、太临高速、青银高速、G304、长延高速、G520、青兰高速、京昆高速、荷宝高速、运风高速等东西向道路。加强国、省道建设的同时，构建方便衔接的机场、铁路、旅游巴士车站、水运码头、低空飞行基地等各类连接线，

---

[1] 山西省文化和旅游厅.山西省黄河板块旅游发展总体规划.http://wlt.shanxi.gov.cn/site-files/sxzwcms/html/xwzx/tzgg/14977.shtml

彻底解决"城景通""景景通"和"最后一公里"障碍问题,组成便捷的板块旅游道路交通网。在旅游公共交通服务规划①中提出,各市开通连接板块重点景区的旅游观光巴士,提供便捷的交通服务,并确保重点景区的旅游交通服务与航空、高铁等现代高速交通服务体系的全时无缝对接,构建航空、铁路、公路、城市公交、城市轨道交通等多种交通方式"零距离换乘、无缝化衔接"的综合交通体系,组建无障碍旅游交通网络,实现"城景通"和"景景通",旅游中心城市到重点景区一小时通达。为此,要开通机场、旅游集散中心、县城等与重要景区之间的公共交通,力争有定时、定点的巴士交通连接;相互邻近的重要景区(点)间亦应有公共交通连接。例如壶口—克难坡—人祖山—吉县县城、大河文明博览园—临猗吴王古渡—永济旅游区、风陵渡—永乐宫—大禹渡—圣天湖、万家寨—北乾坤湾—老牛湾、河曲县城—娘娘滩—罗圈堡、夏县县城瑶台—泗交镇—唐回—祁家河—黄河观景台等应开通景区(点)之间衔接的旅游公共交通。大力发展汽车连锁租赁服务,在旅游集散中心、高铁站、火车站、汽车站等交通枢纽设置汽车租赁点等。汽车租赁实行联网制,游客可在其他地方直接实现还车。利用通用机场网和旅游公路网,创新"通航+旅游"发展,支持开通机场至重点景区的旅游短途航线,打造跨区域、串连成线、特色鲜明的通航旅游产品,适应游客多样化、多层次的需求,使山西通航旅游服务基本辐射 4A 级以上旅游景区及适宜开展航空旅游的重点旅游景区、度假区等。

(二)加强红色旅游接待设施建设

重点是加强宾馆、餐馆等住宿、餐饮设施建设。利用市场竞争的杠杆淘汰不适应旅游需要的宾馆。

比如黄河板块的旅游餐饮主要有如下几类②。

高端精品餐饮:主要满足商务、度假等高端游客市场的需求。此类餐饮

---

① 山西省文化和旅游厅. 山西省黄河板块旅游发展总体规划.http://wlt.shanxi.gov.cn/site-files/sxzwcms/html/xwzx/tzgg/14977.shtml

② 山西省文化和旅游厅. 山西省黄河板块旅游发展总体规划.http://wlt.shanxi.gov.cn/site-files/sxzwcms/html/xwzx/tzgg/14977.shtml

主要分布在市区、县城和板块的重点景区内。

主题文化餐饮：主题文化餐饮越来越受到人们的追捧，为满足不同人群的消费需求，围绕西口文化、宗教文化、红色文化、根祖文化等，从建筑造型、内部装饰、菜品设置、餐厅氛围、餐厅设施、服务员着装等方面进行文化包装，打造主题文化餐厅。

生态养生餐饮：依托吕梁山、中条山良好的生态环境，以生态、绿色、康养、长寿为主题，结合相关的康养项目，为游客提供养生膳食套餐。

休闲户外餐饮：依托规划建设的自驾车营地、帐篷营地等开展休闲户外餐饮，以地方小吃制成的简餐、快餐为主。同时也应加强对休闲户外餐饮相关设备设施的改造和规范，提高户外餐饮的服务水平。

（三）加强红色旅游娱乐休闲设施建设

随着人们生活的普遍改善和对生活质量要求的进一步提高，要加强休闲生活设施的建设，让旅游者有看头、有玩头。同时，为游客提供娱乐和生活方面的便利设施也应配套完成。

比如长城旅游板块的乡村休闲娱乐体系[①]就是很好的举措。在景区、服务基地、旅游集散中心、精品驿站及古长城、古镇、古村落利用古戏台、院落、露天场地等设施，将当地非物质文化遗产与长城军事、贸易、民俗等特色相结合，开展民俗娱乐活动。此外，建设特色仿古集市，建筑风貌展现古代的晋北风格，还原古代马市的昌盛贸易场景。售卖山西、长城、晋北文化的文创用品，并有山西传统美食，以及晋北传统手工艺制品。集市工作人员可穿戴仿古服装增强游客体验。

三、推进多种文化资源的融合，促进文化资源有效转化

推进红色文化与旅游、会展、演艺、影视、传统手工艺等产业的融合发展，开发红色主题婚庆服务、青少年红色体验教育、老区写生采风以及针对老年人的红色主题旅游等活动，建设改造红色文化主题酒店、红色经典主

[①] 山西省文化和旅游厅. 山西省长城板块旅游发展总体规划.http://wlt.shanxi.gov.cn/site-files/sxzwcms/html/xwzx/tzgg/14977.shtml

题餐厅等。精心打造"武乡八路军文化节"等红色节庆品牌,增强山西红色文化的吸引力。鼓励发展实景剧类演艺产业,引导带动武乡秧歌、左权民歌以及老区工艺美术等具有红色底蕴的文化品牌创新发展。

挖掘黄河板块内农产品手工艺品等具有历史传承、地域特色品质特点的产品,培育成为地理标志产品,加以保护扩大宣传。形成以吉县苹果、保德油枣、临县红枣等产品构成的地理标志品牌集群。丰富提升黄河旅游产品种类、档次。使更多山西特产走向全国走向世界。建设一批旅游商品研发中心、旅游商品创客基地和旅游商品生产基地,制定支持旅游商品研发销售的优惠政策。每市扶持3—5家大型旅游商品生产企业,建设1—2个大型旅游商品交易中心和旅游商品创意园区。加快旅游购物街区建设,在游客集散中心、旅游名县高标准建设休闲购物街区和旅游商品集散市场。在旅游名县、游客集散中心重要的购物中心、大型商场以及交通站点、高速公路服务区、机场等游客密集场所设立形象、风格统一的旅游商品销售专柜。在板块内各个景区,结合游客中心、游客咨询点等建设特色旅游商品销售专柜,展示销售景区所在县市的旅游产品。积极推广网络销售体验,对于大宗旅游商品或不易携带商品,游客在购物点选择好后,经营者可以代为快递。[1]

长城人家旅游产品[2]的设计,可以结合扶贫工程,在长城沿线重点打造美丽乡村,在节点地区打造特色小镇及历史文化名村镇,以长城旅游带动经济发展。长城人家旅游产品主要集中在长城资源周边的村镇,特别是长城附近的贫困县等,发展长城边塞客栈、农家乐、长城特色民宿、写生摄影基地、农果采摘、特色手工作坊等类型丰富多样的体验活动;美丽乡村建设要紧扣长城人家主题,产品类型突显长城文化,为长城特色浓厚的乡村申报历史文化名村。

在文化创意产业中融入红色文化元素。按照精神内涵为重、社会效益

---

[1] 山西省文化和旅游厅. 山西省黄河板块旅游发展总体规划.http://wlt.shanxi.gov.cn/site-files/sxzwcms/html/xwzx/tzgg/14977.shtml
[2] 山西省文化和旅游厅. 山西省长城板块旅游发展总体规划.http://wlt.shanxi.gov.cn/site-files/sxzwcms/html/xwzx/tzgg/14977.shtml

为先的思路，立足地方特色，结合群众需求，开发一批红色电子图书、旅游读本、音像制品等集历史记忆、地域特色于一体的红色文化特色产品，创作生产一批以红色文化为主题的演艺产品，培育一批具有较强影响力和核心竞争力的文化企业和品牌；实施"互联网+"战略，鼓励开发以我省红色资源为题材背景，适用于移动客户端传播的动漫、游戏、广告、故事等老少咸宜的文化产品。

四、加强红色文化产业传播营销

传播营销是发展红色文化产业的有力推手。要通过品牌营销、媒体营销、节会营销、文艺作品营销等手段扩大山西红色文化的影响。

巩固发展研学旅游和红色旅游市场[①]。突出太行山抗战圣地的美誉度，山西文化深厚、层次多样的特点，将地质地貌、生态环境、古代建筑、红色文化、中华神话、民风民俗与研学旅游产品融合，培育特色研学旅游和红色旅游产品，重点面向青少年群体，加强与学校、科研机构等合作。

实施品牌营销战略，打响山西太行山旅游品牌形象。塑造特色鲜明的旅游目的地形象，打造主题突出、传播广泛、社会认可度高的旅游目的地品牌。在"大美太行，天下脊梁"的基础上，全面打响"大美太行在山西、神话山水康养地"的品牌形象，在对外宣传、文化、经贸、体育等重大活动中统一使用。

区域特色旅游目的地和重点景区要围绕主题形象品牌，提炼创意各具特色的区域旅游品牌，形成以太行板块主题旅游品牌为龙头、分区域旅游品牌为支撑、景区品牌为基础的旅游品牌体系。围绕提升太行旅游板块品牌形象，策划营销方案，创意营销爆点。叫响"神话世界、奇幻山水""红色世界、抗战圣地""清凉世界、天下屋脊""古韵世界、乡愁诗意山水""名山荟萃、康养胜地"五大特色品牌，打响四季旅游品牌形象。提升太行山水、红色武乡、皇城相府，建立多层次、全产业链的品牌体系，变旅游产业优势为旅

[①] 山西省文化和旅游厅.山西省太行板块旅游发展总体规划.http://wlt.shanxi.gov.cn/site-files/sxzwcms/html/xwzx/tzgg/14977.shtml

游品牌优势。

五、建立健全红色文化产业保障机制

（一）建立健全组织领导机制

成立工作协调领导小组，下设办公室，明确专人负责，制订具体工作方案，建立相关制度，切实发挥作用。

（二）建立健全政策扶持机制

出台扶持产业发展的相关政策，把支持红色文化产业的政策统筹纳入本地政治、经济、社会、文化、环境保护的总体政策体系，形成政策合力。

（三）建立健全资金投入机制

积极向上争取资金，建立财政投入稳定增长机制，创造条件设立红色文化产业发展专项资金，采取社会捐资、产业融资等方式拓宽资金来源渠道，引导社会资金投资红色旅游。

（四）建立健全资源保护机制

红色文化旅游资源是不可再生资源，要加快提升红色文化旅游资源保护能力，进一步加强对重点革命历史文化遗产的保护、挖掘和整理，切实推进革命历史文物征集工作，开展红色文化旅游资源普查，编制保护名录和保护规划，不断丰富完善红色旅游内容和保护体系。

五要建立健全环境优化机制。进一步简化行政审批程序，加强和改进文化旅游认证工作，提高文化旅游市场监管水平，优化红色旅游政务环境。认真开展乡镇街道整治脏乱绿化行动，加强社会治安综合治理，营造红色旅游发展的良好环境。

第十二章 山西省文化产业政策研究报告

《中华人民共和国国民经济和社会发展第十三个五年规划纲要》在2016年3月出台并提出2020年要把文化产业打造成国民经济的支柱性产业。《"十三五"国家战略性新兴产业发展规划》在同年的12月由国务院印发,也把数字创意产业列入其中,并提出2020年其相关行业产值规模要达到8万亿元。从上面两个国家重大规划的设定目标可以看出,文化产业在我国未来经济发展中有着不可抹去的重要地位。

产业政策是一个国家的中央或地区政府为了其全局和长远利益而主动干预产业活动的各种政策总和[1]。许多国家的成功实践已经证明,产业政策在一定程度上能够弥补市场失灵的缺陷,实现产业超常规发展与结构的合理化、高度化。而在我国特色市场经济体制下,政策对产业发展更是发挥着巨大的引导与推动作用,在文化领域里尤其突显。因为中国的文化产业是脱胎于高度集中管制的文化事业,主要的发展模式是政府主导、政策推动,是否能够创新构建适合中国文化产业内在发展规律的政策体系,关系着中国文化产业发展的兴衰成败。

"十三五"时期是实现全面建成小康社会奋斗目标的决胜时期,山西省为进一步推进文化改革发展、文化强省工作以及加快战略性新兴产业发展,根据《中华人民共和国国民经济和社会发展第十三个五年规划纲要》《"十三五"国家战略性新兴产业发展规划》《山西省国民经济和社会发展第十三个五年规划纲要》,编制了《山西省"十三五"文化改革发展规划》《山西

---

[1] 苏东水.产业经济学[M].北京:高等教育出版社,2015.

省"十三五"文化强省规划》《山西省"十三五"战略性新兴产业发展规划》等一系列重要的文化产业政策与法规性文件,这不仅是对之前山西省文化产业政策发展的有机延续,也对山西省文化政策体系建设具有一种承前启后的重要意义,这些政策有效地促进山西文化市场主体建设、产业结构优化与竞争力的提升。

第一节 2014—2018 年山西文化产业政策供给概况

2014—2018 年山西省出台了文化政策。在这些出台的文化政策里,既有战略性的整体规划部署,也有特定领域针对性的管理规范办法与专项指导意见,既有对之前政策的有机延续,也有根据时代要求和产业发展的突破创新。下面就对政策供给主体、类型、对象、方式和层级等各方面进行概述和分析。

一、政策主体由多部门联动组成,趋向综合性发展

在山西省文化产业政策供给的主体中,省级层面的决策机构包括主管文化和宣传的省委宣传部、省级立法机关、山西省人民政府及其文化行政管理部门(包括文化厅、新闻出版广电总局等),其他协同联动部门有财政厅、教育厅、商务厅、发改委等等。从 2016—2018 年政策供给主体看,除山西省政府办公厅制定了 22 项文化产业政策之外,其他部门机构单独出台政策较少,而由各部委联合发布的政策则有 13 项,内容涉及实体书店发展、电影事业发展、文物文创产品开发、非物质文化遗产保护、红色文化传承保护、文化金融合作等多个领域,体现了一种综合性的发展与部门合作精神。出现这种情况,一方面是因为 2016 年是"十三五"时期的开局之年,有各类规划集中出台,所以多个行政部门机构联合发文这一综合性现象较多。另一方面也可体现出,在"文化+"不断深入影响下,文化产业与国民经济这个大循环的融合更加深入,已然成为新常态下促进经济转型升级的新动力。而各方为了更好地科学治理与融合发展,已达成部际联动,文化政策由"小文化"向"大文化"转变的共识。

二、政策类型中指导意见类、规范管理类成为主导

从统计数字可得知,在2014—2018年山西省出台的38项文化产业政策中,指导意见类占40%,规范管理类占34%,规划计划类占18%,而扶持培育类仅占3%。不过值得注意的是,在2018年山西省人大先后分别通过了《山西省平遥古城保护条例》《山西省历史文化名城名镇名村保护条例》,虽然占政策数量比例较低(只有5%),但在山西省文化立法进程中具有很重要的意义。经过深入分析这几年山西省政策出台的类型结构,可以鲜明反映出政府对自身角色定位的调整:由一个扶持者、挑选者转变为产业发展环境的营造者、公共服务的提供者。而这样的调整从十八届三中全会后就在不断深化和加速。从国际上的普遍经验可看出,产业发展的核心动力并不是来自外部的补贴扶持,而是来自完善的市场体制所激发的产业内生动力。因此,产业政策最重要的功能是提供一个产业发展的良好生态环境,而这个环境的构建需要以法律为基础保障,竞争机制、信用管理、市场监督等为支撑体系。山西省这几年的文化产业政策,也是在这种理念指导下的实践探索。

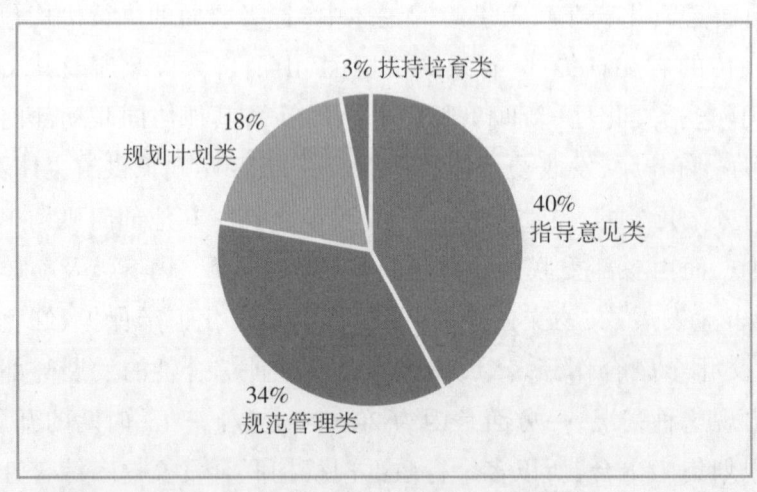

图12-1　2014—2018年山西出台文化政策各种类比

三、政策对象聚焦关注新技术、新业态、新产业

移动互联网、大数据、物联网、虚拟现实以及人工智能等新技术,逐步

地改变着我们的生活方式和产业发展的形态。近年来,以网络化数字化为基础的新兴业态发展蓬勃,例如网络游戏、网络出版、直播服务、社交平台等,逐渐成为文化产业在未来发展的核心增长极。更有专家认为,在未来整个文化产业中数字文化产业将会占到70%的比重。从山西省2014—2018年出台的文化政策来看,这一趋势也较为明显,在涉及具体领域的21项政策中,其中就有5项与基于网络化数字化的新业态有关,特别是2016年8月份出台的《山西省"十三五"战略性新兴产业发展规划》,其中设专节对新一代信息技术产业进行部署,已然将新业态上升到战略的高度。需要重视的是,当前网络化数字化新兴业态发展迅速,但庸俗、低俗、媚俗"三俗"的作品和娱乐内容也在文化市场里野蛮生长。因此文化政策要更多地出台对新技术、新业态、新产业的引导、管理、监督等办法,需要通过引导和规范市场主体,在优先坚持社会效益的基础上,实现经济效益与社会效益两者的有机统一。

四、政策方式以行政手段为主,法律与经济手段为辅

行政手段是产业政策供给主体凭借行政力量,依靠从上到下的行政组织来颁布行政命令,制定政策、措施等形式,对经济活动进行宏观调控或干预的一种方式或方法;法律手段是指行政机关以法律为武器,通过立法、司法和执法等法律活动的规律、程序和特点来调整产业中的利益关系,以达到维护市场秩序,促进产业发展的目的的一种方式;经济手段是行政部门根据客观经济运行规律,运用税收、补贴、奖罚等经济杠杆和方式,通过调节经济利益关系来制约相互间的活动,从而落实产业政策的一种行为。从山西省2014—2018年出台的文化产业政策执行和落实情况来看,92%是通过出台各种管理办法、规划、计划等行政管理手段来实现对文化产业发展的指导与规范,而用经济和法律手段的文化产业政策并不多,两者加起来才占到8%。当前我国产业发展环境还是处于从文化管理向文化治理的转变阶段,正积极探索着以法律为基础,以政策为引导,以全面构建现代文化市场体系为支撑的文化产业发展模式。

五、政策层级以省级层面政策为主，地方结合自身制定相关政策

山西省文化产业政策层级体系是按照省级文化管理体制而形成的垂直体系，即是在省级层面定下总基调、总原则、总目标之后，各市的文化行政部门以此为依据再结合自身实际情况制定相应的产业政策。2016年12月，《山西省"十三五"文化强省规划》出台，各地在省级规划的指导下，重点出台了自己地区的"十三五"时期文化产业规划。2017年1月，太原市发改委发布了《太原市文化发展"十三五"（2016—2020年）规划》。2017年12月，晋中市政府发布了《晋中市"十三五"文化发展规划》。2017年3月，《山西省大数据发展规划》出台，随后2017年6月忻州市人民政府发布了《忻州市大数据发展规划（2017—2020年）》，同年8月吕梁市也发布了《吕梁市大数据产业发展应用规划（2017—2020年）》。各地区根据自身实践需要，侧重突显自身文化及相关特色产业的发展，在文化政策上进行着大胆探索。

六、政策贯彻落实中央文件，初步构建起科学完善体系

2014年，国务院办公厅出台文化产业政策体系中核心政策之一的《关于印发文化体制改革中经营性文化事业单位转制为企业和进一步支持文化企业发展两个规定的通知》（国办发〔2014〕15号），修订和延续了原国办发〔2008〕114号文件，山西省高度重视，贯彻落实意见，及时出台《山西省人民政府办公厅关于进一步支持经营性文化事业单位转企改制和文化企业改革发展若干政策的意见》（晋政办发〔2016〕121号），保留和延续了原晋政办发〔2009〕83号文件的主要内容和优惠政策，并细化了相关政策要求和操作流程，进一步增强针对性、实效性。[1]

---

[1] 来源：《关于文化经济政策延续和完善问题的调研报告》。

表12-1 重点文化产业政策贯彻落实情况

中央文件	山西省贯彻落实文件
《关于推动国有文化企业把社会效益放在首位、实现社会效益和经济效益相统一的指导意见》	《关于推动国有文化企业把社会效益放在首位、实现社会效益和经济效益相统一的实施意见》(晋办发〔2017〕8号)
《国务院办公厅关于印发文化体制改革中经营性文化事业单位转制为企业和进一步支持文化企业发展两个规定的通知》	《山西省人民政府办公厅关于进一步支持经营性文化事业单位转企改制和文化企业改革发展若干政策的意见》(晋政办发〔2016〕121号)
《国家"十三五"时期文化发展改革规划纲要》	《山西省"十三五"文化强省规划》(晋政发〔2016〕60号)
《关于推动传统媒体和新兴媒体融合发展的指导意见》	《关于推动传统媒体与新兴媒体融合发展的实施意见》(晋办发〔2016〕3号)
《关于加快构建现代公共文化服务体系的意见》	《关于提高公共文化服务水平的若干意见》(晋办发〔2016〕26号)
《关于推进基层综合性文化服务中心建设的指导意见》	《山西省推进基层综合性文化服务中心建设实施方案》(晋政办发〔2017〕27号)
《关于加强文化领域行业组织建设的指导意见》	《关于加强文化领域行业组织建设的实施意见》(厅字〔2017〕43号)
《关于进一步深化文化市场综合执法改革的意见》	《关于进一步深化文化市场综合执法改革的实施意见》(晋办发〔2017〕6号)

近年来,特别是党的十八大以来,山西省深入学习贯彻习近平新时代中国特色社会主义思想,认真贯彻落实中央系列文化产业政策,在全省文化改革发展各项工作中取得了明显成效,更是初步构建起科学完善的文化产业政策体系。

表12-2 文化产业政策体系(部分)

相关方面	政策文件
加快文化产业发展	《山西省支持文化产业加快发展的若干措施》《山西省文化产业示范基地评选命名管理办法》《推动动漫产业发展的实施意见》《推动山西省文化文物单位文化创意产品开发实施意见》《山西省文化产品和服务出口指导目录》等文件
文化与相关产业融合	《山西省推进文化创意和设计服务与相关产业融合发展的行动计划》《促进旅游业改革发展的意见》《推进旅游景区(景点)体制机制改革创新的意见》《进一步促进旅游投资和消费的实施意见》《2017年全省旅游景区(景点)体制机制改革创新工作推进方案》《太原高新区国家级文化和科技融合示范基地实施方案》《深入推进文化金融合作的实施意见》等文件
强化政策保障	《优秀电影项目扶持奖励办法》《加强社会资本进入广播电视领域管理工作的通知》《支持县级城市数字影院建设的通知》《支持转企改制国有文艺院团改革发展的实施意见》《进一步支持小型微型企业健康发展措施》《山西省鼓励投资政策（2017年版）》《山西省支持现代服务业发展政策措施(2017年版)》等文件

第二节 2014—2018年山西文化产业文化政策供给的特点

2014—2018年,山西文化产业政策对之前出台的政策既是一种有机延续,又进行了新的创新与突破。特别是在文化立法、文化服务、文化传承、新兴产业与文化消费等方面的政策,体现出了强烈的时代性、创新性与前瞻性。

一、文物保护政策频出,历史名城立法保护

山西在历史遗存上的地位很是独特,目前已登记在册的不可移动文物

有5万多处,其中最具特色的古建筑数量多达28027处,元代及以前的木结构建筑数量占全国75%以上。然而这些古建筑地处偏僻,分布散乱,交通十分不便,无时无刻不在面临着损毁、坍塌甚至灭失的危险。这不是仅仅靠传统文物保护办法可以解决的,而是需要有更多的社会力量参与其中。山西省文物局针对文物保护所面临的新需求,积极探索建立政府主导、社会力量参与的文物保护新体制。2010年10月,曲沃县出台《曲沃县古建筑认领保护暂行办法》。2016年9月,山西省文物局公布了《山西省社会力量参与文物建筑保护利用暂行办法》,打通了社会资金进入文物保护领域的渠道。2017年3月,山西省又出台了《山西省动员社会力量参与文物保护利用"文明守望工程"实施方案》,成为我国省级政府首次制订社会力量参与文物保护利用的具体实施方案。在文明守望工程实施方案里,"巨手擎"项目是关注推进文物建筑认养方面的内容,省文物局会同省工商联下发了《关于动员引导民营企业参与文物保护利用"文明守望工程"的通知》,公布了252处供选择参与的文物保护利用项目名单;"妙手集"项目则是推进博物馆创设方面的内容,晋中市发布了《博物馆文物展品征集公告》;而"巧手创"项目是促进文化创意产品开发方面的内容,山西博物院成立了山西晋观文化创意有限责任公司,打通了事业单位开展公益性文化经营的途径。

有法可依是现代化治理体系和治理方式的首要要求。长期以来,山西省文化管理多是采取行政手段调节,法律手段少,文化立法少。2018年8月山西省人大通过了《山西省历史文化名城名镇名村保护条例》,为山西省现代化治理体系添砖加瓦。山西文化源远流长,山西境内名城辈出。山西古城文化的形成历经了千百年的发展与积淀,已经深深地根植于中华民族的文化母体中。不同类型、不同规模、不同层级的古城及其蕴含的深厚文化,是亟须深度开发的宝藏。深入贯彻《山西省历史文化名城名镇名村保护条例》,可以推进对整体城市的风貌与文脉的延续规划和管控工作,有利于推动历史文化名城和历史文化街区的保护规划和城市历史环境协调区的合理设计。历史风貌区、优秀历史建筑和工业遗产的修缮结合发展特色旅游、文化创意、文化体验、文化研究等产业需求,可以促进合理利用和活态利用。

二、创新公共文化服务政策，推动"送戏下乡"

山西作为中国戏剧文化大省，地方剧种高达 49 个，其中更有 19 个剧种被列入国家非遗名录中。截至 2016 年底，全省共有公办剧团 150 个、民营剧团 396 个，剧团从业人员 17619 人，由此看来地方剧团是山西省文化事业发展的重要力量，"送戏下乡"文化惠民活动是山西省文化事业发展的重要项目，政府采取相关政策措施以促进文化事业发展是十分必要的。2014 年，山西省大胆创新，在全国范围内先试先行"探索建立政府购买公共演出服务机制"。制定了《省级购买公共演出服务实施方案（试行）》《省级购买公共演出服务实施细则（试行）》等相应政策文件，明确将送戏下乡列入政府购买公共演出服务的范围。2016 年，山西省又出台《关于提高公共文化服务水平的若干意见》，将送戏下乡场次和村级简易戏台建设纳入"十三五"规划。在省级示范带动下，目前全省 11 个市中已有 10 个市先后出台了相关政府购买公共演出政策，均明确将送戏下乡列入政府购买公共演出的范围。山西省财政厅与山西省文化厅于 2014 年共同研究制定了送戏下乡补助标准，根据每年的演出计划足额安排补助资金。据统计，2014—2017 年，省财政已累计安排专项补助资金 2690 万元，用于支持省级院团开展送戏下乡。2017 年，预计全省送戏下乡投入将超过 7000 万元。相关扶持政策的出台，让"送戏下乡"文化惠民活动覆盖了大部分的农民群众。据统计，自 2014 年以来，仅省级 7 个院团已累计送戏下乡 400 场，观看演出的农民群众累计达 500 万人次。群众在家门口就能观看到喜闻乐见的戏曲演出，极大地丰富了农村群众的文化生活。而且通过开展送戏下乡活动，演出剧团不断增加演出曲目、逐步地提高演出质量，得到了更好的发展。演出队伍里的青年演员也得到了更多更好的实践机会。山西省也出台了《山西省推进基层综合性文化服务中心建设的实施方案》《开展县级文化馆图书馆总分馆制试点工作的通知》《山西省省级政府购买公共演出服务实施细则》《中华优秀传统文化传承发展工程的实施意见》《山西省人民政府办公厅关于实施山西省戏曲传承发展振兴工程的意见》等文件。未来，山西省也将继续贯彻落实相关政策文件的精神，落实经费保障，巩固现有成效，继续推动政府购买送戏下乡演出迈上新台阶。

三、推出文博创意产业政策用以活化文物

在科学技术高度发达、信息科技快速发展的时代,人们的文化需求与文化消费方式也在不断变化着,传统的文物保护和展陈方式亟须得到转变,中华优秀传统文化创造性转化和创新性发展的工作必须得到推动。"让收藏在博物馆里的文物、陈列在广阔大地上的遗产、书写在古籍里的文字都活起来"[①]。作为中华文明重要发祥地之一的山西,历史源远流长,文化博大厚重。全省各级各类文化文物单位典藏着品类繁多、内涵丰富的文化资源,是山西转型发展的珍贵宝藏、文化创意产品开发的重要支撑。2017年3月,在贯彻落实《国务院办公厅转发文化部等部门关于推动文化文物单位文化创意产品开发若干意见的通知》,结合山西省实际情况的前提下,山西省文化厅、省发展改革委、省财政厅、省文物局出台了《关于推动山西省文化文物单位文化创意产品开发的实施意见》。该意见提出了培育主体、夯筑基础、打造品牌、扩大营销等任务目标,并通过政策支持、改革体制、培养人才、环境优化与统筹指导等途径办法推进文化文物的文创产品开发。依托文物单位的馆藏资源和人才队伍的智力资源开发文创产品,能有效提高文化产品的供给,实现低碳、绿色、可持续发展,有利于推动优秀文化资源的创造性转化、创新性发展,有助于文化文物单位提高服务能力、丰富服务内容,能够促进山西美好形象品牌的建设,实现山西振兴崛起。政策同时也提到文化创意产品的开发是在保护传承文化资源、履行好公益服务职能的前提下进行的,不仅要调动文化文物单位积极性,还要鼓励社会力量踊跃参与,充分运用创意和科技手段的同时着眼群众文化消费需求,对文化资源进行系统的梳理整合以后再适度地开发利用,促进文化价值与实用价值的有机统一。在传承、传播和共享优秀文化资源的同时,实现社会效益和经济效益两者的双效合一、互动双赢。博物馆对于

[①] 学习小组. 习近平文物保护简史 [EB/OL].(2015-01-13)[2017-01-13].http://news.xinhuanet.com/politics/2015-01/11/c_1113951139.htm.

一个城市而言,既是地域名片,也是地方独一无二的文化 IP。山西文博事业在全国处于中游偏上的水平,在下一步工作中,山西文博将会好好利用自身做功夫,围绕晋侯鸟尊做晋文化展览,围绕永乐宫做壁画展览,围绕佛光寺做古建展览,把这三项内容包装为山西国宝"三绝",打造山西文博品牌。

四、数字创意产业列入文化强省政策战略

数字创意产业作为一种文化产业转型升级重要方向的新兴经济形态,是由现代信息、数字科技、文化创意产业三者逐渐融合而产生的。有专家指出,如果将数字化作为划分文化产业的标准,那么文化产业可分为传统和数字两大阵容,前者包括传统的媒体、演艺、旅游、工艺品等行业,后者包括动漫游戏、数字音乐、网络文学、网络视频、在线演出等行业。在当今,人们生活在被互联网全面渗入的社会中,生活方式、生产方式和思维方式都发生了巨大改变,为生产关系带来重大变革的数字经济正日益成为经济社会发展的强大引擎。2017 年,中国数字经济规模达 27.2 万亿元,同比增长 20.3%,占 GDP 的比重达到 32.9%,国内数字出版产业整体收入规模达到 7072 亿元。当前山西,省委、省政府把发展大数据产业、发展数字经济作为加快转型发展的重要方向,出台了《山西省促进大数据发展应用的若干政策》《山西省大数据发展规划》等一系列政策举措,迈出了网络强省建设的坚实步伐。

这一系列政策里提道:

(1)建设政务平台。建立省级政务云平台标准体系,搭建省级政务云平台,有序开展政务信息系统迁移工作,推进启动 50% 的省级政务部门业务系统上云。建设四大基础信息资源库,初步建立和完善专业领域信息资源库。

(2)加快产业培育。制定大数据特色产业发展规划,组建山西人工智能产业联盟,培育信息安全、传感器、人工智能三大特色产业,推进吕梁华为山西大数据中心、山西北斗数据中心、中电科创新产业园等重点项目建设,打造具有山西特色的数字产业集聚区。推动政务数据资源共享

开放,培育数据标注等数据核心产业。做好重点项目的跟踪服务,构建大数据产业链条。促进软件和信息服务业发展,组织"慧聚山西"软件设计大赛。

(3)推进应用示范。以智慧旅游、智慧医疗、工业云、国资监管、金融风险预警等大数据平台项目为牵引,推进大数据在公共服务领域的示范应用,加快推进阳泉智能物联网应用示范基地建设。推进智慧健康养老社区试点建设。

(4)扩大信息消费。推动山西省自主可控产业发展应用,争取在可信计算、网络安全技术设备、通用工具及行业应用软件等方面取得突破。开展二青会信息系统建设。组织实施山西省第三批电信普遍服务试点,年底基本实现全省行政村光纤网络全覆盖。与此同时,山西出版业加快向数字化、网络化、知识服务化产业转型,加快推进山西数字出版创意产业基地等项目建设,为全省数字出版传媒产业、文化产业以及信息产业发展做出了积极贡献。

五、加快促进文化消费系列政策密集出台

文化消费是指人们通过文化产品或服务来满足自身精神需求的行为或过程,是推动文化经济发展的原生动力。消费意愿、消费习惯、支付能力等消费者因素直接影响着文化产业产品的生产和服务方式,决定着文化产业的潜在规模。正确地引导和扩大国民文化消费,能有力地推动文化产业发展。山西作为一个文化大省,文化消费市场潜力巨大。近年来,山西文化消费水平更是逐年攀升。2013年,在第八届北博会期间,中国人民大学与文化部文化产业司在京发布2013年度中国省市文化产业发展指数和中国文化消费指数。在首次发布的"中国文化消费指数(2013)"中,山西文化消费满意度得96.2分,超越京津,排名全国第一。而在公布的2013年度各项指数中,驱动力指数山西居第五,文化消费水平指数山西排名第五,文化消费综合指数山西排名第七。山西省文化消费水平有着这么喜人的成绩,必须要好好地引导和释放这些文化消费能力,来促进山西省文化产业发展。2014年,山西出台了《关于深入推进文化金融合作的实施意见》《山西省支持文化产业加快发展的若干措施》等政策，积极推动文化对外贸易发展，支持文化企业通过多种形式，在海内外兴办文化实体和建立国际营销渠道，鼓励文化产品或服务出口及进口。在2016年12月出台的《山西省"十三五"文化强省规划》专门开设一节来规划如何构建统一开放的文化消费市场：

（1）通过加强图书报刊、电子音像、演艺娱乐、动漫游戏、电影电视剧、广播电视节目等文化产品市场建设的手段，以此来开拓农村文化市场，达到培育大众性文化消费市场的目标。

（2）激发与文化相关的教育培训、体育健身、演艺会展、旅游休闲等产业的发展积极性，以满足人民群众多层次、多方面的文化消费需求为目的，积极引导和支持各类文化企业结合自身优势开发特色文化产品和服务。

（3）通过发放文化惠民卡来发挥文化消费的双向拉动作用，建设全省中心城市和县城演艺院线的同时，组织文化消费季，以此培养文化消费理念，激励文化消费行为，培育新的消费增长点。2018年5月山西省出台了《关于支持实体书店发展的实施意见》：鼓励实体书店积极参与文化强省建设与公共文化服务活动，例如参加文化下乡、全民阅读、农家书屋建设、文化惠民消费等等；鼓励实体书店举办多种形式的群众性读书文化活动，如开展图书展销、作家见面会、名家讲座、好书推荐、读书沙龙、读书征文、演讲比赛等等；支持实体书店参与政府购买公共文化服务项目，鼓励探索向城乡低收入困难群众发放购书券或对困难群众购书给予一定补贴等民生服务道路，保障基本文化民生，拉动实体书店消费。

六、系列政策激发文化体制机制改革活力

激发文化产业发展活力，离不开文化体制机制的改革。山西省文化改革发展注重顶层设计，从局部到整体，从机制创新到体制改革，在探索的路上不断推进深化，取得明显实效，走在全国前列。2006年，山西省成立深化文化体制改革领导组。2009年，更名为山西省文化体制改革和发展工作领导小组，主要是进行全省文化体制改革和文化产业发展工作的统一指导和协调。全省11个市、119个县也相应地设立相关机构，全省范围内形成了上下联动、齐抓共管的局面。政策上的工作更是激发文化体制机制改革的活力，推出的一系列政策坚持点面结合，短中长期统筹。比如，制订了《山西省文化体制改革工作实施方案》，出台了《关于推动国有文化企业把社会效益放在首位、实现社会效益和经济效益相统一的实施意见》《进一步深化文化市场综合执法改革的实施意见》《加强文化领域行业组织建设的实施意见》《山西省支持文化产业加快发展的若干措施》《山西省建设文化强省发展规划纲要》《关于进一步支持经营性文化事业单位转企改制和文化企业改革发展若干政策的意见》，省属文化企业《负责人"双效"考核办法(试行)》《负责人薪酬分配审核办法（试行)》《重大事项及国有资产监督管理暂行办法(试行)》《国有资产重大损失责任追究暂行办法》《国有资产评估管理暂行办法》，印发《山西省金融支持文化和旅游产业发展实施意见》等文件，全面推进文化体制机制改革创新。在这些政策扶持下，先后组建起了山西出版传媒集团、山西广电信息网络(集团)有限责任公司等七大省属文化企业集团，涵盖了网络、演艺、传媒、报业、影视、出版、工艺等领域，共同组成"文化晋军"的旗舰编队。

第三节 山西文化产业发展政策未来建议

一、省级层面文化产业发展总体政策

（一）主要内容与典型政策

省级层面文化产业发展总体政策的主要功能是为本地区文化产业发展提供纲领性指导，其特点就是操作性强、前瞻性强。在制定政策时，既要充分把握国家、相邻或较为发达省市的重要政策导向，也需要立足自身实际，从实际出发，实事求是。总体性发展政策需要具有明确发展定位、突出发展特色、确定指导思想、发展目标与策略、重点产业领域、发展保障措施等具体内容方面。

表12-3 省级文化产业发展典型政策(部分)

序号	地区	政策名称	政策重点内容
1	北京市	《关于推进文化创意产业创新发展的意见》	四大基本原则：坚持两效统一、价值引领；坚持传承文脉、融合发展；坚持高端引领、创新驱动；坚持区域统筹、协同联动。 六大发展目标：培育一批世界知名文化团体和创意人才；推出一批有深远影响力的文艺原创精品；形成一批有示范引领作用的行业龙头企业；建成一批有核心竞争力的产业集聚区；打造一批展现中国文化自信和首都文化魅力的文化品牌；构建统一开放、要素集聚、竞争有序的现代文化市场体系；建成市场竞争力强、创新驱动力足、文化辐射力广的文化创意产业引领区。 主攻方向：全面推动文化科技融合，打造数字创意主阵地；率先布局内容版权转化，形成文化创新策源地。 发展重点：创意设计；媒体融合；广播影视；出版发行；动漫游戏；演艺娱乐；文博非遗；艺术品交易；文创智库。
2	上海市	《关于加快本市文化创意产业创新发展的若干意见》	发展目标：未来五年基本建成现代文化创意产业重镇；2030年基本建成具有国际影响力的文化创意产业中心；2035年全面建成具有国际影响力的文化创意产业中心。 总体思路：推动文化创意产业重点领域加快发展；构建现代文化市场体系；引导资源要素向文化创意产业集聚。
3	江西省	《关于加快文化强省建设的实施意见》	推进"五大体系"建设：持续推进社会主义核心价值体系、优秀传统文化传承体系、基本公共文化服务体系、现代文化产业体系、文化发展保障体系建设。 两个阶段奋斗目标：到2020年，文化强省建设取得重要进展，社会主义核心价值观深入人心，文艺精品创作能力进一步增强，基本公共文化服务水平稳步提高，文化产业成为支柱性产业，红色文化、绿色文化、古色文化等江西文化标识更加鲜明，人民群众精神文化生活更加丰富。到2025年，文化综合实力全面提升，文化事业繁荣发展，文艺精品不断涌现，基本公共文化服务水平明显提高，文化产业成为重要支柱性产业，文化创新创造活力迸发，建设成为在全国具有较大影响的文化强省。 八项重点任务：一是筑牢团结奋斗的共同思想基础；二是弘扬社会主义核心价值观；三是推进优秀传统文化传承创新；四是推动江西文艺繁荣发展；五是提高公共文化服务水平；六是推动江西文化"走出去"；七是实现文化产业高质量发展；八是建设优秀文化赣军。 保障措施：省委、省政府每年召开文化强省建设推进大会；建立健全公共文化服务财政保障机制，加大文化建设投入力度，确保财政文化投入水平与我省经济社会发展总体水平相适应；设立江西省文化艺术基金等等。

续表

序号	地区	政策名称	政策重点内容
4	甘肃省	《甘肃省文化旅游产业发展专项行动计划》	发展目标:到2020年,基本形成文化与旅游全方位、深层次融合发展格局,文化旅游产业要素高效聚集,市场主体不断壮大,产品供给更加丰富,"交响丝路·如意甘肃"品牌知名度和影响力全面提升,全省文化产业、旅游产业增加值占GDP的比重分别达到5%、9%;到2025年,文化旅游产业体系更加完善,综合效益显著提高,资源优势转化为经济优势和竞争优势,基本建成文化旅游强省,文化旅游产业成为我省绿色发展崛起的支柱性产业。 重点任务:实施大景区改革建设工程;建成中国西部自驾游大本营;实施"一部手机游甘肃"计划;建设大敦煌一体化旅游圈;实施文化旅游精品演艺工程;创建全域旅游示范区;打造河西走廊低空旅游目的地;大力发展红色旅游;打造甘肃乡村旅游新业态集群;打造文化旅游节庆会展品牌;建设文化旅游产业融合基地;创意开发文化旅游商品;开发特色旅游餐饮;发展多元住宿业态;推进文化旅游南向通道建设;持续推进旅游厕所革命;构建快进慢游的旅游交通体系;扶持壮大文化旅游市场主体。 工作路径:统筹规划,走优质发展的路子;创新融合,促进业态产品转型升级;招大引强,提高市场化产业化水平;完善机制,开展立体精准宣传营销。

(二)发展政策建议

第一,准确把握国家政策导向。山西省正处于全面加快文化产业转型升级的阶段,因此,在制定山西省文化产业发展政策的过程中,要密切结合、牢牢把握国家文化产业发展的相关政策导向,紧抓国家文化产业发展的机遇,积极出台与国家政策导向相一致,与山西省实际发展现状、发展特色、发展问题相符合的总体性发展政策,制定山西省文化产业总体性政策的发展目标、发展定位、重点任务、工作途径以及发展保障等,全面激活山西历史文化、红色文化势能,用政策助力山西省文化产业建设的融合发展、开放发展、跨越发展、持续发展。

第二,充分发挥政策激发创新创造活力的功能。党的十九大报告中指出,发挥政府作用能够助力市场在资源配置中的决定性作用。制定山西省文化产业发展整体政策,要从激活市场基因,激发创新创造活力出发,从放宽政策、放开市场、放活主体,不断完善体制机制,加强统筹协调,转变政府职能,健全市场体系,完善发展保障等具体内容方面,促进山西省产业结构调整和经济发展方式转变。山西省在营造创新创造环境的基础上,所构建而成的产业发展生态圈,可实现山西省文化产业领域的共建共赢共享。

第三,建设高标准,强化发展特色。制定山西省文化产业发展整体政策,要着眼于山西省文化产业发展的总体要求,面向未来,面向世界,拓宽发展视野,运用全球视野进行高点定位。实现全省文化事业大繁荣大发展,加快建立现代公共文化服务体系,继续完善文化产业体系、文化市场体系和优秀传统文化传承体系,进一步挖掘与宣传弘扬优秀的山西历史文化资源,实现由文化资源大省向文化强省的转变。坚持加快现有产业业态转型升级的步伐,快速提升文化产业的识别度和首位度。制定促进数字文化产业发展、文化与旅游、科技等相关产业融合发展的政策意见,进一步扶持培育产业基地(园区)、实体书店、节庆会展发展、特色文化小镇、高端人才等方面,进一步完善文化产业政策体系。在延续整合经过实践检验、行之有效的文化产业政策意见的基础上,制定支持山西省文化产业市场主体培育提升"四项工程"的实施意见,加快推动山西省文化产业转型升级。同时,对不适应实际情况需求的政策进行必要的调整和修订,不断延伸山西省文化产业发展空间,打造山西省文化产业发展全新局面。

二、文化金融政策

(一)主要内容与典型政策

文化产业内部的变革升级为文化金融的发展提供了新的机遇与挑战,文化金融的相关政策创新步伐应紧跟产业的发展需求。2018年,不仅是我国落实金融体制改革关键的一年,也是规范引导文化金融良性发展关键的一年,中央部委围绕文化金融工作的各领域进行布置相关政策措施。

2018年出台的国家级政策文件中的文化金融内容也是延续了以往发展文化金融的政策基调。在2017年国家部门出台的文化政策文件里,文化金融类政策已经就是"标配"内容:

在2017年至2018年,各地方政府结合自身实际也在相关政策中重点涵盖了文化金融的内容(如表12-4、12-5)。

表12-4　2018年国家文化金融相关政策(部分)

发文日期	发文部门	文件名称
2018年12月25日	国务院	《国务院办公厅关于印发文化体制改革中经营性文化事业单位转制为企业和进一步支持文化企业发展两个规定的通知》
2018年11月13日	文化和旅游部、财政部	《关于在文化领域推广政府和社会资本合作模式的指导意见》
2018年9月5日	财政部 税务总局	《关于金融机构小微企业贷款利息收入免征增值税政策的通知》
2018年8月22日	财政部	《2019年中央文化企业国有资本经营预算的申报指南》
2018年4月19日	文化和旅游部、财政部	《关于在旅游领域推广政府和社会资本合作模式的指导意见》
2018年3月26日	文化和旅游部	《文旅部征集文化产业专项债券企业及文化产业基金融资企业》
2018年3月9日	国务院办公厅	《关于组织推荐金融支持旅游扶贫重点项目的通知》

表12-5　国家政策中鼓励文化金融的相关文件

政策名称	文化金融相关内容
《国家"十三五"时期文化发展改革规划纲要》	鼓励金融机构开发适合文化企业特点的文化金融产品;支持符合条件的文化企业直接融资,支持上市文化企业利用资本市场并购重组;规范引导面向文化领域的互联网金融业务发展;完善文化金融中介服务体系,促进文化金融对接;探索开展无形资产抵押、质押贷款业务;鼓励开发文化消费信贷产品。
《文化部"十三五"时期文化发展改革规划》	鼓励金融机构针对文化产业特点创新产品和服务,推广无形资产评估和质押融资,逐步健全文化企业征信体系、融资风险补偿机制和信用担保体系;建立文化企业上市资源储备库,支持文化企业利用资本市场上市融资、再融资和并购重组,扩大文化企业债券融资规模;鼓励文化产业类投资基金发展;支持各地建立文化金融服务中心;创建文化与金融合作示范区。
《文化部关于推动数字文化产业创新发展的指导意见》	加大直接融资力度,鼓励符合条件的数字文化企业通过各类资本市场融资,积极运用债券融资,支持设立数字文化产业创业投资引导基金和各类型相关股权投资基金;建立投融资风险补偿和分担机制,鼓励开发性、政策性、商业性金融机构支持数字文化产业发展,推进投贷联动,实现财政政策、金融政策、产业政策的有机衔接。

(二)发展政策建议

以金融促进文化发展,以文化带动金融创新,资本市场与文化产业的全方位有效对接,少不了文化金融政策的推动作用。由于文化产业具有轻资产性、高风险性等特征,所以制定文化金融政策需要立足文化产业的特点。因此,在制定山西省文化金融政策的过程中,应充分结合山西省文化产业发展的实际情况,着眼于山西在文化金融方面已有优势特点与所面临的困难问题,以激发文化市场要素活力为宗旨,以构建文化金融服务体系、创新文化金融服务模式为目标,不断推动文化金融服务创新发展,增强金融与文化产业各领域的充分融合。

第一,重点服务文化企业融资需求,通过相关政策出台,加强政府、企业、银行、保险机构等联动,构建探索以文化企业信用评价为基础的文化金融服务模式和多主体、多层次的文化金融服务体系。建议山西省建立文化企业信用评价机构,为文化金融政策的落地奠定基础。

第二,创新财政资金扶持方式,设立山西省文化产业投资基金。通过文化产业投资基金的引导,吸引社会资本投入发展多元资本,健全山西文化产业投融资管理体制,搭建政府引导、各类文化企业和社会资本参与的文化产业投融资平台。

第三,优化文化金融环境。运用整合资本市场资源的方式,吸引以信贷、信托、债券、证券、会计、保险等多种类的金融咨询服务机构,以此创新文化金融产品与服务、文化产权评估、抵押质押的具体办法,搭建起文化企业和资本市场之间的桥梁。

三、新闻出版广电发展扶持政策

(一)主要内容与典型政策

新闻出版广播影视产业作为文化产业的重要组成部分,健全的产业体系和市场体系,创新的生产经营机制,完善的发展扶持政策有助于推动社会主义文化繁荣发展。在新时代实现新闻出版广播影视产业的高质量发展,有助于山西省经济转型升级。近年来,国家新闻出版广电总局出台了多

项新闻出版广播影视产业扶持政策(表12-6):

表12-6 部分新闻出版广电发展扶持政策

政策名称	产业扶持相关内容
《关于加快我国数字出版产业发展的若干意见》	对内容资源丰富、具备技术和其他条件的传统出版单位优先赋予互联网出版权;鼓励条件成熟的传统出版单位开发基于互联网、无线通信网、有线电视网、卫星传输等各类移动终端的数字出版产品;充分发挥文化产业发展专项资金、宣传文化发展专项资金、科技创新资金和现代信息服务业专项资金的扶持导向作用,面向全社会,推动设立扶持数字出版专项资金,重点用于数字出版公共服务平台和骨干项目建设等。
《国家新闻出版广电总局 财政部关于推动新闻出版业数字化转型升级的指导意见》	支持企业面向数字化转型升级开展企业标准研制;支持企业采购用于出版资源深度加工的设备及软件系统;支持企业采购用于出版业务流程改造、复合出版产品生产与投送的软件及系统;支持企业采购版权资产管理工具与系统;支持出版企业与高校、研究机构联合开展基础人才培养,开展定向培养;支持相关技术企业与高校、研究机构联合开展数字出版业务高级人才培养等等。
《国家新闻出版广电总局关于进一步加快广播电视媒体与新兴媒体融合发展的意见》	意见提出9项重点任务:树立深度融合发展理念、加快融合型节目体系建设、加快融合型制播体系建设、加快融合型传播体系建设、加快融合型服务体系建设、加快融合型技术体系建设、加快融合型经营体系建设、加快融合型运行机制建设、加快融合型人才队伍建设。

山西省新闻出版广电局至今仍没有一项针对新闻出版广播影视产业的省级扶持资金和政策措施,而山西省新闻出版广电领域企业有近7000家,发展艰难问题存在于大部分的民营企业、小微企业。出台由奖励、土地、税收、投融资等方面组成的"组合拳"政策十分必要,相比于传统产业,处于发展起步阶段的数字内容产业,更需要得到支持扶持。

(二)发展政策建议

第一,产业扶持政策。设立新闻出版广播影视产业发展专项扶持资金,重点支持数字出版、媒体融合、转型升级、绿色印刷、实体书店、大数据云平台等新兴产业发展;设立新闻出版广播影视内容生产专项资金,重点扶持资助一批富有中国风格、中国气派和山西特色的优秀影视内容;成立新闻出版广播影视产业发展引导基金,通过贷款、参股等方式,支持新闻出版广电企业发展;出台《推进山西(太原)国家新闻出版广电传媒融合发展产业基地建设的意见》，明确数字内容产业基地的各项优惠政策。

第二，税收优惠政策。制定有利于促进数字出版产业发展的税收政策，已注册登记的数字出版企业经过高新技术企业、软件企业、技术先进型服务企业、电子商务企业认定之后可享受相关税收优惠政策；制定印刷企业印制教材税收优惠政策，绿色印刷企业享受优惠政策；制定支持影视动画产业发展的税收政策，认定为国家重点扶持高新技术企业的影视企业，减免征收企业部分所得税等。

第三，企业资金保障政策。制定相关文化企业资金保障政策，鼓励组建山西文化产业投资集团，负责管理运营山西省文化产业发展投资基金和旅游文化体育产业发展投资基金，引导文化产业更好发展，推动山西省文化产业转型升级；鼓励组建山西演艺院线，全省范围内推广太原文化惠民消费卡模式，发挥文化惠民与文化消费的双向拉动作用；鼓励省属文化企业集团共同出资设立"山西省文化传媒发展基金"，为山西省文化传媒单位转型发展提供资金保障。

第四，投融资政策。积极鼓励社会资本进入新闻出版广电领域；拓宽投融资渠道，充分发挥各类创业投资基金的作用，鼓励金融机构创新和开发多元化、多层次的信贷产品，实现投资主体多元化；扶持优秀骨干企业上市融资，成功在境内上市或挂牌的省内新闻出版广播影视企业实施优惠补贴政策。

第五，资产管理和经营政策。完善国有新闻出版广播影视骨干企业考核机制，制定国有新闻出版广播影视企业资产考核办法，建立国有文化资产管理的激励和约束机制，确保国有资产保值增值；开展新闻出版广电传媒企业特殊管理股试点，探索股权激励机制，允许部分按规定转制后的骨干国有传媒企业探索实行特殊管理股制度。

第六，人才政策。健全人才培养政策，加大对人才发展的投入，鼓励新闻出版广电企业与高校研究机构联合培养人才；健全人才引进政策，加大对高端人才、特殊人才的扶持力度，减免个人所得税；健全人才激励政策，对新闻出版广播影视产业发展做出贡献的集体和个人给予表彰和奖励，建立高端人才、特殊人才分配激励机制，探索建立事业单位主要领导分配激励约束机制,加强对单位领导人收入分配的监督管理。①

四、资金扶持和鼓励政策

(一)主要内容与典型政策

资金扶持政策有着高效、有效的特点,制定相关资金扶持政策要充分结合山西文化产业发展的实际情况、产业发展特色、产业发展重点,规定专项资金使用原则、适用范围、支持重点、专项资金管理机构及职责、专项资金监督管理、专项资金使用单位责任、专项资金资助方式等相关内容。资金扶持和鼓励政策可以在一定程度上减轻文化企业负担,优化文化企业发展市场环境,引导文化企业发展方向,助力文化产业转型升级。各地政府结合当地区域文化产业发展实际情况,推出与文化企业在资金方面需求相契合的补贴政策,是激励文化企业高质量发展的重要政策措施。

表 12-7 2018 年部分地区资金扶持与鼓励政策

典型政策	支持类型	资金支持政策详细(部分)
(山东青岛)《关于落实支持新旧动能转换重大工程财政政策的实施意见》	资金奖补	在引才用才、投融资促进、贷款担保、技术领域突破、产业集群发展、服务平台建设、金融机构落户等方方面面实行资金奖补,单个企业奖补高达 1 个亿。
(山东)《关于进一步扩内需补短板促发展的若干意见》	税收减免	奖励重大科技创新项目,最高 5000 万元;择优对国家科技重大专项和重点研发计划项目,给予最高 1000 万元经费资助,重大科技创新项目可获最高 5000 万元配套支持;在科技创新方面,鼓励企业联合高校、科研单位共同实施产业关键核心技术攻关,符合条件的列入省重点研发计划予以立项,省科技资金按项目研发投入给予不高于 50%的后补助支持;到 2020 年实现大型企业研发机构全覆盖,建成 100 个以上产业公共服务平台和工业互联网平台,分别给予平台最高 300 万元奖励和 1000 万元贴息、奖补或股权投入;对符合条件的小微企业创业担保贷款,按贷款基准利率的 50%给予同期最长 2 年贴息,对个人贷款按 2 年全额贴息执行。在 2020 年底前,对金融机构向小微企业发放小额贷款取得的利息收入免征增值税。

---

① 来源:山西省新闻出版广电局.健全完善文化经济政策促进新闻出版广电行业发展.

续表

典型政策	支持类型	资金支持政策详细（部分）
（广东深圳）《关于更大力度支持民营经济发展的若干措施》	融资支持	为企业减负降成本1000亿元以上；实现新增银行信贷规模1000亿元以上；实现新增民营企业发债1000亿元以上；设立总规模1000亿元的深圳市民营企业平稳发展基金。降低企业生产经营成本、缓解融资难融资贵。
《青岛市崂山区直接股权投资资金管理暂行办法》	鼓励投资	对初创期科技企业进行直接股权投资，单个企业累计投资额不超过1亿元，重大项目可最高上浮30%；对投资区内科技企业的社会股权基金，给予最高500万元奖励；补偿创投基金对初创企业投资损失，最高500万元。
（浙江杭州）《关于加快独角兽、准独角兽企业培育的若干政策意见》	科技创新	对于独角兽、准独角兽企业研发人才、设备购置以及经认定的研发服务外包等研发投入1亿元以下的，按20%给予补助；投入1亿元以上的，按25%给予补助，最高补助1亿元。对研发投入特别大的优质企业，实行"一事一议"。
《安徽省促进科技成果转化行动方案》	科技成果转化	设立运行规模达20亿元的省科技成果转化引导基金，重点投向科技成果转化种子期、初创期企业；政府以参股或债权投入的方式，支持高层次人才团队携带科技成果在省内创办企业，每个团队的支持力度为600万元至2000万元；实施高层次人才团队来皖创新创业计划，鼓励科技服务机构和人员寻找捕捉全球科技成果。
（广东佛山）《高新技术企业树标提质行动计划（2018—2020年）》	企业培育	确定每年在高新技术企业培育方面给予超过4亿元的扶持（较往年增加约3亿元）；到2020年，全市高新技术企业努力达到5000家（比2017年增加2453家），省高新技术企业培育库入库企业累计超过3000家，培育全市规模以上标杆高新技术企业超过150家，规模以上高新技术企业数占高企总数达60%以上；此外，将推动300家高新技术企业成功股改，100家高新技术企业在全国中小企业股份转让系统实现挂牌，新增30家高新技术企业境内外上市。
《上海市专利资助办法》	产权支持	出台专利资助办法，鼓励发明创造，支撑具有全球影响力的科技创新中心建设，最高每家资助金额60万元。

(二)发展政策建议

第一,统筹协调资金扶持与鼓励政策。山西省在每年设立文化产业发展专项资金的基础上,着眼于山西省文化产业的发展定位、发展目标、产业布局,统筹协调构建包括专项资金、税收优惠、资金奖励、资金补贴在内的山西省文化产业资金扶持与鼓励政策体系,确保资金扶持与鼓励政策能够切实发挥激活产业动能、破解发展瓶颈的作用。

第二,以创新形式突出资金扶持与鼓励政策的激活功能。要创新资金扶持与激励政策的形式,进一步增强企业发展文化创意产业的积极性,增强文化创意产业发展活力。建议通过制定相应文化产业奖励标准,设立山西省文化产业发展龙头引领奖,对于取得重大文化成果,获得国际、国内重大文化奖项或者获得国家、部委级文化创意产业示范园区(基地)的机构、企业或个人给予一定的政策支持和资金奖励,对为文化产业发展做出突出贡献的企业与个人予以一定的资金激励与扶持。还可以通过设立山西省文化产业创新奖,鼓励企业研发与创新行为,并对获奖企业制定相应的后期扶持与监管办法,确保受到资助的企业把相应的扶持资金落到实处,切实发挥资金扶持与激励政策的撬动与辐射功能。

第三,加强规范专项资金扶持政策。在原有出台的资金扶持与鼓励政策基础上,进一步与山西省文化产业发展需求对接,加强规范山西文化产业专项资金等资金扶持与激励政策,出台山西省文化旅游项目、红色文化产业项目、传统技艺品产业、数字创意产业、创意设计产业等门类的专项资金政策与管理办法,增强专项资金等资金扶持与鼓励政策的针对性、实效性。

五、人才政策

(一)主要内容与典型政策

十九大指出"要坚持党管人才原则,聚天下英才而用之,加快建设人才强国"。人才作为保障城市核心竞争力的战略性资源,在得到国家高度重视的基调下,各城市之间也纷纷出台政策,人才角逐战加剧。海南、青岛、福州、深圳、宁夏、西安、天津等各个区域根据自身实际情况,均出台了各自的人才吸引政策,明确人才引进认定标准、人才激励形式等各方面内容。2018

年全国范围内的人才角逐战不断上演,在资源要素驱动向人才、科技创新驱动转变的趋势下,城市对人才的渴望愈发强烈。人才新政的内容日渐丰富化,补贴方式趋向多元化,集中表现在落户买房、租房、生活补贴、科研补贴以及就业创业等各方面内容。其中一线城市主要集中在高端人才的引进,二线城市的补贴力度相对较大,诸如广州荔湾区2018年6月出台的新政中对于高层次人才给予的购房补贴最高达50万元,南昌5月的新政中对于顶尖人才给予500万元奖励补贴,补贴力度史无前例。人才新政实施后,二线城市受益匪浅,其中八大二线城市政策效果较为明显,而推动这八大城市人口规模化增加,正是因为这些城市在长期的发展进程中形成了某些共同的优势:城市战略优势、经济优势、高校资源优势和产业布局优势,集聚四大优势后,人才新政才能在一定程度上为城市发展带来新的契机。城市只有具备战略、经济、产业、教育等优势后,才能最大限度吸引人才,以产业优势吸引人才聚集,用人才储备再创产业标杆。

表12-8 2018年部分地区人才政策相关内容

政策名称	政策条款(部分)
(山东济南)《关于深化人才发展体制机制改革促进人才创新创业的实施意见》	对新引进或培养的国内外顶尖人才和团队,给予最高一亿元的综合资助;对企业新引进入户的博士、硕士研究生,按每月1500元、1000元的标准连续发放三年租房补贴;对新引进或自主培养的国内外顶尖人才和团队,可通过项目资助、贷款贴息、股权直投等方式,给予最高1亿元的综合资助;对新当选和全职引进的中国科学院院士、中国工程院院士等层次的国内外顶尖人才,给予500万元生活补贴。
《天津市"海河英才"行动计划》	对顶尖人才可以采取"一人一策"方式给予支持,给予最高1000万元科研经费资助和最高200万元奖励资助;对领军人才给予最高200万元奖励资助;对高端人才最高给予100万元经费资助;对青年人才,根据不同群体,可以连续3年给予每年15万元经费资助,或给予一次性20万元奖励资助。对创业领军人才,给予最高1000万元科技成果转化资金补助和最高200万元奖励资助;对高端创业人才,给予最高50万元创业启动资金支持;实施企业家队伍建设"111"工程,培养100名杰出企业家,给予每人100万元经费资助。
《西安市进一步加快人才汇聚若干措施》	应届高校毕业生〔包含普通高校毕业生、留学回国毕业生、技工院校高级班(预备技师班)毕业生〕在西安就业落户,签订劳动合同,并缴纳社会保险的,给予1000元一次性奖励补助;高校毕业生5年内首次在我市创办企业或者从事个体经营,领取工商营业执照且正常经营6个月以上的,给予5000元一次性创业补贴;将大学生创业贷款最高额度由50万元提高到100万元,贷款期限一般为2年,按基准利率计息,到期还本付息,给予50%贴息。

续表

政策名称	政策条款（部分）
《百万人才进海南行动计划(2018—2025年)》	为引进的大师级人才、杰出人才、领军人才分别按 200 平方米、180 平方米、150 平方米标准提供免租金、可拎包入住的人才公寓，全职工作满 5 年赠予 80%产权，满 8 年赠予 100%产权；为其他各类人才提供住房租赁补贴，其中拔尖人才每月 5000 元，其他类高层次人才每月 3000 元，40 岁以下的全日制硕士生每月 2000 元，35 岁以下的全日制本科生每月 1500 元，连续补贴 3 年。
(福建福州)《关于鼓励引进高层次人才的八条措施》	从境外引进的人才，经认定为 A、B、C 类人才的，落地后分别给予 200 万元、100 万元、50 万元奖励；从境内引进的人才，经认定为 A、B、C 类人才的，落地后分别给予 100 万元、50 万元、25 万元奖励；经认定符合条件的福建省引进高层次 A、B、C 类人才和福州市三个层次创业创新人才，分别享受 180 万元、130 万元、100 万元人才共有产权住房产权份额或每月 4000 元、3000 元、2000 元租房补贴(共发放 3 年)。
《合肥市新落户人才租房补贴发放实施细则》	租房补贴的标准为：博士每人每年 2 万元，硕士每人每年 1.5 万元，本科毕业生每人每年 1 万元，大专、高等职业院校毕业生每人每年 0.6 万元。
(江西南昌)《关于实施"天下英雄城，聚天下英才"行动计划的意见》	鼓励带技术、带成果、带项目的人才来昌创新创业和转化成果，经评估分层次给予 100 万元、200 万元、300 万元项目资助，并提供不少于 100 平方米建筑面积的创业场所，不少于 100 平方米的人才公寓，免费使用三年；在未取得建设用地之前，优先入驻政府建设的孵化器，三年内每年补贴 50%、最高 50 万元的场租费；租赁厂房直接生产销售的，两年内每年补贴最高 200 万元的房屋租赁费。
《广州市促进企业加快落户若干办法(试行)》	新引进重点企业年度应纳税工资薪金收入 50 万元以上的决策层人员，每人奖励金额最高可达 400 万元；新引进重点企业在本市租赁自用办公用房，按租金参考价的一定比例给予不超过 3 年的租金补贴，每家企业每年补贴不超过 400 万元；对引进重大项目的社会中介机构进行奖励或补助，对为吸引国内外企业来穗投资而组织的推介会、研讨会、产业交流会等活动，给予中介机构不超过活动支出 30% 的补贴，单项活动补贴不超过 20 万元，单个中介机构每年累计不超过 100 万元。
(宁夏)《关于促进企业家创业发展 大力激发市场主体发展活力的实施意见》	对国内外院士在宁夏创办拥有自主知识产权的科技型企业的，给予 1000 万元至 3000 万元科研和项目启动资金补助；"长江学者奖励计划"人选、国家"千人计划"人选等高层次科技人才在宁夏创办拥有自主知识产权的科技型企业的，给予 300 万元至 800 万元科研和项目启动资金补助。企业研发平台升级为国家级的，按照自治区已出台的奖励政策给予专项资金补贴。

(二)发展政策建议

文化人才支持政策,应该加强构建起政府积极支持、市场作用充分、人才创新创造活力释放的文化产业人才发展支撑体系,组建门类齐全、结构合理、富有活力的文化产业人才库,为文化产业的发展凝智聚力。在创新山西文化产业人才支持政策的过程中,应重点关注以下几个方面。

第一,高度重视,加大支持力度。要将文化创意人才作为山西文化产业发展的核心动能,着眼于资金支持、人才发展、生活保障等具体方向内容,设计"软硬"结合的文化创意人才政策,构建起山西省文化创意人才集聚发展良好生态。

第二,立足实际,进行系统性规划。人才政策是系统工程,制定人才政策要立足山西省文化产业发展实际情况,科学设定文创人才认定标准,最大限度吸引人才、留住人才。与人社部门、民政部门、财政部门等相关部门协同联动,合理设计奖励扶持方式与相关额度、年限等具体内容,构建起科学合理、持续有力、激励作用凸显的人才支持政策。

第三,立足长远,凸显人文关怀。人才政策创新要立足长远,要关注文创人才的获得感。创新人才政策,一方面要提升山西省区域内的高校毕业生、大师级人才、杰出人才、领军人才的吸引力;另一方面,要加大对大师级人才、杰出人才、领军人才的引进,不断完善育才、引才、用才、留才的机制,将山西省打造成为文化创意人才聚集的高地,解决好人才关怀问题,如:住房优惠、子女入学便利、医疗保障服务等具体方面内容。

六、特色产业政策

(一)主要内容与典型政策

地区文化产业发展政策体系重要内容也包括对区域文化产业重点行业的支持政策。提升区域文化产业发展整体实力的重要方面是,通过创新相关政策,明确产业发展方向,根据各产业门类的特点,为针对性的企业发展提供更加针对性的政策支持。2018年,各个地区针对本地文化产业各个门类的重点产业支持政策纷纷出台,有力推动了各地区文化产业发展。

东中部地区聚焦文化产业前沿热点,发展新兴业态,强调产业融合。东中部地区出台的文化领域相关政策大部分侧重于文化事业、文化产业与相关业态的融合发展。

表 12-9　2018 年东中部地区政策相关内容(部分)

政策名称	政策突出内容
《福建省人民政府关于加快发展对外文化贸易的实施意见》	推进文化与科技融合发展,支持文化出口企业科技创新。
吉林省《大力推动乡村旅游发展的十七条政策措施》	推动乡村旅游与文化产业融合发展,促进乡村地区非遗与旅游深度融合,不断丰富乡村旅游的文化内涵。
《江苏省政府办公厅关于印发智慧江苏建设三年行动计划(2018—2020年)的通知》	推动网络文化产业集聚发展,支持传统媒体和新兴媒体融合发展,积极推动多媒体电视、网络电视、数字出版、手机媒体等新型业务发展。
江西省《关于加快文化强省建设的实施方案》	实施"六大工程",进一步补齐短板、拉高标杆,努力实现江西文化工作高质量、跨越式发展。
《黑龙江省人民政府办公厅关于加快培育和催生市场主体的意见》	要加快培育和催生文化产业市场主体,培育一批动漫游戏、网络文化、文创产品开发、艺术品经营等领域文化业态。

东中部地区除了聚焦文化产业前沿热点以外,河南、海南省出台的相关特色产业政策具有鲜明的地域文化色彩。作为中华民族和华夏文明重要发祥地和全国重要文物资源大省的河南,文物安全工作任务艰巨繁重。河南省政府为了更好推进文物安全工作,解决文物保护领域的突出问题,在下半年密集出台了《河南省人民政府办公厅关于进一步加强文物安全工作的实施意见》《河南省人民政府办公厅关于印发全省文物安全基础保障三年行动方案的通知》《河南省文物安全责任制实施办法》《河南省人民政府办公厅关于进一步加强工程建设地下文物保护工作的通知》四个文件,保障河南省各级各类文物安全。

2018 年,对于海南省来讲是政策利好的一年。4 月,中央决定在海南建设自由贸易试验区与中国特色自由贸易港。随后,海南制定了一系列重要政策:《关于支持海南全面深化改革开放的指导意见》(以下简称《指导意见》)《中国(海南)自由贸易试验区总体方案》《海南省建设国际旅游消费中心的实施方案》等等。其中,针对传统文化产业——旅游业,海南则指出要建设国际旅游消费中心,打造旅游高质量发展示范区、旅游体制机制创新实验区、世界知名国际旅游消费胜地。《指导意见》还指出,"鼓励发展赛马运动等项目……探索发展竞猜型体育彩票和大型国际赛事即开彩票。"

西部地区特色产业政策的制定则是依托现有的资源禀赋和产业基础,着重于特色文化产业的开发,文化和旅游业的融合发展。云南省、广西壮族自治区、甘肃省、新疆维吾尔自治区等在2018年出台或者正式实施相关指导性的政策文件。

表12-10　2018年西部地区政策相关内容(部分)

政策名称	政策突出内容
《云南省文化厅"十三五"时期文化发展改革实施方案》	依托文化资源优势,规划实施一批特色文化产业项目,打造一批有历史记忆、地域特点、民族特色的文化小镇和村寨,推动乡村特色文化产业集群发展。
《广西文化产业跨越发展行动计划(2017—2020年)》	明确提出构建西江文化产业带、世界遗产文化产业带、民族风情文化产业带等若干个重点文化产业带,建设具有融合空间的生态田园休闲区,形成体现广西特色的"八桂系列"民族文化产业品牌。
《甘肃省文化旅游产业发展专项行动计划》	要推进"实施大景区改革建设工程,建成中国西部自驾游大本营,建设大敦煌一体化旅游圈,实施文化旅游精品演艺工程"等重点任务。
《新疆维吾尔自治区乡村振兴战略规划(2018—2022年)》	鼓励和支持各地发挥比较优势,立足特色资源,加快建设特色农产品优势区和设施农业优势区,把地方土特产和小品种做成带动农民增收的大产业。
《黑龙江省人民政府办公厅关于加快培育和催生市场主体的意见》	要加快培育和催生文化产业市场主体,培育一批动漫游戏、网络文化、文创产品开发、艺术品经营等领域文化业态。

(二)发展政策建议

市场是"无形的手",特色产业的发展关键在于充分发挥市场的决定性作用。党的十九大报告中明确指出,充分发挥政府作用有利于使市场在资源配置中起决定性作用。在创新山西省文化产业发展政策中,要注意重点产业支持政策的创新,要紧抓激活市场要素、激发市场活力这一核心问题,要破除文化产业发展中的各种各类阻碍制约因素。最契合企业发展需求的扶持政策是创新各类产业扶持方式,通过财政扶持、人才奖励、各类补贴、产业基金等,不断助力区域文化产业重点行业的发展,发挥带动作用。

后 记

为落实党的十九大提出的"坚定文化自信,推动社会主义文化繁荣兴盛"重大部署,以及山西省委、省政府"坚定文化自信,建设文化强省"的战略方针,2017年10月,由中共山西省委宣传部、山西省统计局牵头,遵循"找主体、强主体"两步走的思路,采取全面调查的方式,组织开展了全省域文化产业普查调查暨市场主体培育"四项工程"。此次普查调查工作,山西省委常委、宣传部原部长王清宪同志、原副部长董晓林同志高度重视、亲自部署。全省近15万人直接参与到普查调查当中,在全社会形成了关心文化产业、支持文化产业的良好氛围。山西传媒学院举全校之力,参与了全省文化产业普查调查工作,并承担此项工作的核心任务。省委宣传部产业处处长郭跃鹏同志多次莅临我校,主持召开了山西省文化产业数据采集工作会议、数据分析研讨会,统筹协调各地市相关部门进行数据报送。在大量的数据收集、梳理、分析过程中,山西传媒学院建立起一支文化产业研究团队,相继开展了山西省文化产业发展研究。

2018年10月,由研究团队申请立项的"山西省文化产业发展研究"课题,被山西传媒学院批准为"1331"重点工程项目。在立项评审时,省委宣传部副巡视员杨建军同志提出了宏观的指导意见,并在课题研究中期又提出多项建议。在项目进行过程中,山西省社科联主席王志超、山西省社科院副院长宋建平、山西省社科联办公室主任马志超,以及山西省教育厅高教处处长李金碧、科技处处长赵瑞、科技处正处级调研员李小博、职教处处长张志强等专家学者,为本项目提出了独到且宝贵的修改意见。在此项目完成之际,项目成果撰写为《山西文化产业发展研究报告》一书正式出版,此书是我省首部文化产业发展研究报告。值此出版之际,诚挚感谢各级领导、各位专家以及相关部门的鼎力支持。

本书总结梳理了近年来山西省文化产业各行业发展的现状，分析了发展过程中面临的挑战，并对未来的发展路径提出了措施建议。它的学术创新和价值主要体现为：

1.探索我省文化产业发展战略，服务于文化产业顶层设计。依托真实、有效的山西文化产业普查数据，对山西文化产业发展数据进行了系统的整理、分析，寻找适合山西建设文化产业发展的方法与路径，揭示我省区域文化软实力的真实状况和变化规律，提升我省区域文化软实力，为加快我省文化产业发展的总体方案和实施规划建言献策。

2.提供有效的市场竞争环境和需求支撑。以山西文化产业发展社会整体评价、产业资源流向、地市间文化产业发展对比的维度，通过对各地市、各行业文化资源、文化资本、从业环境、消费程度等方面的深入分析，比较同类企业或行业的经营状况和财务状况，为产业经营者制定发展战略、明确企业定位等提供市场投资与竞争形势的有益参考。

3.从多角度、全方位、多层次地探讨了山西文化区域性发展战略选择。本书从实际出发，分析了全省不同地区之间的社会经济、文化资源、人文环境等差异，使区域文化产业竞争力的研究更趋于全面性、科学性和系统性，也进一步完善了我省文化产业理论的知识网络体系，因此具有一定的学术性、前瞻性和务实性，将为山西文化产业转型升级提供有力的智力支持。

参与研究本课题的主要成员有：张汉静（课题项目负责人，山西传媒学院教授、博士研究生导师）、靳斌（中国传媒大学文产业管理学院制片管理系主任，副教授、硕士研究生导师）、肖俏（山西传媒学院教授、博士）、张春河（中国传媒大学文产业管理学院教授、博士生导师）、王文勋（中国传媒大学文产业管理学院副教授、硕士研究生导师）、吕晓志（中国传媒大学外国语言文化学院副教授、硕士研究生导师）、杨剑飞（中国传媒大学文产业管理学院讲师）、王秀萍（山西传媒学院文化与传媒研究中心副主任，教授）、韩建中（山西传媒学院传媒管理系副主任，副教授）、王毅栋（山西传媒学院传媒管理系教授）、李霞（山西传媒学院广告系副教授）等。撰写任务具体分工如下：潘禾阳：第一章第一节一、第三节一；第二章一；第四章第一节一、

第二节一、第三节一；第十章。王孟璟：第一章第一节二、第二节一、第三节二；第二章二；第四章第一节三、第二节二、三、第三节二、三。马诗婷：第一章第一节三、第二节三、第三节三；第四章第一节二、第二节二、第三节二。罗敏涛：第二章三、五；第四章第一节四、第二节四、第三节四；第十二章。宋楠：第二章四；第三章。于晓慧：第二章六、七；第四章第一节七、第二节七、第三节七。张楚炀：第四章第一节五、六、第二节五、六、第三节五、六；第七章。张振华：第五章；第八章。王南：第六章。邵晓宁：第九章。郭欣媛：第十一章。

我作为课题主持人、本书的主编，领导了山西传媒学院前期参与全省文化产业普查调查工作，组建研究团队，提出了报告的总体思路和基本框架，制定了研究报告的主题思想、研究方法、报告体例、专项内容等。

课题组成员、执行主编靳斌同志负责了报告撰写工作，以及完成了山西省文化产业研究的课题结题报告；肖俏教授负责起草了山西省文化产业研究的课题申报报告、结项报告，和课题组与省内各有关部门的对接与调研，以及书籍出版的相关事宜。

山西传媒学院科研处覃晓燕处长负责组织山西传媒学院参与山西省文化产业普查调查工作，并将本课题列为"1331"工程项目，使之有了充足的科研经费，为本课题的调查、研究和出版提供了经费保障。

本书为山西省首部文化产业发展研究报告。在研究和撰写过程中，由于有些行业的资料占有不够充足，分析还不够深入，欠缺与全国发达水平省市的对比，没有形成评价体系与模块。作为我们这支正在成长的年轻文化产业研究团队，我们将牢记使命，继续努力，不负众望，为山西文化产业发展尽绵薄之力，恳请广大读者批评指正。

张汉静
2019年10月于山西传媒学院